mandelbaum *verlag*

Gesellschaft • Entwicklung • Politik

Band 9

Herausgegeben von
Franz Kolland
Rüdiger Korff
Irmi Maral-Hanak
Andreas Novy
Christof Parnreiter (verantwortlich)
Walter Schicho (verantwortlich)
Christian Suter

für den Mattersburger Kreis für Entwicklungspolitik an den
Österreichischen Universitäten, Berggasse 7, A-1090 Wien
www.mattersburgerkreis.at

Joachim Becker, Karen Imhof,
Johannes Jäger, Cornelia Staritz (Hg.)

Kapitalistische Entwicklung in Nord und Süd

Handel, Geld, Arbeit, Staat

Mandelbaum Verlag Wien

Impressum

Herausgeber:
Mattersburger Kreis für Entwicklungspolitik
an den Österreichischen Universitäten,
Berggasse 7, 1090-Wien
++43-1-317 40 18
office@mattersburgerkreis.at

Die Deutsche Bibliothek - CIP-Einheitsaufnahme

Joachim Becker, Karen Imhof, Johannes Jäger, Cornelia Staritz (Hg.)
Kapitalistische Entwicklung in Nord und Süd.
Handel, Geld, Arbeit, Staat
Mandelbaum, 2007
ISBN: 978385476-239-3
0101 deutsche buecherei

1. Auflage 2007
© 2007 Mandelbaum Verlag/Mattersburger Kreis für Entwicklungspolitik
    an den Österreichischen Universitäten
Alle Reche vorbehalten

Produktionsleitung: Bettina Köhler
Layout: Christina Schneider
Lektorat: Veronika Zangl
Umschlaggestaltung: Michael Baiculescu
Umschlagfoto: Richard Gerster, http://www.gersterconsulting.ch
Druck: Interpress, Budapest
ISBN: 978385476-239-3

Inhalt

13.5. Sozialpolitik

24.6 Prüfung

Joachim Becker, Karin Fischer[1], Karen Imhof, Johannes
Jäger, Cornelia Staritz
Einleitung: Variationen kapitalistischer Entwicklung

*Ich widme dieses Kapitel meiner Mutter, Christel Becker, die starb,
als wir dieses Buch vollendeten. Gerechtigkeit war ihr ein großes Anlie-
gen. (Joachim Becker)*

Kapitalistische Entwicklung in Nord und Süd ist ungleiche
Entwicklung. Diese Betrachtung bietet den Ausgangspunkt für den
vorliegenden Band, in dem einigen Gründen für die Ungleichheiten
nachgegangen wird. Es stellt sich immer wieder die Frage nach der
historischen Entstehung von Faktoren der Ungleichheit. Aus diesem Grund wird ein historisch wie räumlich spezifischer Zugang
zu Fragen der ökonomischen Entwicklung gewählt. Allerdings geht
es nicht um ökonomische Entwicklung per se, sondern um kapitalistische Entwicklung, die eine Reihe von strukturellen Spezifika
aufweist – unter anderem den Zwang zur Akkumulation von Kapital, den zentralen Stellenwert der Lohnarbeit, die zentrale monetäre
Vermittlung wirtschaftlicher Prozesse, den verwertungsorientierten
Umgang mit der Natur und die relative Autonomie von wirtschaftlicher und politischer Sphäre. Diese strukturellen Spezifika und ihre
konkreten Ausprägungen geben dem Buch seine Struktur.

Aber nicht nur die strukturellen Grundmuster des Kapitalismus
sind uns wichtig, sondern auch seine räumlichen und zeitlichen
Variationen. Diese entstehen aus konfliktivem gesellschaftlichem
Handeln in spezifischen Konstellationen. „Die Menschen machen
ihre eigene Geschichte, aber sie machen sie nicht aus freien Stücken
unter selbstgewählten, sondern unter unmittelbar vorhandenen,
gegebenen und überlieferten Umständen", merkt Karl Marx in *Der
18. Brumaire des Louis Bonaparte* an (1965: 9). Und laut Anthony
Giddens machen Menschen analog dazu „ihre eigene Geographie"

(1992: 422). Damit exekutieren die Menschen nicht eherne historische Gesetze, beispielsweise indem sie vorgegebene Entwicklungsstadien durchlaufen, sondern haben bestimmte Freiheitsgrade ihres Handelns, die durch die konkrete, konjunkturelle Situation abgesteckt werden. Welche der möglichen Entwicklungsoptionen zum Zuge kommt, ist für die Lebensverhältnisse nicht gleichgültig. Das gilt in gleicher Weise für verschiedene Varianten des Kapitalismus. Auf deren Ausprägung hatte historisch die Existenz bzw. Nicht-Existenz einer real existierenden und konkurrierenden Alternative einen Einfluss. So waren Herausbildungen von Sozialstaatlichkeit nicht zuletzt Ausdruck der Möglichkeit, dass die ArbeiterInnenbewegung eine gesellschaftliche Alternative etablieren könnte bzw. dass während Jahrzehnten im 20. Jahrhundert eine mal stärkere mal schwächere Konkurrenz staatssozialistischer Experimente bestand. Auch auf diese wollen wir im Buch einen Blick werfen.

In diesem Einleitungskapitel geben wir zunächst einen Überblick über unser Grundverständnis von Kapitalismus, skizzieren die gesellschaftlichen Kräfte, die räumliche und zeitliche Variationen des Kapitalismus hervorbringen, und schlagen abschließend ein Analysekonzept für kapitalistische Entwicklung vor.

Strukturelle Merkmale des Kapitalismus

Kapitalistische Ökonomien zeichnen sich durch den inneren Zwang zur Akkumulation aus. Geld wird in die Produktion investiert, es werden Waren produziert und zwecks Erzielung eines höheren Geldbetrages verkauft. Es geht also, wie Marx es formulierte, um den Kreislauf Geld – Ware – mehr Geld (G-W-G') (Marx 1979a: 165). Der Mehrwert, die Differenz von G und G', wird im Produktionsprozess geschaffen, muss aber im Verkauf ebenfalls realisiert werden. Kapitalistische Ökonomie ist auf jeden Fall eine Geldwirtschaft. Sie ist aber gleichzeitig ein materieller Prozess, der mit der Nutzung der Natur verbunden ist. Am Beginn wie am Ende des Produktionsprozesses steht die Nutzung der Natur – zunächst durch Entnahme von Rohstoffen, später durch die Abgabe von Schadstoffen und Abfällen an die Natur (Altvater 2005; Gudynas 2004: Kap. 4). Auch vermeintlich „immaterielle" Prozesse, wie Arbeit am Computer, haben durchaus eine materielle Grundlage. Das Arbeitsgerät besteht aus Komponenten, die der Natur entnommen sind, und sein Betrieb erfordert Energie. Für die kapitalistische Produktion wird die Natur tendenziell dem Primat der Verwertung und Gewinnerzielung unterworfen (Gudynas 1996: 63ff.). Dies erforderte historisch die gesellschaftlich-politische Durchsetzung einer entsprechenden Sichtweise auf die Natur, die in vorkapitalistischen Gesellschaften oftmals einen teils sakralen Charakter hatte.

Marx hat deutlicher als seine Vorläufer in der Klassischen Politischen Ökonomie, wie Adam Smith und David Ricardo, herausgearbeitet, dass sich die kapitalistische Produktionsweise nicht nur durch die Orientierung auf die Akkumulation, sondern zudem durch den Einsatz von Lohnarbeit auszeichnet. Auf die zentrale Bedeutung der Lohnarbeit für den „okzidentalen Kapitalismus", wie Weber ihn nennt, verweist aber auch Max Weber (1923: 239f., 269f., Weber 1988: 7ff.). In der Übergangsphase zu kapitalistischer Produktion wurden die bäuerlichen ProduzentInnen vom spätabsolutistischen oder frühbürgerlichen Staat in heftigen Konflikten systematisch von ihrem Hauptproduktionsmittel, dem Land, enteignet und gleichzeitig von den feudalen Fesseln befreit. Damit wurden sie doppelt frei. Frei von substantiellem Eigentum zu sein, impliziert jedoch gleichzeitig den Zwang, sich eine Lohnarbeit zu suchen (Marx 1979a: Kap. 24; Weber 1923: 240). Nun presste nicht mehr sichtbar der Grundherr das Mehrprodukt ab, sondern der stumme Zwang der politisch geschaffenen und stabilisierten Verhältnisse schuf die Bedingungen des Zwangs zur Lohnarbeit und der Abschöpfung eines Surplus durch die Kapitalseite. Der Druck auf die abhängig Beschäftigten steigt noch, falls eine beträchtliche Arbeitslosigkeit besteht (Marx 1979a: 657ff.; Kalecki

1987). Sie verschärft die Konkurrenz unter den ArbeiterInnen und wirkt auf diese disziplinierend. Insofern ist das Konkurrenzprinzip nicht allein auf die Kapitalseite beschränkt, sondern betrifft ebenso andere gesellschaftliche Klassen. Auf Disziplinierung und Kontrolle der Arbeitskräfte ist aber auch die technologische Entwicklung im Kapitalismus orientiert (Marx 1974: 662). Mit der kapitalistischen Transformation ging schließlich eine Veränderung der Geschlechterverhältnisse einher. Beispielsweise kam es nur zu einer partiellen Proletarisierung der Frauen, in den entstehenden Mittelschichten und dem Bürgertum wurden Frauen hingegen in die Hausfrauenrolle abgedrängt.

Schon bei der von Marx (1979a: Kap. 24) als Prozess der „ursprünglichen Akkumulation" bezeichneten Enteignung von den Subsistenzmitteln einerseits und der Schaffung und Anhäufung von Eigentum andererseits wird die zentrale Rolle des Staates im ökonomischen Prozess deutlich. Allerdings wurde die Rolle des Staates in kapitalistischen Produktions- und Tauschprozessen von ÖkonomInnen nicht immer systematisch angegangen. Von den klassischen politischen ÖkonomInnen entwickelte Adam Smith die umfassendste Analyse des Staates. Für Smith musste die „unsichtbare Hand" des Tausches durch die sichtbare Hand des Rechtes ergänzt werden. Aus seiner Sicht bedurften florierender Handel und Gewerbe „Ordnung und guter Regierung" mit festen und berechenbaren Rechtsregeln (Smith 1991: 362ff.). Diese mussten für ihn politisch erst durchgesetzt werden. Der Staat war für ihn keine gesellschaftlich neutrale Einrichtung, sondern stand im Dienste der Besitzenden. Gut ein Jahrhundert später insistierte auch Weber darauf, dass rationale Gesetze zentrales Medium rationaler Staatstätigkeit und für die kapitalistische Wirtschaft unerlässlich seien (1990: 826). Geld ist für Weber der Transmissionsriemen, über den das Bürgertum sein Verlangen nach einer rationalen Staatstätigkeit gegenüber den politischen Autoritäten durchsetzen konnte. Denn im Zusammenhang mit militärischen Konflikten hatten die politischen

J. Becker, K. Fischer, K. Imhof, J. Jäger, C. Staritz

Autoritäten einen zunehmenden Steuerbedarf (Weber 1923: 288f., Weber 1990: 815). Die fiskalische Abhängigkeit des Staates von der Wirtschaftsdynamik wird von neo-weberianischen Autoren wie Rueschemeyer und Evans (1985: 62) sowie Tilly (1992) als struktureller Transmissionsriemen von Kapitalinteressen thematisiert.

Marx selbst entwickelte keine umfassende Staatstheorie. Er geht auf den bürgerlichen Staat eher fragmentarisch ein. Der Staat ist zwar in die gesellschaftlichen Kräfteverhältnisse eingelassen, genießt aber gegenüber den gesellschaftlichen Klassen ein gewisses, historisch wechselndes Maß der Autonomie. Der bürgerliche Staat stellt sich als eine „aus der Gesellschaft hervorgegangene, aber sich über diese stellende, sich ihr mehr und mehr entfremdende Macht" dar (Engels 1973: 191). Kohärente Staatstätigkeit ist nur im Fall einer Autonomie gegenüber kapitalistischen Einzelinteressen möglich. Auch die Regulation der Konkurrenzverhältnisse, welche die Gesellschaft zu zerreißen drohen, erfordert eine Autonomie des Staates. Obgleich staatliche Politik vorrangig an Kapitalinteressen ausgerichtet ist, braucht sie die Akzeptanz anderer gesellschaftlicher Klassen. Somit sind Elemente des Konsenses und des Zwangs in wechselnden Verhältnissen kombiniert (Gramsci 1991: 783). Wie Antonio Gramsci (1996: 1560ff.) herausarbeitete, ringen gesellschaftliche Interessengruppen in der Zivilgesellschaft um die Durchsetzung der von ihnen favorisierten Normen. Das betrifft sowohl die als gesellschaftlich akzeptierten als auch die in juristische Form gegossenen Normen. Damit sind aus dieser Sicht der Staat im engeren Sinne und die Zivilgesellschaft Konfliktfelder mit wechselnden Konjunkturen. Aufgrund ihrer Verwobenheit mit gesellschaftlichen Konflikten muss staatliche Politik nicht notwendigerweise kohärent sein. Eine solche von Gramsci inspirierte Sichtweise hebt sich in ihrer Komplexität von einer Reduktion des Staates als Instrument der herrschenden Klasse ab und vermeidet gleichzeitig die Idealisierung des Staates als rationalem Walter eines vorgeblichen Gemeinwohls.

Variationen in Zeit und Raum

Konkrete Ausprägungen der Akkumulation, des Staates, des Lohn- und Konkurrenzverhältnisses, der Geldnormen und des Umgangs mit der Natur variieren in Zeit und Raum. Die Akkumulation ist ein fragiler Prozess. Immer wieder kommt es zu größeren und kleineren Disproportionen zwischen den Branchen, zu Unterkonsum oder Überproduktion oder auch zum Mangel an produktiven und ausreichend profitablen Anlagemöglichkeiten. Letzteres wird als Überakkumulationskrise bezeichnet. Produktive Schieflagen finden ihren Ausdruck häufig in inneren und äußeren monetären Instabilitäten – also Inflation, Deflation, Auf- und Abwertung der Wechselkurse – und können, verschärft durch die monetären Phänomene, in offenen Finanzkrisen münden.

Gesellschaftliche Formen der Regulation, in denen der Staat eine maßgebliche Rolle spielt, können das jeweils aktuelle Akkumulationsmodell immer nur zeitweise stabilisieren und die gesellschaftlichen Widersprüche im Zaume halten. Hat sich ein Akkumulationsmodell erschöpft, greifen die Formen der Regulation nicht mehr oder verlieren sie an Akzeptanz, so kommt es zu großen Krisen (Aglietta 1982; Boyer 1987: 60ff.; O'Donnell 1996: 36ff.; Lipietz 1998; Becker 2002).

Große Krisen sind Zeiten eines Rückgangs der Wirtschaftsleistung, der Vernichtung von Kapital, steigender Arbeitslosigkeit und monetärer Turbulenzen. Für große Gesellschaftssektoren verschlechtert sich die soziale Lage. Das Alte stirbt, und es ist unklar, wie das Neue aussehen wird. In den großen Krisen wird offen zwischen unterschiedlichen Akteuren darum gerungen, wie der Ausgang aus der Krise aussehen soll. Gesellschaftliche Widersprüche und Konflikte spitzen sich oftmals zu. Gruppen aus dem Machtblock suchen nicht selten die von ihnen favorisierte Krisenlösung auf autoritärem Weg durchzusetzen (vgl. u.a. O'Donnell 1996; Boratav 2004: 148ff.). Dies kann entsprechend heftige Gegenreaktionen hervorrufen. Im

J. Becker, K. Fischer, K. Imhof, J. Jäger, C. Staritz

Extremfall steht das Fortbestehen der kapitalistischen Grundordnung in einem Staat oder einer Region auf dem Spiel. Historisch ist es in einigen Fällen – wie Russland 1917, Jugoslawien 1945, China 1949, Vietnam 1954 oder Kuba 1959 – tatsächlich zu einem Bruch mit kapitalistischen Verhältnissen gekommen, die allerdings in allen diesen Staaten, mit einer gewissen Ausnahme bei Jugoslawien, keinen besonders entfalteten Charakter hatten. Diese Brüche erfolgten, wie Becker in diesem Band schreibt, fast ausschließlich in Nachkriegsperioden mit sehr stark geschwächten internationalen Wirtschaftsbeziehungen.

Große Krisen sind auch Perioden heftiger Auseinandersetzungen um die ökonomischen Doktrinen, die handlungsleitend für die Wirtschaftspolitik sind (oder diese zumindest rechtfertigen). Bei den FachökonomInnen handelt es sich um einen spezifischen Typ von Intellektuellen. Die von den verschiedenen ökonomischen Strömungen vertretenen Positionen favorisieren spezifische gesellschaftliche Interessen. Daher sind ÖkonomInnen Teil der zivilgesellschaftlichen Konflikte, wobei über Erfolg und Misserfolg sowohl in der politischen Arena als auch auf dem akademischen Feld mit seinen besonderen Mechanismen gestritten wird (vgl. Lordon 1999). Das sei im Folgenden an einigen konkreten Beispielen aus Zentrum und Peripherie illustriert.

Im Gefolge der großen Weltwirtschaftskrise von 1929 sahen sich beispielsweise die neoklassischen und neoliberalen Ökonomen durch den neuen theoretischen Ansatz von John Maynard Keynes herausgefordert, der Faktoren der Instabilität – u.a. Handeln unter Unsicherheit und daraus resultierend stark schwankende Investitionen – herausarbeitete und für eine antizyklische Fiskal- und Geldpolitik plädierte (Keynes 1994). Seine Konzeption setzte sich, in abgeschwächter Form, allerdings erst in der Nachkriegszeit auf breiter Basis durch, als der Vorkriegsliberalismus gründlich delegitimiert worden war. Auch in Teilen der (Semi-)Peripherie – wobei Peripherie als kaum industrialisiert und Semiperipherie als teilindustrialisiert verstanden wird – entstanden im Gefolge dieser Krise neue Formen der Wirtschaftspolitik und neue theoretische Ansätze. Die neue Praxis bestand in einer stärker binnenmarktorientierten Politik, deren zentraler Bestandteil eine importsubstituierende Industrialisierung war. Ab Mitte der 40er Jahre formulierten lateinamerikanische ÖkonomInnen aus dem Umfeld der *Comisión Económica para América Latina y el Caribe* (CEPAL) theoretische Begründungen für eine Abkehr vom Freihandel und eine forcierte Industrialisierung, die allerdings aus Sicht von Raúl Prebisch, einem der Vordenker des Cepalismo, nicht auf die Binnenmarktversorgung beschränkt bleiben sollte (Prebisch 1998). Aber auch andernorts entstanden – international weniger rezipierte – neue Denkansätze. So entwarfen Intellektuelle aus dem Umfeld der Zeitschrift Kadro bereits Mitte der 30er Jahre in der Türkei ein etatistisches, also auf starker Staatsintervention beruhendes Wirtschaftskonzept, das einen dritten Weg zwischen Kapitalismus und Sozialismus weisen sollte (Türkay 2006: 209ff.).

Ähnlich führten die nachlassende Dynamik der eher binnenmarktorientierten Modelle und die sich zuspitzenden sozialen Konflikte sowohl in Ländern des Zentrums wie auch der (Semi-) Peripherie in den 70er und 80er Jahren erneut zu einem Streit der Theorien. Anfangs gab es durchaus Versuche, progressive Auswege aus der Krise zu suchen. Im Zentrum ist der letzte dieser auf die nationalstaatliche Ebene bezogenen Versuche mit der linkskeynesianischen Politik der Anfangsjahre der französischen Linksregierung zu Beginn der 80er Jahre verbunden. Es gab allerdings darüber hinausweisende Diskussionen, die auf eine stärkere Sozialisierung der Investitionsentscheidungen, eine Erneuerung der Kapitalverkehrskontrollen und eine Humanisierung der Arbeitswelt zielten (vgl. Altvater et al. 1982). Von Lateinamerika ausgehend formulierten DependenztheoretikerInnen eine an den Abhängigkeitsstrukturen zwischen Zentrum und Peripherie und den sozialen und politischen Verhältnissen ansetzende Kritik der Importsubstitutionsindustria-

J. BECKER, K. FISCHER, K. IMHOF, J. JÄGER, C. STARITZ

lisierung und suchten einen egalitär ausgerichteten Weg aus den Blockierungen dieses Entwicklungsmodells. Für manche, wie z.B. André G. Frank (1969), sollte dieser Weg revolutionär aussehen, andere, wie Cardoso und Faletto (1976), hatten stärker reformistische Vorstellungen. Von 1970–1973 gab es in Chile einen kurzen Versuch, einen parlamentarischen Weg zum Sozialismus zu gehen. Dieser wurde durch einen Militärputsch unterbrochen. In Chile und anderen Staaten des südlichen Lateinamerika wurde als erstes eine ultra-liberale Wende durchgesetzt, die sich auf die neoliberalen Konzepte von Hayek und den Monetarismus von Friedman stützte. Hier erfolgte die Durchsetzung nicht über eine offene zivilgesellschaftliche Auseinandersetzung, sondern durch die Beratung der Militärregimes durch wirtschaftswissenschaftliche TechnokratInnen (Valdés 1995, Fischer 2002, Beltrán 2005). Hier wurden die linken SozialwissenschaftlerInnen und ÖkonomInnen verfolgt und mussten vielfach ins Exil fliehen. In der Folgezeit wurden auch institutionelle Veränderungen im Wissenschaftsbetrieb durchgesetzt, welche liberale *Think Tanks* begünstigten (Becker 2007: 305ff.). In den Zentren wurde diese Wende in Theorie und Praxis nicht mit derselben Gewalt durchgesetzt, war aber dennoch mit einigen heftigen Konflikten verbunden. Auch hier wurde das institutionelle Feld der Wissenschaft – im Rahmen von Universitätsgegenreformen – umgepflügt.

Mithin zieht der Wandel des Wirtschaftsmodells während der Krise einen Wechsel in der vorherrschenden Ökonomie-Doktrin nach sich. Wird eine Doktrin vorherrschend, so erfährt sie meistens gewisse Abschwächungen. Hierfür gibt es zwei Hauptgründe. Einerseits ist oft für die Gewinnung gesellschaftlicher Akzeptanz, zumindest bei wichtigen Gruppen, eine Abschwächung erforderlich. So sind LandwirtInnen selbst in Phasen ultraliberaler Politik meist nicht völlig einer Freihandelspolitik ausgesetzt worden, da sie wichtige Stützpfeiler des liberal-konservativen Lagers sind. Andererseits gibt es Gründe, die mit den Besonderheiten des akademischen Feldes zu tun haben. Eine anschlussfähige Formulierung der neuen Theorie erleichtert es Adepten der zuvor herrschenden Lehre, sich der neuen Doktrin anzuschließen. So wurden Teile des Keynes'schen theoretischen Konzepts so umformuliert, dass sie in das mechanische Denken der Neoklassik passten. Schließlich war weniger das ursprüngliche Denken von Keynes als diese adaptierte Version die Grundlage keynesianischer Politik (vgl. Screpanti/Zamagni 1993: 267ff., 297ff.).

Historisch ist es nur in einigen Fällen gelungen, nach einer großen Krise eine für längere Zeit stabile Entwicklungsweise zu finden, bei der die vorherrschenden Muster der Akkumulation und die Regulationsweise zueinanderpassen und die ein relativ hohes Wachstum sowie ein relevantes Maß an sozialer Akzeptanz des Wirtschaftsmodells ermöglicht. Ein solcher Fall war der Fordismus der Zeit nach dem Zweiten Weltkrieg. Allerdings spricht hier manches dafür, dass die starke Wirtschaftsdynamik nicht allein Resultat der deutlich veränderten Regulation war, die auf einem klar zugunsten der Lohnabhängigen verschobenen Kompromiss beruhte und die eine verstärkte Erschließung des Binnenmarktes und zunächst ein hohes Wachstum der Arbeitsproduktivität ermöglichte. Vielmehr scheint sie mit dem hohen Wiederaufbaubedarf nach dem Krieg und dem Aufholen des in den 30 Katastrophenjahren von Kriegen und Krisen entstandenen Rückstandes zusammenzuhängen (Johsua 2006: 56ff.). Geringer war die Stabilität der binnenmarktorientierten Entwicklungsweise in der Semiperipherie. Hier erwies sich die Verfügbarkeit von Devisen als permanenter Engpass, der die Wachstumsdynamik konditionierte. Die im Vergleich zur vorherigen Strategie, die auf den Rohstoffexport zentriert war, diversifiziertere Wirtschaftsstruktur ermöglichte zwar relevanten Bevölkerungsgruppen einen sozialen Aufstieg, dennoch war der soziale Ausschluss aus dem Modell ungleich höher als in den Ländern des Zentrums. Dies implizierte z.T. einen wesentlich höheren Grad sozialer Konflikte mit der Folge häufiger kleinerer und mittlerer Verschiebungen in der Wirtschaftspolitik und der Herausbildung autoritärer Regimeformen. Kann man in den Ländern des Zentrums zumindest bis in die 60er Jahre von einer eher konsensgetragenen „Hegemonie" sprechen, so ist das für dieselbe Epoche in den Ländern der Semiperipherie bestenfalls mit großen Einschränkungen möglich (vgl. Oliveira 1998: 201ff.).

Die sich teils auf forcierten Export, teils auf finanzbasierte Akkumulation stützende Entwicklungsweise seit dem in den 70er Jahren beginnenden Umbruch zeichnet sich in den Ländern des Zentrums durch eine deutlich geringere Wachstumsdynamik als in der außergewöhnlichen Prosperitätsphase des Fordismus aus. Die BIP-Wachstumsrate ging in Westeuropa für die Jahre 1973–98 auf 2,11 Prozent gegenüber 4,81 Prozent in den Jahren 1950–73 zurück, was in etwa der Dynamik der Jahre 1870–1913 (2,10 Prozent) entsprach. Legt man die Pro-Kopf-Daten zugrunde, wandelt sich das Bild nicht grundsätzlich, allerdings liegt das Pro-Kopf-Wachstum des BIP dann in der zweiten Globalisierung (1973-98) mit 1,78 Prozent etwas höher als in der ersten Globalisierung (1870–1913), aber deutlich niedriger als in der Nachkriegsprosperität mit 4,08 Prozent (siehe Tab. 1). In den USA war die Abschwächung geringer – von 3,93 Prozent auf 2,98 Prozent (Pro-Kopf-Wachstum: 1950–1973: 2,45 Prozent, 1973–98: 1,99 Prozent) (Maddison 2006: 186f., Tab. A1-e, Tab A1-d), in Japan hingegen noch extremer mit einem Rückgang der Wachstumsrate von 9,29 Prozent auf 2,97 Prozent (BIP-Pro-Kopf-Wachstum: 8,05 Prozent bzw. 2,34 Prozent in diesen Perioden; ebd: 216f., Tab. A3-d, A3-e). Außerdem kam es zu einer schwächeren Ausprägung konsensualer Elemente.

In vielen Ländern der Semiperipherie (Lateinamerika, Türkei, Südliches Afrika) sind zwar neue wirtschaftspolitische Leitbilder und eine veränderte Form des Staates etabliert worden, doch zeichnen sich die Muster der Akkumulation und zentrale Bereiche der Wirtschaftspolitik durch Instabilität und Verschiebungen aus. Mal geht die Richtung eher in Forcierung der Exporte, mal mehr in

Richtung finanzbasierte Akkumulation. Letzteres ist dann der Fall, wenn Kapital aus den Metropolen zuströmt (Becker/Jäger 2005; Saludjian 2006: Kap. 3 & 4; Boratav 2004: Kap. 8 & 9; Ercan 2006). Das heißt, kapitalistische Entwicklung lässt sich nicht allein durch die Abfolge von Phasen der Stabilität und großen Krisen kennzeichnen, es gibt außerdem – speziell in der (Semi-)Peripherie – sehr ausgedehnte Phasen der Instabilität. Dies bezieht sich manchmal auf die wirtschaftliche und politische Sphäre, manchmal aber auch nur auf eine von beiden. Sind Argentinien oder die Türkei Beispiele für lange Phasen wirtschaftlicher Instabilität und politischer Labilität, so wäre Namibia das Beispiel eines Staates, der sich durch ein Akkumulationsmuster auszeichnet, dessen Grundzüge über mehr als 100 Jahre trotz eines tiefen politischen Bruches Bestand haben. Das auf Bergbau und extensive Viehzucht gegründete exportorientierte Modell Namibias ist sozial extrem polarisierend. Gegen seine koloniale Ausprägung hat es sowohl zu Beginn als auch in der zweiten Hälfte des 20. Jahrhunderts starke Widerstände gegeben. 1990 gelang es der nationalen Befreiungsbewegung, die Entkolonisierung durchzusetzen. Dies führte zu einem demokratisierten Staat und einer Verbesserung der Infrastrukturversorgung für die Armen, nicht aber zu einer tiefgreifenden Transformation des Wirtschaftsmodells (vgl. Mbuende 1986; Melber 2003: 13ff.). Daher bestehen tiefe soziale Spannungen fort. Das deutet darauf hin, dass zwischen politischer und ökonomischer Sphäre erhebliche Ungleichzeitigkeiten bestehen können.

Tab. 1: Jährliche Wachstumsraten des BIP pro Kopf

	1500 – 1820	1820 – 1870	1870 – 1913	1913 – 1950	1950 – 1973	1973 – 1998
Welt	0,05	0,53	1,30	0,91	2,93	1,33
Westeuropa	0,15	0,95	1,32	0,76	4,08	1,78
U.S.A.	0,36	1,34	1,82	1,61	2,45	1,99
Japan	0,09	0,19	1,48	0,89	8,05	2,34
Osteuropa	0,10	0,63	1,31	0,89	3,79	0,37
Ehemalige Sowjetunion	0,10	0,63	1,06	1,76	3,36	-1,75
Latein-amerika	0,15	0,10	1,81	1,43	2,52	0,99
Mexiko	0,18	-0,24	2,22	0,85	3,17	1,28
Brasilien	-	0,20	0,30	1,97	3,73	1,37
Argentinien	-	-	2,50	0,74	2,06	0,58
Asien (ohne Japan)	0,00	-0,11	0,38	-0,02	2,92	3,54
Süd- und Ostasien	-	-0,10	0,49	-0,08	3,83	3,30
China	0,00	-0,25	0,10	-0,62	2,86	5,39
Indien	-0,01	0,00	0,54	-0,22	1,40	2,91
Südkorea	-	-	-	-0,40	5,84	5,99
Türkei	-	-	-	-	3,20	2,25
Afrika	0,01	0,12	0,64	1,02	2,07	0,01
Südafrika	-	-	-	1,25	2,19	-0,32

Quelle: Maddison (2006): 126, Tab. 3-1a; 186ff., Tab. A1-d, A2-d, A3-d, A4-d; 265, Tab. B-22

Die bisherigen Ausführungen deuten bereits an, dass die wirtschaftliche Entwicklung zur gleichen Zeit in unterschiedlichen Räumen eine unterschiedliche Ausprägung hatte. Insofern gibt es nicht nur zeitliche, sondern ebenso räumliche Variationen. So wie bei der Zeit unterschiedliche ökonomische und politische Rhythmen der Veränderung festgestellt werden können, so unterliegen auch die Räume von Wirtschaft und Politik Veränderungen. Hierbei ist es für die bürgerlich-kapitalistische Epoche sinnvoll, analytisch zwei Formen von Räumen zu unterscheiden: den Verflechtungsraum und das Territorium (Becker 2002: 242ff.). Der Verflechtungsraum ergibt sich durch die (Inter-)Aktion verschiedener gesellschaftlicher Akteure. Er drückt sich unter anderem in Flüssen von Waren, Kapital und Arbeitskräften, aber auch diplomatischen Interaktionen oder militärischen Interventionen aus. Bei einer starken Intensität der (Inter-)Aktionen kommt es zu einer Verdichtung des Verflechtungsraumes. Klare Grenzziehungen kennt er nicht. Hingegen ist ein Territorium durch Homogenität, die durch bestimmte Normen – oft Rechtsnormen, ggf. aber auch beispielsweise Geldnormen – hergestellt wird, und eine klare Grenzziehung gekennzeichnet. Die beiden Räume sind dialektisch miteinander verbunden. Akteure des Verflechtungsraumes versuchen die Normbildung in bestimmten Territorien zu beeinflussen, wobei sie auf verschiedenen Ebenen – lokale Ebene, mikro-regionale Ebene, nationalstaatliche Ebene, makro-regionale Ebene oder globale Ebene – ansetzen können. Durch Normen werden aber auch die Grenzregime beeinflusst. Von der Ausprägung der Grenzregime hängen die Möglichkeiten zu grenzüberschreitenden Transaktionen und damit zur Formierung des Verflechtungsraumes ab (vgl. Becker/Komlosy 2004: 26ff.). So haben zollrechtliche Regelungen und nicht-tarifäre Handelshemmnisse einen wesentlichen Einfluss auf die Handelsmuster. Migration wird beispielsweise durch Einreise-, Beschäftigungs- und sozialrechtliche Regelungen beeinflusst. Für die Industrialisierung und Entwicklung später vom Kapitalismus durchdrungener Länder haben sich schützende Grenzregime, die in bestimmten internationalen Kon-

J. Becker, K. Fischer, K. Imhof, J. Jäger, C. Staritz

stellationen durchgesetzt werden konnten, als wesentlicher Erfolgsfaktor erwiesen (Chang 2005: 59ff.).

Die räumlichen Beziehungsmuster sind eng mit Machtfragen verbunden. So sind Einzelkapitale in unterschiedlichem Maße in der Lage, breit gefächerte Handels- und/oder Investitionsbeziehungen aufzubauen und politisch in deren Interesse auf unterschiedlichen räumlichen Ebenen zu intervenieren. Politische und militärische „Beziehungen" zeichnen sich oft durch ein großes Maß der Asymmetrie aus. Normen mit einer bestimmten Territorialität, die sich aus solchen Interaktionen ergeben, reflektieren die sozialen und politischen Asymmetrien. Nach Novy (2001: 19ff.) geht es bei sozialen Konflikten, die sich um die räumliche Konfiguration drehen, um „Raum-Macht". Hingegen konstituiert die räumliche Fixierung bestimmter Regeln einen „Macht-Raum". Dessen Grenzregime ist Ausdruck von Machtverhältnissen und wirkt seinerseits auf die Machtbalance zurück. Somit sind Raumfragen immer auch Machtfragen.

Kapitalismus ist endogen zunächst in bestimmten Regionen Westeuropas entstanden. In bestimmten innergesellschaftlichen Konstellationen hat die europäische koloniale Expansion des langen 16. Jahrhunderts den Zerfall der absolutistischen Ordnung und die Durchsetzung bürgerlich-kapitalistischer Verhältnisse – zunächst in Großbritannien – beschleunigt, in den gesellschaftlichen Konstellationen Spaniens und Portugals hingegen zur Restauration der absolutistischen Verhältnisse beigetragen. Bestimmte soziale und wirtschaftliche Grundmuster wurden von diesen Kolonialmächten nach der gewaltsamen Eroberung auf ihre Kolonien übertragen, so dass in den britischen Siedlerkolonien günstigere Voraussetzungen für die spätere kapitalistische Entwicklung gelegt wurden als in den iberischen Kolonien, die überwiegend auch nur bis zu Beginn des 19. Jahrhunderts Bestand hatten (vgl. Becker 1999: 36f.).

Die entscheidende Phase der Durchkapitalisierung der Ökonomie und der Industrialisierung erfolgte in Großbritannien im

Kontext eines konsolidierten Territorialstaates, eines angegliederten großen Kolonialreiches und einer internationalen Vormachtstellung. Das waren politisch speziell günstige Voraussetzungen. Die erste Phase der Industrialisierung erforderte in Großbritannien nur geringe Kapitalvorschüsse, die von einem eher lokalen Bankensystem bereitgestellt wurden. Die Hochfinanz war international ausgerichtet und kaum mit der nationalen Industrie verbunden. Dieses institutionelle Erbe prägt den britischen Kapitalismus bis heute. In den deutschen Ländern stellte sich dies anders dar. Es gab keinen konsolidierten Territorialstaat, dieser wurde erst im 19. Jahrhundert geschaffen, und zunächst auch keine Kolonien. Damit stellten sich die Fragen staatlicher Organisation und der Legitimierung der Herausbildung des Nationalstaates anders. Die Industrialisierung hatte eher Ende des 19. Jahrhunderts ihren Durchbruch. Zu dieser Zeit waren die erforderlichen Kapitalvorschüsse für die Schlüsselbranchen viel höher als zur Frühzeit der britischen Industrialisierung. Es bildete sich eine enge Verflechtung von Industrie und Banken heraus. Das Großkapital organisierte sich außerdem politisch – und auf der Gegenseite formierten sich Massenorganisationen der ArbeiterInnenschaft in Gewerkschaften und in der Sozialdemokratischen Partei. Den deutschen Kapitalismus prägt dieses historische Erbe ebenfalls bis heute. Die später kapitalistisch werdenden Länder sind nicht einfach Kopien ihrer Vorgänger, wie schon Rudolf Hilferding (1974: 413f.) zu Beginn des 20. Jahrhunderts festhielt. Die Unterschiede verschwanden auch bei späteren Metamorphosen des Kapitalismus in den Staaten des Zentrums nicht, sondern setzten sich in modifizierten Formen fort (vgl. Boyer 1986; Amable 2005).

Unterschiede in der politisch-ökonomischen Konstellation zogen schließlich Unterschiede in der ökonomischen Doktrinbildung nach sich. Die liberale klassische politische Ökonomie mit ihren Freihandelspostulaten entstand in Großbritannien mit seinen wirtschaftlichen Expansionsinteressen. Freihandel war im 19. Jahrhundert allerdings nicht im Interesse von Industriellen in Deutschland (oder auch den USA). So wurde hier bereits in der ersten Hälfte des 19. Jahrhunderts, besonders prominent durch Friedrich List (1910), eine Kritik der Freihandelsdoktrin formuliert und die Notwendigkeit von so genannten Erziehungszöllen für die nachholende Industrialisierung begründet. Während Großbritannien im späten 19. Jahrhundert und frühen 20. Jahrhundert den liberalen Theorien der klassischen und neoklassischen Theorie verbunden blieb, war im Deutschen Reich die „Historische Schule" vorherrschend, die aus einer historischen und sozioökonomischen Sicht nach den institutionellen Voraussetzungen kapitalistischer Entwicklung fragte und angesichts der starken sozialen Spannungen nach Möglichkeiten einer Abschwächung des sozialen Konfliktes suchte. Aus einer solchen sozial-konservativen Perspektive heraus entstand die Bismarcksche Sozialversicherung als Antwort auf die Herausforderungen der Sozialdemokratie (vgl. Reinert 2005: 61ff.). Große Bedeutung hatte der Marxismus als kritische Gesellschaftstheorie zu dieser Zeit in Zentraleuropa bis hin nach Russland, nicht aber in den angelsächsischen Ländern, in denen weder der Mainstream noch die ArbeiterInnenbewegung große gesellschaftstheoretische Entwürfe präsentierten. Dies sind frühe Beispiele dafür, dass ungleiche Entwicklungsmuster auch zu unterschiedlichen ökonomischen Doktrinbildungen führen. Die Diskontinuität ist jedoch höher als bei den nationalen oder regionalen Entwicklungsmodellen.

In großen Teilen der Welt erfolgte die Durchsetzung kapitalistischer Produktionsverhältnisse unter sehr starkem europäischem Druck und unter den Bedingungen ungleicher Verträge, welche den wirtschaftspolitischen Handlungsspielraum stark einschränkten (z.B. Japan, China, Osmanisches Reich), oder als Resultat kolonialer Eroberung. Koloniale Eroberungen öffneten bestimmte Regionen nicht allein für den Handel, sondern ebneten über die gewaltsame Implantierung kapitalistischer Eigentumsrechte und den Aufbau von Rudimenten bürgerlich-kapitalistischer Staatlichkeit zudem Investitionen und dem direkten Abbau von Rohstoffen den Weg

– und zwar vorrangig zugunsten von Wirtschaftsinteressen aus der jeweiligen Kolonialmetropole. Auch hier wurde über Enteignungen von Land und/oder der Einführung von monetären Kopfsteuern ein Zwang zur Lohnarbeit geschaffen – und zuweilen wurde die so erzwungene Lohnarbeit durch direkte Zwangsarbeit ergänzt. Bestehendes industrielles Gewerbe wurde in den Kolonien ruiniert, so dass im 19. Jahrhundert der Industrialisierung in den Zentren Deindustrialisierung oder zumindest nicht-industriell geprägte Entwicklung in der Peripherie gegenüberstand. Kolonialherrschaft bedeutete die zwangsweise Ausrichtung der kolonialen Ökonomien auf die kolonialen Interessen. Dies erfolgte je nach möglichen Spezialisierungsmustern, den im Detail unterschiedlichen Herrschaftstechniken der Kolonialmächte bzw. abhängig von den Ausprägungen des antikolonialen Widerstandes auf unterschiedliche Art und Weise. Zu Recht verweisen DependenztheoretikerInnen darauf, dass das koloniale Erbe durch seine ökonomische Außenorientierung, durch die wesentliche Prägungen der Sozialstruktur sowie die Form der Staatlichkeit die spätere Entwicklung sehr stark beeinflusst hat (siehe z.B. Frank 1975; aus einer anderen Perspektive z.B. Faoro 1997, 1998). Nur sehr wenige außereuropäische Länder und Regionen haben sich der direkten Kolonisierung erfolgreich widersetzen können. Der Abdrängung in eine untergeordnete, periphere Position widerstand unter ihnen allein Japan.

Einen ersten Höhepunkt erreichte die Internationalisierung des Kapitals, gemessen am Verhältnis Warenexporte/BIP und langfristiger Kapitalexport/BIP, kurz vor dem Ersten Weltkrieg (Bairoch 1996). Die Konkurrenz zwischen den wichtigsten kapitalistischen Mächten schlug 1914 in die militärische Konfrontation um. Diese zog zwar einerseits eine weitere koloniale Landnahme – die Besetzung der arabischen Gebiete des Osmanischen Reiches durch Großbritannien und Frankreich – nach sich, die den kolonialen Besitzungen den historischen Höchststand bescherten, andererseits führten der Erste Weltkrieg, der Fehlschlag bei der Restauration der Vorkriegsordnung, die große Krise von 1929 und der Zweite Weltkrieg zu einem deutlichen Rückgang der internationalen Wirtschaftsverflechtung. Die Staaten des Zentrums zogen aus den 30 Jahren von Krieg und Krise nach 1945 unter Führung der USA die Konsequenz, eine internationale institutionelle Ordnung zu etablieren, mit der einerseits eine gewisse internationale Regelhaftigkeit festgelegt wird, die den Nationalstaaten jedoch andererseits erhebliche Spielräume für eine nationalstaatliche Konjunkturpolitik belassen würde. Damit kamen in der Nachkriegszeit im Zentrum Wirtschaftsraum und der Nationalstaat als zentrale Ebenen der Regulation zu einer relativ starken Deckung. In diesem Kontext konnten auf nationalstaatlicher Ebene die gesellschaftlichen Kompromisse zugunsten der Lohnabhängigen verschoben werden, ohne dass das Kapital sich diesen Kompromissen durch Kapitalflucht hätte entziehen können (Becker 1996). Über die verschobenen Kompromisse sollte eine breite Akzeptanz für die kapitalistische Ordnung wiederhergestellt werden, die durch 30 Jahre Krieg und Krise schwer erschüttert war.

Die Krise von 1929 brachte auch jenen Staaten der (Semi-)Peripherie, die formell unabhängig waren (z.B. Lateinamerika, Türkei, Südafrika) oder zumindest weitgehend über formale Autonomie (z.B. Rhodesien) verfügten, ein hohes Maß realer Autonomie. Sie waren zuvor stark auf den Rohstoffexport orientiert, verfügten aber bereits über kleinere industrielle Kerne. Nach dem Zusammenbruch der Rohstoffpreise sahen sie sich zu einer Reorientierung auf den Binnenmarkt veranlasst. Um den außenwirtschaftlichen Schwierigkeiten Herr zu werden, erließen sie Importbeschränkungen und Kapitalverkehrskontrollen und schränkten in den 30er Jahren vielfach ihren Schuldendienst ein. Das Geldsystem erhielt einen deutlich stärker nationalen Charakter und wurde in den Dienst der Industrialisierung gestellt. Mit dem realen wirtschaftspolitischen Autonomiegewinn, dem Erstarken einer Industriebourgeoisie, aber auch dem Wachstum von Mittelschichten und ArbeiterInnenschaft entstanden in den Ländern der kapitalistischen (Semi-)Peripherie eigenständige Theorieschulen. Zu denken wäre unter anderem an die Entwicklung des *Desarrollismo* im Umfeld der CEPAL in den 40er Jahren (Kay 1989) und an das Entstehen der *Kadro*-Gruppe in der Türkei in den 30er Jahren, die beide für eine forcierte Industrialisierung und eine pro-aktive Rolle des Staates plädierten. Als Teil eindeutig oppositioneller, ja revolutionärer Strömungen erfolgte in der Zwischenkriegszeit die „Sinisierung" des Marxismus in China (Tian 2006) oder entstand beispielsweise die „indigenisierte" Marxismus-Konzeption von José Carlos Mariátegui (1976), die sich auf die ethnisch wie sozial extrem heterogene Situation der Andenländer bezog.

Die Extraktionskolonien vermochten hingegen nicht, ein protektionistischeres Grenzregime zu errichten und Autonomie zu gewinnen. Im Gegenteil, auf sie wälzten die Kolonialmetropolen in den 30er Jahren Krisenfolgen ab. Damit kam es in der großen Krise zu einer bedeutsamen Ausdifferenzierung der Peripherie in eine teilindustrialisierte Gruppe und eine auf den Rohstoffexport als einzigem strategischen Sektor orientierte Gruppe. Der Zweite Weltkrieg schwächte auch hier die Kolonialherrschaft, doch nur in Teilen Asiens sollte die Dekolonisierung direkt nach 1945 erfolgen. Im Großteil des subsaharischen Afrika gelang es den antikolonialen Bewegungen erst 1960, die Unabhängigkeit zu erringen. Zu diesem Zeitpunkt war die Einbindung in die internationalen Wirtschaftsbeziehungen so stark, dass aus der politischen Unabhängigkeit nur ein sehr begrenzter Gewinn wirtschaftspolitischer Autonomie folgte.

Die Position der dominanten Gruppen in der (Semi-)Peripherie zu den dominanten Kräften im Zentrum war vielfach ambivalent und schwankte zwischen der Suche nach Protektion durch den (semi-)peripheren Staat gegen übermächtige äußere Konkurrenz und dem Wunsch nach Kooperation mit Kapital und Staaten im Zentrum gegen die ArbeiterInnen- und andere soziale Bewegungen im eigenen Land. Das drückte sich in der Formulierung der Grenzregime aus. Industrielle Produktion wurde vielfach durch Zölle geschützt, hingegen wurden Direktinvestitionen durch Auslandsunternehmen sehr oft zugelassen, wenngleich ggf. in Verbindung mit Auflagen, wie etwa dem Erreichen eines bestimmten Maßes der inneren Wertschöpfung. Ähnliche Ambivalenzen zeigte das kollektive Agieren von Regierungen der Dritten Welt in Fragen der Internationalen Wirtschaftsregulierung. Ausdruck eines höheren Maßes von Autonomie und eines gestiegenen Selbstvertrauens war der Versuch in den 60er und mehr noch in den 70er Jahren, die UNCTAD (*UN Conference on Trade and Development*) als Alternative zum GATT (*General Agreement on Tariffs and Trade*) in internationalen Handelsfragen einzusetzen und eine Neue Internationale Wirtschaftsordnung zu etablieren. Dies war ein Versuch, die internationalen Verhandlungsarenen und die internationale Staatlichkeit zu ihren Gunsten zu verändern (Becker/Blaas 2007), wie es ihn vorher und nachher nicht gegeben hat. Gleichzeitig ließen sich die Regierungen der Blockfreien insoweit auf die bestehenden Handelsstrukturen ein, als sie die Stabilisierung der Rohstoffpreise als eine der zentralen Forderungen hatten. Die Länder der Dritten Welt wandten sich nicht grundsätzlich gegen Auslandsinvestitionen, pochten aber auf die Festschreibung größerer nationalstaatlicher Spielräume bei der Enteignung. Tetzlaff (1982: 280) hielt die in der Grundsatzerklärung zur Neuen Weltwirtschaftsordnung enthaltenen Forderungen denn auch weitgehend mit einem „marktwirtschaftlichen Rahmen" vereinbar. Es ging primär um eine Veränderung der Regeln, um die wirtschaftspolitische Souveränität der Nationalstaaten zu stärken.

Der Charakter der Forderungen machte deutlich, wie stark die Abhängigkeitsbeziehungen selbst nach vier Jahrzehnten der Diversifizierung der Wirtschaftsstruktur in Teilen der (Semi-)Peripherie waren, wenngleich sich deren Form geändert hatte (Frank 1969). Die meisten Länder waren nach wie vor auf den Rohstoffexport ausgerichtet. Bei der Importsubstitution wurden zwar oftmals bei

Fertigprodukten, zuweilen bei Zwischenprodukten, aber nur ganz selten (Indien, Brasilien) bei Maschinen Importe durch einheimische Produktion ersetzt. Die Technologie kam oft aus dem Ausland. In vielen Ländern spielten Auslandsunternehmen in der Importsubstitutionsindustrialisierung eine, wenn nicht die zentrale Rolle. Vor allem in den 70er Jahren waren Kapitalimporte in Form der Auslandsverschuldung von großer Bedeutung. Kapitalimport zieht Devisenzahlungen für Gewinnrepatriierung und Zinszahlungen nach sich. Es kommt also zu Surplus-Transfer (Baran 1962: 184, 226ff.). Ein zentrales Kennzeichen der peripheren Situation ist Devisenmangel (vgl. Ercan 2006).

Der nächste große Umbruch der internationalen kapitalistischen Wirtschaft ab den 70er Jahren brachte sowohl eine Veränderung der Grenzregime als auch eine weitere Ausdifferenzierung der Semiperipherie. Verstärkte Exportorientierung, Produktionsverlagerungen, die private Übernahme öffentlicher Dienstleistungen und/oder eine Forcierung des internationalen Kapitalverkehrs waren zentrale Elemente der Akkumulationsstrategien im Zentrum. Während in den angelsächsischen Ländern eine verstärkte Tendenz zur finanzbasierten Akkumulation erkennbar war, standen in Deutschland oder Japan eher die Exportanstrengungen im Vordergrund. Bezogen auf die internationale Wirtschaftsordnung gab es allerdings eine Konvergenz in den Forderungen der Staaten des Zentrums nach einer Liberalisierung des internationalen Waren- (mit Ausnahme der Landwirtschaft), Dienstleistungs- und Kapitalverkehrs. Ihre Verhandlungsmacht stieg durch die Krise der äußeren Verschuldung der Dritten Welt in den 80er Jahren deutlich an. Die Grenzregime wurden zugunsten der großen Kapitalgruppen, die meist ihren Sitz in Ländern des Nordens haben, im Rahmen der Umschuldungsverhandlungen durch die Forderungspakete von Internationalem Währungsfonds (IWF) und Weltbank sowie im Rahmen der thematisch ausufernden Welthandelsrunden geändert. Es gab allerdings durchaus wichtige Gruppen in Staaten der (Semi-)Peripherie, welche die Liberalisierung begrüßten und von ihnen profitierten. Zu denken wäre an die großen Konglomerate in der Türkei oder in Argentinien. Die Veränderungen der Grenzregime, vor allem die Liberalisierung des Kapitalverkehrs, schwächten die ArbeiterInnen, aber auch, speziell in der (Semi-)Peripherie, kleinere lokale Kapitalgruppen.

Der Umbruch brachte in der teilindustrialisierten Semiperipherie ebenfalls eine Veränderung der Ausrichtung der Akkumulation und eine weitere Ausdifferenzierung. In Lateinamerika und der Türkei, wo die binnenmarktorientierte Entwicklung an die inneren Grenzen der durch die ungleiche Einkommensverteilung begrenzten Nachfrage und an die äußeren Grenzen des Devisenmangels gestoßen war, wechselten sich Phasen finanzbasierter Akkumulation und der Exportorientierung ab. Dieses Wechselspiel war mit hoher Instabilität und sozialer Polarisierung verbunden (vgl. Saludjian 2006; Yeldan 2004). Die Wachstumsraten des BIP gingen deutlich zurück: in Lateinamerika von 5,33 Prozent in den Jahren 1950–73 auf 3,02 Prozent in den Jahren 1973–98 (Maddison 2006: 197, Tab. A2-e), in Südafrika von 4,85 Prozent auf 1,93 Prozent (ebd: 226, Tab. A4-e) und in der Türkei von 5,93 Prozent auf 4,39 Prozent (ebd.: 217, Tab. A3-e). Noch schlechter waren die Pro-Kopf-Daten (siehe Tab. 1): Sie gingen in Lateinamerika von 2,52 Prozent in den Jahren 1950–73 auf nur noch 0,99 Prozent in der Periode 1973–98 zurück (ebd.: 196, Tab. A2-d), in Südafrika von 2,19 Prozent auf −0,32 Prozent (ebd.: 225, Tab. A4-d) und in der Türkei von 3,20 Prozent auf 2,25 Prozent (ebd.: 216, Tab. A3-d). Das heißt, bezogen auf das BIP pro Kopf war in den Jahren 1973–90 in Lateinamerika und Südafrika praktisch eine Stagnation bzw. sogar ein leichter Rückgang zu beobachten. Gemessen an diesem konventionellen Wirtschaftsindikator war die ultraliberale Wirtschaftspolitik ein Misserfolg.

In Süd- und Ostasien waren bis in die 90er Jahre eine stärkere und systematische Orientierung auf eine Exportindustrialisierung mit einer starken Binnenmarktbasis und eine stärkere Wachstumsdynamik erkennbar: 1973–98 wurde immer noch eine BIP-Wachstumsrate von 5,09 Prozent gegenüber 6,00 Prozent in den Jahren 1950–73 und ein jährliches BIP-Wachstum pro Kopf von 3,30 Prozent gegenüber 3,83 Prozent erzielt (siehe Tab. 1 sowie Maddison 2006: 216f, Tab. A3-d, A-3-e). Ein Teil der ostasiatischen Staaten konnte sich bei der Exportindustrialisierungsstrategie auf verhältnismäßig große wirtschaftspolitische Spielräume stützen, da den USA an deren Prosperität in der Blockkonfrontation mit den staatssozialistischen Nachbarländern gelegen war. Die Industrialisierungsstrategien wurden zudem durch eine verhältnismäßig starke Autonomie des Staates gegenüber einzelnen Kapitalgruppen begünstigt (vgl. Messner 1988; Kohli 2004: Teil 1). Allerdings entwickelten sich auch bei dieser Entwicklungsstrategie innere Widersprüche, die durch Liberalisierung des Kapitalverkehrs an Brisanz gewannen und 1997/98 in einer schweren Finanzkrise endeten (Contamin/ Lacu 1998). Wenngleich die Reaktionen auf die Krise variierten, blieben die Entwicklungsstrategien stark auf industriellen Export ausgerichtet. Die ostasiatischen Entwicklungswege zeichneten sich im Vergleich zu den lateinamerikanischen Ländern, Südafrika oder der Türkei in den 80er und 90er Jahren durch einen höheren Grad der Autonomie und eine aktive Staatsintervention aus. Auf theoretisch-konzeptionellem Gebiet fand dies seinen Ausdruck in einer entwicklungstheoretischen und -politischen Strömung, die für eine gezielte Protektion plädierte und die industrialisierungsfördernden Effekte einer kohärenten staatlichen Entwicklungspolitik hervorhob (z.B. Chang 2005; Kohli 2004). Insofern fand der lateinamerikanische *Desarrollismo* der 40er bis 60er Jahre in Ostasien eine gewisse Fortsetzung.

Indien und China sind – bislang – schweren Finanzkrisen entgangen. Indien mit seiner bedeutsamen Industriebourgeoisie hat eine sehr behutsame Liberalisierungspolitik betrieben, sich allerdings ebenfalls verstärkt auf den Export orientiert. Im Gegensatz zu

J. Becker, K. Fischer, K. Imhof, J. Jäger, C. Staritz

Russland und den osteuropäischen Ländern hat China ein staats-kapitalistisches Modell implantiert, bei dem zentrale Parameter des internationalen Kapitalverkehrs staatlicher Kontrolle unterliegen. Dies hat sich stabilisierend auf die wirschaftliche Entwicklung aus-gewirkt. Das neo-merkantilistische, stark exportorientierte Modell der letzten Jahre hat zwar hohe Wachstumsraten mit sich gebracht, weist aber auch eine Reihe von Schwachstellen auf – wie die zen-trale Rolle von Auslandsunternehmen beim Export, technologische Abhängigkeit, ein extensives, mit hohem Ressourcenverbrauch ver-bundenes Wachstumsmodell und eine möglicherweise überschie-ßende Investitionstätigkeit bei nachhinkendem Binnenkonsum (Cho 2005; Peters 2007). Zudem hat der neue chinesische Staatska-pitalismus eine extreme Zunahme der Einkommensungleichheit – in den städtischen Gebieten eine Steigerung des Gini-Koeffizienten von 0,19 im Jahr 1986 auf 0,46 im Jahr 2001 (He 2006: 276, Tab. 7-2), also eine Verschiebung von einer sehr egalitären Verteilung hin zu lateinamerikanischen Standards – und starke soziale Spannungen mit sich gebracht. Diese Schattenseiten werden jetzt ansatzweise auch in der innerchinesischen wissenschaftlichen und politischen Diskussion thematisiert (Chi 2005).

Stark auf Rohstoffexport orientierte Ökonomien zeichneten sich durch Stagnation oder Regression – beispielsweise ein jähr-liches Wachstum des BIP um nur 1,21 Prozent von 1973 bis 1998 und komplette Stagnation des BIP pro Kopf in Afrika (siehe Tab. 1 sowie Maddison 2006: 225f., Tab. A4-d, A4-e) – bzw. im Fall der öl- und gasexportierenden Länder durch ein heftiges Auf und Ab, entsprechend der Preisentwicklung, aus. Insgesamt waren die letzten drei Jahrzehnte in der Peripherie und teilindustrialisierten Semiperipherie von zunehmender Unsicherheit und weitgehender Ausdifferenzierung geprägt. Im globalen Maßstab ist die Einkom-mensungleichheit deutlich angestiegen – gemessen am Gini-Koeffi-zienten von 0,65 im Jahr 1965 auf 0,68 im Jahr 1980 und 0,74 im Jahr 1990 (siehe Tab. 3 sowie Yeldan 2004: 17). Auch innerhalb von

Regionen und einzelnen Ländern hat Ungleichheit zugenommen (siehe die Entwicklung des Gini-Koeffizienten in verschiedenen Ländern in Tab. 2 und regionale Gini-Koeffizienten in Tab. 3).

Tab. 2: Entwicklung des Gini-Koeffizienten in verschiedenen Ländern

	1965	1980	1990	2000
U.S.A.[1]	0,40	0,40	0,43	0,46
Großbritannien[2]	0,25	0,25	0,34	0,35
Frankreich[3]	0,34	0,30	0,28	0,27
Japan[4]	0,35	0,33	0,35	-
Russland[4]	-	-	0,27	0,52
Polen[2]	-	0,25	0,27	0,35
Ungarn[2]	0,23	0,21	0,21	0,26
Mexiko[2]	0,53	-	0,54	0,55
Argentinien[3]	0,35	0,42	0,43	0,47
Brasilien[4]	-	0,58	0,58	0,60
Südafrika[2]	0,55	0,49	-	0,58
Namibia[5]	-	-	0,74	-
China[2]	-	0,22	0,34	0,39
Indien[5]	0,31	0,31	0,30	0,33
Thailand[4]	-	0,46	0,54	0,56

[1] Einkommen, monetär; [2] Einkommen, verfügbar; [3] Einkommen, verfügbar, monetär; [4] Einkommen, brutto; [5] Konsum

Quelle: UNU/WIDER (2005): World Income Inequality Database V 2.0a

Tab. 3: Regionale Gini-Koeffizienten

	1970	1980	1990	2000
Welt	0,67	0,68	0,69	0,68
Welt[1]	0,65[2]	0,68	0,74	-
Afrika	0,64	0,63	0,65	0,67
Lateinamerika	0,56	0,56	0,55	0,57
Ostasien	0,44	0,49	0,49	0,52
Zentral- und Osteuropa	0,30	0,30	0,31	0,43
OECD	0,35	0,34	0,35	0,37
Südasien	0,38	0,38	0,38	0,33

Daten: Dikhanov: Weltbank, Konsumausgaben für 45 Länder; Yeldan: Einkommen, [1] Daten von Yeldan, [2] Daten für 1965
Quelle: Dikhanov 2005; Yeldan 2004

Akkumulation und Regulation

Zwischen den abstrakten Merkmalen der kapitalistischen Produktionsweise und der Vielfalt ihrer Ausprägungen bietet die Regulationstheorie eine Vermittlung. Sie ermöglicht eine Analyse der Akkumulation entsprechend verschiedener Typen. Typisierungsachsen sind: die Artikulation der kapitalistischen Produktionsweise mit anderen Produktionsweisen, das Verhältnis zwischen produktiver und finanzieller Akkumulation, die Binnen- und Außenorientierung sowie die sich auf die Art der Surplus-Erzielung beziehenden Ausprägungen intensiver und extensiver Akkumulation (vgl. Becker 2002: 64ff.; Lipietz 1986: 15). Die Kehrseite der Akkumulation ist die Reproduktion der Arbeitskräfte. Die von der Kapitalseite favorisierten Akkumulationsstrategien können leicht zu Reproduktionsverhältnissen in Widerspruch geraten, die von den subalternen Klassen als akzeptabel angesehen werden. Damit tut sich hier ein

Spannungsfeld auf, das einen starken Bezug zur Struktur sozialer Klassen hat. Darüber hinaus ist mit dieser Frage das Geschlechterverhältnis angesprochen.

Akkumulation und Reproduktion der Arbeitskraft sind widersprüchliche Prozesse. Aus einer regulationistischen Sicht lassen sich als strukturelle Formen dieser widersprüchlichen Verhältnisse, die gesellschaftlich durch Prozeduren der Regulation bearbeitet werden, das Lohnverhältnis, das Konkurrenzverhältnis, die monetäre sowie die ökologische Restriktion identifizieren. Diese strukturellen Formen nehmen in Raum und Zeit unterschiedliche konkrete institutionelle Ausprägungen an. In allen vier Formen ist der Staat präsent. Er bildet sogar ein Band zwischen ihnen. Alle diese Formen haben aber auch mit der Warenform als einem gesellschaftlichen Grundverhältnis des Kapitalismus zu tun. Verschiedentlich haben sie zudem Bezugspunkte zur familiären Form gesellschaftlicher Verhältnisse. Der Gesamtkomplex von umkämpfter Normbildung und -durchsetzung kann, bezogen auf die Grundformen und die strukturellen Formen, als Regulationsdispositiv bezeichnet werden (Becker 2002: Kap. 3.6). Bilden die strukturellen Formen der Regulation ein kohärentes Ganzes heraus, kann man von einer Regulationsweise sprechen. Eine solche Kohärenz würde über die Herausbildung eines hegemonialen Projektes eines bestimmten sozialen Blocks in der Zivilgesellschaft geschaffen, das dann auch Leitmarke für die staatliche Politik wäre. Passt eine solche Regulationsweise zu den vorherrschenden Akkumulationsmustern, gelingt vorübergehend eine relative Stabilisierung der wirtschaftlichen und gesellschaftlichen Verhältnisse. Diese Stabilität ist aber immer nur vorübergehend. Auf sie folgen Krisen mehr oder weniger starker Ausprägung, in denen die konkrete Ausformung der Regulation im Rahmen sozialer Konflikte verändert wird.

Der Aufbau des Buches ist an die regulationistische Konzeption angelehnt, ohne dass alle HerausgeberInnen oder AutorInnen dem Regulationsansatz zugerechnet werden können. Damit geben einerseits Fragen der Akkumulation, andererseits der Regulation dem Buch seine Struktur.

Folgende Achsen der Akkumulation können unterschieden werden:

(1) Verbindung der kapitalistischen mit anderen Produktionsweisen: In vielen Fällen ist die kapitalistische Produktionsweise nicht vollständig durchgesetzt, sondern interagiert mit anderen Produktionsweisen. Diese sind oft eher auf Selbstversorgung denn auf Akkumulation ausgerichtet. Allerdings befinden sich diese Produktionsweisen gegenüber der kapitalistischen Produktionsweise meist in einer abhängigen Position. Sie sind durch ihre untergeordnete Verbindung mit der kapitalistischen Produktionsweise jedoch verändert worden. So ist agrarische Subsistenzproduktion nur in den seltensten Fällen noch völlig autark. Für den Kauf von Arbeitsmitteln, Kleidung, eventuell Schulmaterial oder das Erbringen von Schulgeld muss monetäres Einkommen beschafft werden. Dies kann durch den Verkauf von Agrarprodukten, aber auch durch die vorübergehende oder dauerhafte Lohnarbeit von Familienmitgliedern geschehen. Wird ein Teil der Lebenshaltung durch Eigenproduktion gedeckt, so müssen die Löhne nicht für die gesamte Lebenshaltung reichen und können also niedriger ausfallen. Insofern könnte man fast von einer indirekten Subventionierung kapitalistischer Produktion durch Subsistenzproduktion sprechen. Diesbezüglich kann allerdings nicht von einer „dualen Wirtschaft" gesprochen werden, vielmehr sind die verschiedenen Produktionsweisen miteinander verbunden (vgl. Wolpe 1976). Die Klassenzugehörigkeit kann ambivalent sein. Ruth First (1979) sprach in einem solchen Fall der Abwechslung von Lohnarbeit und subsistenzorientierter Landwirtschaft von „Arbeiter-Bauern". In den kolonial erzeugten Wanderarbeitssystemen des Südlichen Afrika, auf die sich First in ihrer Arbeit bezog, beinhaltete diese Verschränkung unterschiedlicher Produktionsweisen gleichzeitig eine stark ausgeprägte geschlechtliche Arbeitsteilung: Die Wanderarbeit zu den kapitalistischen Produktionszentren war primär männlich, die agrarische Subsistenzproduktion leisteten vorrangig Frauen. Ist die Verschränkung verschiedener Produktionsweisen mit einer ethnischen Schichtung (und Diskriminierung) verbunden, wird zuweilen von einem „inneren Kolonialismus" gesprochen (González Casanova 2006: 185ff.). Soziale Konflikte erhalten so eine ethnische Färbung und zuweilen auch eine anti-kapitalistisch eingefärbte Radikalität.

(2) Produktive oder finanzielle Akkumulation: Investitionen können in der produktiven Sphäre erfolgen oder sich im Kauf von Wertpapieren erschöpfen. In letzterem Fall sprach Karl Marx (1979b: 482ff., 510) von der Akkumulation fiktiven Kapitals. Zu dem Kreislauf des produktiven Kapitals tritt so der Kreislauf des fiktiven Kapitals hinzu. Trotz einer gewissen Autonomie, sind die beiden Akkumulationsprozesse nicht völlig unabhängig voneinander. Die Dividenden oder Zinsen, auf welche die Wertpapiere des fiktiven Kapitals einen Anspruch verleihen, müssen nämlich in der produktiven Sphäre erwirtschaftet werden. Der Kurs der Wertpapiere wird aber nicht notwendigerweise von den aktuellen Gewinnen, sondern von den Erwartungen bestimmt. Sind diese gut, kommt es zu Kurssteigerungen. Werden die Erwartungen auf längere Zeit nicht eingelöst, kommt es irgendwann zu einem Kurseinbruch. Damit zeichnet sich die Akkumulation „fiktiven Kapitals" durch Instabilität aus. Besonders groß ist diese Instabilität in der Semiperipherie, da hier die Akkumulation oft auf hohen, mittel- und langfristig nicht durchhaltbaren Kapitalimporten beruht (Becker/Jäger 2005). Der Kapitalimport wird oft durch sehr hohe Zinsen stimuliert, was das Budget belastet und einheimischen Finanzrentiers ein hohes (Zins-)Einkommen garantiert. In der Türkei machten beispielsweise Ende der 90er Jahre die Zinszahlungen fast 40 Prozent der staatlichen Budgetausgaben aus (Yeldan 2004: 120, Tab. IV.3). Finanzkapitalisten waren 2002 in der Türkei die Gruppe mit dem individuell höchsten Pro-Kopf-Einkommen (Köse/Karahanoğulları 2005: 33f.). Der individuelle Vorteil der

hohen Liquidität der Kapitalanlage kann sich gesamtgesellschaftlich als Nachteil hoher Instabilität darstellen. Für Arrighi (1994) ist ein Trend zur Akkumulation fiktiven Kapitals oft Ausdruck einer blockierten produktiven Akkumulation. Angesichts mangelnder produktiver Anlagemöglichkeiten und hoher Unsicherheit ziehen AnlegerInnen liquide Kapitalanlagen vor. Aus einer solchen Sicht wäre die finanzielle Akkumulation der letzten Jahrzehnte nicht Ausdruck von Prosperität, sondern struktureller Probleme im produktiven Bereich. Vorübergehend kann die Akkumulation „fiktiven Kapitals" aber durchaus mit beträchtlichen Wachstumsraten verbunden sein.

(3) *Extensive und intensive Akkumulation:* Diese Klassifizierung bezieht sich auf die Art der Erhöhung des Mehrwertes und den Zusammenhang zwischen den Branchen. Extensive Akkumulation zeichnet sich dadurch aus, dass vornehmlich mehr Arbeitskräfte und Ressourcen verwandt werden und eventuelle Produktivitätssteigerungen kaum auf den Konsum der abhängig Beschäftigten durchschlagen. Bei intensiver Akkumulation hingegen kommt es zu hohen Produktivitätssteigerungen, die Löhne orientieren sich tendenziell am Produktivitätswachstum und es wachsen somit die Konsummöglichkeiten der Lohnabhängigen. Kapitalgüter- und Konsumgüterproduktion sind in der intensiven Akkumulation stärker miteinander verbunden (vgl. Becker 2002: 67ff.). Damit die Dynamik der intensiven Akkumulation voll zum Tragen kommt, sind sowohl eine verbreitete Lohnarbeit und relativ starke Gewerkschaften als auch eine relativ starke Verflechtung zwischen den Branchen erforderlich. Speziell an Zweiterem mangelte es oft in der Semiperipherie. Nur in ganz wenigen Fällen ist hier eine Kapitalgüterindustrie entstanden, meist wird der Großteil der Maschinen importiert. Damit sind Produktivitätssteigerungen einerseits stark vom Technologieimport abhängig, andererseits führt jede Beschleunigung des Wachstums zu einem deutlichen Anstieg der Importe und damit zu Zahlungsbilanzschwierigkeiten (vgl.

Mello 1998: 102ff.). Die extensive Akkumulation zeichnet sich in der Peripherie durch eine tendenziell stärkere Orientierung auf den Export aus. Dies verweist auf eine stärkere Konditionierung der Akkumulationsdynamik der Peripherie und Semiperipherie von außen und damit auf eine weitere Typisierungsachse, nämlich Intra- und Extraversion.

(4) Intra- vs. Extraversion: Hier geht es um Binnen- oder Außenorientierung der Akkumulation. Sie kann an den verschiedenen Formen des Kapitals – Waren, Produktionskapital, Geldkapital – festgemacht werden (Palloix 1978: 39ff.). Die Ausrichtung muss nicht bei allen drei Kapitalformen identisch sein. Aus diesem Grund ist eine nuancierte Analyse erforderlich. In der Nachkriegszeit war die Akkumulationsdynamik in den meisten Ländern des Zentrums durch eine Binnenmarkterschließung geprägt, für die teilindustrialisierten Länder galt dies schon weniger, und zwar sowohl wegen der sozioökonomischen Hindernisse gegen eine weitergehende Erschließung des Binnenmarktes, beispielsweise in Form des Widerstandes der Agraroligarchie gegen eine Agrarreform, als auch wegen ihrer Importabhängigkeit. Bei der Extraversion ist es sinnvoll, zwischen aktiver und passiver Ausprägung zu unterscheiden. Aktive Extraversion heißt, dass der Export von Waren und Kapital einen hohen Stellenwert genießt. Speziell der Export von Kapital konditioniert die ökonomischen Prozesse in den Anlageländern. Daher ist signifikanter Kapitalexport, speziell in der Form von Direktinvestitionen, Kennzeichen dominanter Ökonomie, wie Michel Beaud (1987: 76ff.) hervorhebt. Christian Zeller setzt sich in diesem Band mit den Logiken hinter Direktinvestitionen auseinander. Gehen Strategien zur Erzielung von Überschüssen im Waren- und Kapitalexport Hand in Hand, wäre eine solche Strategie eindeutig als neo-merkantilistisch zu bewerten. Nicht alle Länder können bei einer neo-merkantilistischen Politik gleichzeitig erfolgreich sein. Die Überschüsse der Einen sind die Defizite der Anderen. Damit bauen sich auf der einen Seite Devisenreserven, auf der anderen

Seite Auslandsverschuldung auf, was zu starken Spannungen in der internationalen Ökonomie und zu Krisen führen kann. Eine passive Extraversion ist durch eine hohe Abhängigkeit vom Waren- und Kapitalimport gekennzeichnet. Sie ist vor allem – aber nicht ausschließlich – bei Staaten der (Semi-)Peripherie verbreitet. Diese weisen in der Regel eine hohe Abhängigkeit beim Import von Maschinen, oft aber auch bei Zwischenprodukten auf. Speziell bei starken Wachstumsphasen droht ihnen eine negative Handelsbilanz, die durch andere Posten wie Tourismus oder Einnahmen aus der Arbeitsmigration ausgeglichen werden muss. Reichen derartige Einnahmen nicht aus, werden Kapitalimporte in Form von Direktinvestitionen oder Verschuldung notwendig. Diese ziehen Devisenausgaben in Form von Gewinnrepatriierung oder Zinszahlungen nach sich. Damit stößt passive oder importbasierte Extraversion immer wieder an die Grenzen des Devisenmangels und ist sehr krisenanfällig. Mit der Dynamik der internationalen Verschuldung und mit Verschuldungskrisen setzen sich Karin Küblböck und Cornelia Staritz in diesem Band auseinander. Sie skizzieren darüber hinau Alternativen zu den bisherigen problematischen Formen der Umschuldung. Sie verweisen darauf, dass zur Überwindung der Anfälligkeit für Verschuldungskrisen grundlegende Veränderungen der Wirtschaftsstrukturen erforderlich wären. Es hat sich historisch als sehr schwierig erwiesen, aus einer passiven Extraversion herauszukommen. In der (Semi-)Peripherie wurde der Rohstoffexport vielfach politisch forciert, um Deviseneinnahmen zur Deckung des Konsumbedarfs (und ggf. des Schuldendienstes) zu erzielen. Insofern ist die Logik des Devisenmangels für Entwicklungsstrategien oft dominant (vgl. Ercan 2006). Gleichzeitig erwiesen sich allzu reichlich devisenbringende Rohstoffquellen oft als problematisch, da es nicht gelang, die Devisen zur Diversifizierung der Wirtschaft zu nutzen und es sogar oftmals zum Niedergang bereits bestehender Branchen unter dem Druck relativ billiger Importe kam (Auty 2006: 44). Oliver Schwank behandelt in diesem Band Fragen des

Außenhandels und der Außenhandelspolitik aus Sicht der Entwicklungsmöglichkeiten von Nationalstaaten. Karin Fischer und Christof Parnreiter hingegen haben als Perspektive Warenketten und globale Produktionsnetzwerke und damit insbesondere den konzerninternen Handel im Blick. Der uruguayische Wirtschaftshistoriker Luis Bértola gibt einen multidimensionalen Überblick über Akkumulationsstrategien in der lateinamerikanischen Wirtschaftsgeschichte.

Akkumulationsstrategien bedürfen der Abstützung durch Prozeduren der Regulation. Der Staat – einschließlich der Zivilgesellschaft – ist zentral für die Regulation. Der Staat ist fiskalisch auf eine gut laufende Akkumulation angewiesen, da die Steuerbasis vom Gang der Geschäfte abhängt. Diese Abhängigkeit des Staates von der Akkumulation eröffnet der Kapitalseite einen starken strukturellen Einfluss auf die Staatstätigkeit. In der (Semi-)Peripherie hat diese Abhängigkeit insofern eine besondere Ausprägung, als die Akkumulation sehr stark von der Verfügbarkeit von Devisen bedingt wird (Evers 1977: 79ff.). Dies verleiht Kapitalfraktionen, die mit der Außenwirtschaft verbunden sind, und externen Akteuren besonderen Einfluss. Dieser wird zuweilen sehr offen zum Ausdruck gebracht, beispielsweise wenn Internationale Finanzinstitutionen oder Gläubigerstaaten für Umschuldungen explizite Bedingungen stellen. Allerdings kann Staatstätigkeit nicht allein vom Akkumulationsimperativ abgeleitet werden. Kapitalgruppen verfolgen unterschiedliche Akkumulationsstrategien, aus denen unterschiedliche wirtschaftspolitische Forderungen folgen. Außerdem machen andere gesellschaftliche Gruppen ihre auf die Lebenshaltung bezogenen Interessen geltend. Diese Art von Konflikten um gesellschaftliche Normbildung und staatliche Politik wird in der Zivilgesellschaft ausgetragen. In Phasen großer Krisen oder erheblicher Instabilität versuchen dominante Gruppen nicht selten den zivilgesellschaftlichen Spielraum ihrer GegnerInnen durch repressive staatliche

Maßnahmen beschneiden zu lassen (vgl. O'Donnell 1996). Diese autoritäre Verhärtung kann über die Ausschaltung von Parteien, vor allem der Opposition, oder des Parlaments auch weitere Zugänge zu staatlichen Entscheidungszentren betreffen. Doch haben im Fall parlamentarischer Verhältnisse die Ausgestaltung des Wahlrechts oder die Stellung der Institutionen zueinander, die Rekrutierungsformen des Staatspersonals und Ähnliches ebenfalls eine „strategische Selektivität" (Jessop 2002: 40; vgl. Becker 2002: 127ff.; Canfora 2006). Diese bezieht sich nicht nur auf soziale Klassen, sondern auch auf das Geschlecht (Sauer 2001) oder ggf. auf ethnische oder religiöse Zuschreibungen. Damit ist nicht nur die staatliche Politik, sondern auch die institutionelle Ausgestaltung des Staates immer wieder umkämpft. Dieter Boris stellt in diesem Band die Besonderheiten und den Formwandel des peripheren Staates und seiner Politik am Beispiel Lateinamerikas dar.

Darüber hinaus ist die räumliche Konfiguration der Staatlichkeit von großer Wichtigkeit. Denn gesellschaftliche Akteuren sind auf verschiedenen räumlichen Ebenen in unterschiedlichem Maße artikulations- und aktionsfähig. Beispielsweise fällt es großen Kapitalgruppen leichter, international auf politischer Ebene zu agieren, als Gewerkschaften. Daher beschäftigt sich der Aufsatz von Andreas Novy mit der subnationalen, der Beitrag von Ulrich Brand mit der internationalen Ebene. Brand versteht internationale Organisationen als „Verdichtungen der gesellschaftlichen Kräfteverhältnisse zweiten Grades". Sie weisen zwar im Vergleich zum Nationalstaat eine geringe Sanktionsmacht auf, sind aber ähnlich wie dieser strategisch selektiv (Becker/Blaas 2007: 9ff.). Daher macht es einen Unterschied, in welchen internationalen Organisationen internationale Normen geprägt werden. Um die Auf- und Abwertung bestimmter Organisationen gibt es Konflikte zwischen verschiedenen Akteuren, speziell in Umbruchphasen.

Strukturelle Formen der Regulation, in welche der Staat eingelassen ist, sind das Lohnverhältnis, das Konkurrenzverhältnis, die
monetäre und die ökologische Restriktion.

(1) Das Lohnverhältnis: Auch wenn André Gorz (1980) schon
vor vielen Jahren den *Abschied vom Proletariat* verkündete, ist ein
Ende der Lohnarbeit, die industrielle wie nicht-industrielle Arbeit
umfasst, nicht erkennbar. Als Prozentsatz an den Erwerbstätigen
ist der Anteil der Selbständigen in der EU in den 90er Jahren des
20. Jahrhunderts sogar leicht von 19,1 Prozent auf 16,6 Prozent
zurückgegangen. Gleichzeitig veränderten sich aber die Beschäftigungsverhältnisse der Lohnabhängigen in der EU durch den Anstieg der Teilzeitarbeit (von 13,2 Prozent auf 17,4 Prozent) und der
zeitlich befristeten Beschäftigung (von 7,8 Prozent auf 10,6 Prozent) (Ciofi 2004: 45). Die zunehmende Lohnarbeit von Frauen
– oft unter prekären Bedingungen – dürfte ein Faktor für den leich-
ten quantitativen Bedeutungsgewinn der Lohnarbeit in Westeuropa
sein (vgl. Ruesga 2004: 86ff.). Bezogen auf Westeuropa konstatiert
Ciofi: „Zusammenfassend kann man festhalten, dass die derzeitigen
Transformationen die Wichtigkeit der abhängigen Beschäftigung
nicht vermindert haben, und diese immer noch in der Mehrheit
ist" (2004: 45f.) – und, außer in Griechenland, in allen damaligen
EU-Ländern einen Anteil von 70–90 Prozent erreichte. Deutlich
rückläufig war hingegen der Anteil der Lohnabhängigen am Einkommen. Die Tendenzen in den USA und Japan sind nicht grundlegend anders.

Vielfältiger stellen sich die Tendenzen in der Semiperipherie dar.
Im Zusammenhang mit der fortschreitenden Industrialisierung ist
in Ostasien eine Zunahme der Lohnarbeit festzustellen – in Südkorea stieg ihr Anteil zwischen 1980 und 2000von 40,5 Prozent auf
62,4 Prozent und selbst in Thailand von 20 Prozent auf 40 Prozent
(Johsua 2006: 135, Tab. 2). Speziell in der Exportindustrie ist ein
substantieller Anteil der Beschäftigten weiblich – und schlecht be-
zahlt (Wichterich 2003: 18ff.). Besondere Bedeutung kommt hier-

bei im globalen Rahmen dem raschen Wachstum der Lohnarbeit in China zu. Sie zeichnet sich dort durch große Statusunterschiede aus, die von etablierter städtischer ArbeiterInnenschaft mit gewissen sozialen Rechten und partieller gewerkschaftlicher Vertretung bis hin zu weitgehend völlig prekärer Wanderarbeit reicht (Lüthje 2006; Tongqing 2004). In Lateinamerika sind die Tendenzen nicht einheitlich, allerdings ist eine Erosion der IndustriearbeiterInnenschaft in der binnenmarktorientierten Industrie unverkennbar. Im Fall Mexikos ist an ihre Stelle z.T. Teilfertigung für den Export getreten, die durch schlecht abgesicherte und entlohnte Frauenarbeit geleistet wird (vgl. Rendón Gan 2003, v.a. Kap. 5). Im subsaharischen Afrika, in Teilen Lateinamerikas und teilweise auch Asiens hält die Abwanderung vom Land in die Städte an, ohne dass die Urbanisierung eine produktive Grundlage hätte. Es ist eine riesige Gruppe von Personen entstanden, die keine Aussicht auf eine Integration in den kapitalistischen Akkumulationsprozess hat. Es handelt sich um eine marginale Überschussbevölkerung (Quijano 1977: 312ff., 331; Davis 2007: 185ff.). Ein Großteil von ihnen ist in Abhängigkeitsverhältnissen befangen (Davis 2007: 189). Ihren Arbeitsverhältnissen mangelt es an realer rechtlicher Regelung – sie werden daher oft als „informell" bezeichnet. Präziser wäre es vermutlich, von nur schwach geschützten Beschäftigungsverhältnissen zu sprechen, da so die real schwache rechtliche Position und die politischen Handlungsoptionen genauer benannt würden (Harrod 2006: 53ff.). Den Tendenzen von „Formalisierung" und „Informalisierung" der Beschäftigung spürt Andrea Komlosy in ihrem Beitrag nach. Es gibt allerdings nicht nur ein „informelles Proletariat", sondern auch ein „informelles Kleinbürgertum", das eine gewisse Anzahl von Personen beschäftigt (Davis 2007: 188f.). Letzteres hat eine kommerzielle Orientierung, während es dem „informellen Proletariat" ums Überleben geht.

Diese kurze Skizze zeigt, dass Lohnarbeit viele Gesichter zeigt und sich diese Gesichter verändert haben. Konflikte um Lohnhöhe, Formen der Lohnfindung, Arbeitszeit, Arbeitsbedingungen und soziale Absicherung sind zentrale Elemente des Lohnverhältnisses. Sie betreffen sowohl die Kapitalakkumulation als auch die Lebensverhältnisse der abhängig Beschäftigten. Aus Sicht des Kapitals sind Löhne sowohl Kosten als auch Nachfragefaktoren, wobei es von der jeweiligen Konstellation und Branche abhängt, ob sie eher als Kosten oder auch substantiell als Nachfragefaktor wahrgenommen werden. Eine restriktive Lohnpolitik mag für Exportbranchen positiv sein, für die binnenmarktorientierten Branchen ist sie es nicht unbedingt. Sozialleistungen können die sozialen Verhältnisse ebenso wie die Binnennachfrage stabilisieren. Sozialpolitik kann aber auch in eine Akkumulation „fiktiven Kapitals" eingebaut werden, indem speziell die Pensionsversicherung kommerzialisiert wird (vgl. Jäger et al. 2001: 27). Den Organisationen der ArbeiterInnenbewegung ist es um Lohnerhöhungen und eine Minderung der Unsicherheit über soziale Absicherung gegangen. Um Verbesserungen mussten sie nicht allein auf betrieblicher Ebene, sondern auch in der staatlichen Arena, die für Arbeitsrecht und Sozialversicherung zentral ist, kämpfen. In den Ländern des Zentrums – mit Ausnahme der USA – hat sich daher die ArbeiterInnenbewegung historisch im Doppel von Gewerkschaften und ArbeiterInnenparteien herausgebildet. Die vielleicht politisch zentralste Veränderung der letzten drei Jahrzehnte war die Abkehr vieler sozialdemokratischer und einiger kommunistischer Parteien vom Gros der abhängig Beschäftigten. Das Ergebnis ist „Arbeit ohne Vertretung", wie Ciofi (2004) es formuliert. Die Schwächung in der staatlichen Arena hat negative Konsequenzen auch für die Gewerkschaften. In manchen Ländern der Semiperipherie ist es ebenfalls zur Ausprägung dieser Doppelung in Gewerkschaften und ArbeiterInnenparteien (z.B. in Brasilien, Chile, Indien) gekommen, daneben gibt es jedoch Länder mit militanten Gewerkschaften, aber bestenfalls marginalen ArbeiterInnenparteien (Südkorea, Türkei). Auf zunehmende ArbeiterInnenmilitanz hat die Kapitalseite u.a. mit technischen Neuerungen und Produktionsverlagerungen reagiert. Mit der Produktion verlagerte sich oft auch der Konflikt, wie Silver (2005) in ihrer historischen Studie zu Gewerkschaftsbewegungen und Globalisierung empirisch überzeugend nachweist. Die konkreten Möglichkeiten der Interessendurchsetzung der ArbeiterInnenbewegung hängen von der Branchenstruktur, der politischen Konstellation, den organisatorischen Fähigkeiten, der angemessenen Strategieentwicklung ab. In den Ländern des Zentrums hat die ArbeiterInnenbewegung – allerdings mit schweren Rückschlägen – vom Ende des 19. Jahrhunderts bis Ende der 70er Jahre eine rechtliche Formalisierung der Arbeitsverhältnisse und einen Ausbau der sozialen Absicherung durchsetzen können. Eine wirkliche politische Anerkennung hat sie hier allerdings oft erst nach 1945 erfahren. In der Semiperipherie waren ähnliche Prozesse während der eher binnenmarktorientierten Entwicklung von den 30er bis 70er Jahren des 20. Jahrhunderts zu beobachten, wenngleich mit geringerer Reichweite. Selbst in Jahren relativer Stärke hat die ArbeiterInnenbewegung nicht für alle Gruppen von Lohnabhängigen gleichermaßen Vorteile erkämpft. So fanden sich Arbeiterinnen nur allzu oft in „Leichtlohngruppen" wieder und waren die Regeln in den konservativen Varianten des Sozialstaates zuungunsten der Frauen ausgestaltet. Derzeit schwingt das Pendel in vielen Regionen in die Richtung des Kapitals aus. Schwere Krisen bedeuten vielfach einen Bruch in den Verteilungsrelationen, wie Özlem Onaran in ihrem Beitrag herausarbeitet.

Das Lohnverhältnis bezieht sich mithin auf die vertikale Konfliktachse der Klassenkonflikte. In Räumen, in denen unterschiedliche Produktionsweisen miteinander verbunden sind, sind aber auch andere Formen der Klassenbildung und des Klassenkonfliktes in die Analyse einzubeziehen.

(2) Das Konkurrenzverhältnis: Strategien der Kapitalverwertung entwerfen und implementieren Einzelkapitale, wobei sie bei der Ausgestaltung der Arbeitsprozesse, den Innovationen, der Absatzmarkterschließung etc. untereinander konkurrieren. Hierbei

kommt es vielfach zu Konzentrations- und Zentralisationsprozessen. Die Konkurrenzverhältnisse spielen sich nicht alleine auf der Ebene der Warenzirkulation ab, sondern sind außerdem politisch vermittelt. So suchen etwa Einzelkapitale staatliche Unterstützung bei der Erschließung neuer Akkumulationsfelder – beispielsweise der Privatisierung öffentlicher Dienstleistungen oder der Erschließung eines privilegierten Zugangs zu bestimmten Märkten. Letzteres kann mitunter eine militärische Komponente haben. Zu denken ist an die gewaltsame Erschließung kolonialer Rohstoffquellen oder Absatzmärkte oder aktuell an die militärische „Sicherung" von Ölquellen für Auslands-, speziell US-Kapital im Irak. In dieser Hinsicht ist die unmittelbare ökonomische Konkurrenz zuweilen der Ursprung konkurrenzgetriebener Kriege (vgl. Becker et al. 2005). Die Sicherung äußerer Märkte kann aber auch auf dem Weg bilateraler oder multilateraler Verhandlungen erfolgen (Becker/Blaas 2007). Schwächeren Kapitalgruppen geht es hingegen um Schutz vor übermächtiger Konkurrenz. Dieser Schutz kann seinen Ausdruck u.a. in kräftiger Zollprotektion finden. Insoweit ist Grenzpolitik Teil des Konkurrenzverhältnisses (Becker/Komlosy 2004).

Die Konkurrenz ist jedoch nicht auf die Kapitalseite beschränkt. Sie betrifft ebenso andere soziale Klassen (Becker 2002: 159ff.). So konkurrieren z.B. Lohnabhängige um (gute) Arbeitsstellen und soziale Aufstiegsmöglichkeiten. Auch diese Ausprägungen des Konkurrenzverhältnisses erhalten oftmals eine politische Konnotierung, wenn etwa die Kapitalseite Konkurrenzlinien innerhalb der abhängig Beschäftigten zu stärken sucht, indem beispielsweise einheimische und migrantische Arbeitskräfte gegeneinander ausgespielt werden (vgl. Balibar/Wallerstein 1990). Im Konkurrenzverhältnis werden vielfach kollektive Konfliktlinien – entlang ethnischer, religiöser u.ä. Kriterien – konstruiert und politisiert. Die Konfliktlinien der Konkurrenz liegen quer zu den Klassenkonflikten, insofern könnte man von einer horizontalen (oder manchmal diagonalen) Konfliktlinie sprechen.

J. BECKER, K. FISCHER, K. IMHOF, J. JÄGER, C. STARITZ

(3) *Die monetäre Restriktion:* Die Akkumulationsprozesse laufen über das Geld. Geld steht am Anfang und am Ende eines Akkumulationszyklus. Damit betrifft die monetäre Restriktion sowohl die Finanzierung des Verwertungsprozesses – und damit nicht zuletzt den Zugang zu Krediten – als auch den Verkauf der Ware. Aber nicht allein die Akkumulation ist an das Geld gebunden. Dasselbe gilt für den Lebensunterhalt der LohnarbeiterInnen. Es unterliegen also Akkumulation des Kapitals und Reproduktion der Arbeitskraft einer monetären Restriktion.

Diese Restriktion ist nicht absolut gesetzt, sondern hängt von monetären Normen und der staatlichen Geldpolitik ab. Eine relevante Dimension der monetären Restriktion sind Inflation und Deflation. Beide haben sowohl Konsequenzen für die Akkumulation als auch für die Einkommensverteilung. Bei beträchtlicher Unternehmenskonzentration und durch staatliche Politik gestützte Nachfrage ist es vielfach zu mehr oder weniger ausgeprägten inflationären Prozessen gekommen. Die Kapitalseite suchte über Preissteigerungen die Kapitalverwertung zu verbessern. In welchem Maße dies für das individuelle Kapital gelingt, hängt von den Reaktionen anderer Einzelkapitale, aber auch von der Durchsetzung von Lohnerhöhungen durch die Gewerkschaften ab, die den Preisanstieg kompensieren (vgl. Lipietz 1985; Faria 1990). Bei einer hohen oder sogar Hyperinflation können die Gewerkschaften in der Regel den Preisanstieg nicht ausgleichen, d.h. es kommt zu einer Umverteilung zuungunsten der abhängig Beschäftigten. Innerhalb des Kapitals werden die Schuldner gegenüber den Gläubigern bevorzugt. Bei hoher Inflation kommt es zu einer Verkürzung des Zeithorizontes bei Investoren und ggf. auch bei KonsumentInnen. Bei Hyperinflation werden Löhne beispielsweise praktisch sofort in Konsum umgesetzt. Eine Hyperinflation bringt also sowohl für die Akkumulation als auch für den Alltag von Lohnabhängigen oder KleinproduzentInnen große Schwierigkeiten. Sie ist oft der Ausdruck ungelöster sozialer Konflikte.

Die Deflation ist nicht weniger problematisch (vgl. Keynes 1997: 32ff., 146ff.). Im Fall des Austragens der Konkurrenz über Preissenkungen kommt es zum zeitlichen Aufschub von Investitionen und größeren Konsumanschaffungen. Damit ist die Deflation in der Regel mit einer stagnierenden oder schrumpfenden Wirtschaftsleistung verbunden. Der rezessive Effekt wird durch die Begünstigung der Gläubiger gegenüber den Schuldnern verstärkt. Alle Schulden werden real aufgewertet. Eine Rezession bedeutet steigende Arbeitslosigkeit und damit eine sinkende Kampfkraft der Gewerkschaften. Bei der Deflation sinken in der Regel die Löhne – zumindest einiger Segmente von Lohnabhängigen. Es ist sehr schwierig, aus der Deflation wieder herauszukommen, da die Möglichkeiten der Geldpolitik sehr beschränkt sind und von den Löhnen auch kein Preisdruck ausgeht.

Ein weiteres wichtiges Element der monetären Restriktion sind die Wechselkurse zwischen Währungen. Sie haben Einfluss auf die Exportmöglichkeiten und den Importdruck. Exportorientierte Kapitalfraktionen haben daher oft eine Präferenz für eine leicht unterbewertete nationale Währung. So ist der deutsche Industriegüterexport in der Nachkriegszeit durch die unterbewertete DM gestützt worden. Daneben sind die Wechselkurse für grenzüberschreitende Investitionen von Belang. Investoren wünschen keine Abwertung der Währung, in denen sie Aktiva gekauft haben. Aus diesem Grund haben britische Regierungen mit Blick auf den Finanzplatz London über lange Perioden eine Politik des überbewerteten Pfundes verfolgt. Auch für das Wechselkursregime mit Optionen zwischen fixen und flexiblen Wechselkursen gibt es unterschiedliche Interessenlagen. Finanzkapital ist in der Regel gegen Kapitalverkehrskontrollen, während deren wechselkursstabilisierende Wirkung durchaus im Interesse bestimmter Fraktionen des produktiven Kapitals liegen kann, wie Karen Imhof und Johannes Jäger in ihrem Beitrag zeigen.

Schlussendlich ist die Frage des Zugangs zu Kredit und dessen Fristigkeiten und Bedingungen relevant. Im angelsächsischen – vor allem – britischen Modell steht die Börsenfinanzierung im Vordergrund. Die Verbindungen zwischen Finanziers und Industrie sind eher schwach und auf eine kurze Sicht angelegt. Im Fall einer nachholenden Industrialisierung sind eher bankenzentrierte Modelle zur Anwendung gekommen (Gerschenkron 1973: 125ff.), die sich durch engere und längerfristige Bindungen zwischen Banken und Industrie auszeichnen. In semiperipheren Staaten haben sich oft die Engpässe bei der langfristigen Finanzierung als eine erhebliche Restriktion der Akkumulation herausgestellt. Als Ausweg hat sich für größere Kapitalgruppen in der Semiperipherie – zumindest in bestimmten Perioden – die Aufnahme von Auslandskrediten angeboten. Diese bringen aber makroökonomisch das Problem mit sich, dass auch die Zinszahlungen in Devisen erfolgen müssen und hierfür ein entsprechender Exportüberschuss erforderlich ist.

Währungen in der Peripherie und Semiperipherie zeichnen sich tendenziell durch höhere innere und äußere Instabilität aus. Daher gibt es – je nach Ausprägung des internationalen und nationalen Finanzregimes und der Existenz von Kapitalverkehrskontrollen – eine Neigung zur Flucht aus den peripheren Währungen, die insbesondere im Fall der Hyperinflation zutrifft. Eine Konsequenz aus der Tendenz zur Flucht aus den peripheren Währungen ist ein im Vergleich zum Zentrum höheres Zinsniveau. Historisch hat es immer wieder Fälle gegeben, in denen die nationalstaatlichen Regierungen in der (Semi-)Peripherie die Benutzung von Fremdwährungen im inländischen Gebrauch – Geldanlagen und Kredite in Fremdwährung, Abschließung von Geschäften in Fremdwährung – zugelassen haben (Salama 1989: 16ff.). Eine milde Form der Währungssubstitution ist die Indexierung von Wertpapieren an den Wechselkurs mit einer Fremdwährung und der damit verbundenen Aufweichung des nationalen Währungsstandards (Salama 1987: 71). Im Extremfall kann die nationale Währung völlig aufgegeben werden, was in den letzten Jahren u.a. in El Salvador, Ecuador oder Montenegro der Fall war.

In Lateinamerika waren Prozesse einer partiellen Dollarisierung mit einer Nutzung des US-Dollars bei Finanzanlagen, Verschuldung und bestimmten anderen Geschäften in den 80er und 90er Jahren recht verbreitet. In Südosteuropa hat es analoge Prozesse der D-Markisierung bzw. Euroisierung gegeben. Auch die Türkei zeichnet sich durch ein hohes Maß der Währungssubstitution aus. Während der Phase der finanzbasierten Akkumulation der 1990er Jahre wurden in Argentinien über 40 Prozent, in der Türkei zeitweise sogar über 50 Prozent der Depositen in Fremdwährung gehalten (Heymann 2000: 174, Tab. 17; Arın 2004: 586, Tab. 3), darüber hinaus lauteten inländische Kredite vielfach auf ausländische Währung. Die Einkommen der SchulderInnen waren allerdings in einheimischer Währung. Im Fall einer Abwertung der nationalen Währung drohte ihnen der Ruin und den Banken eine gefährliche Schieflage. Zur Stabilisierung des Wechselkurses sind permanent Finanzzuflüsse erforderlich. So erfolgt eine Ausrichtung der nationalstaatlichen Wirtschaftspolitik auf die Wünsche der FinanzlegerInnen und die entsprechenden Vorgaben von IWF, Weltbank und Rating-Agenturen (Salama 1987: 71; Becker/Jäger 2005: 91). Damit schafft eine Währungssubstitution eine große Verwundbarkeit gegenüber Finanzkrisen. Die Zentralbank hat kaum Interventionsmöglichkeiten, da sie nur nationale, aber nicht ausländische Währung als Liquiditätsspritzen an notleidende Banken nachschießen kann. Dies erklärt die besondere Schwere der jüngsten Finanzkrisen in Argentinien, Uruguay und der Türkei im Vergleich zu Ländern ohne nennenswerte Währungssubstitution wie Brasilien (vgl. Becker/Jäger 2005). In der Tendenz ist die monetäre Restriktion in Ländern der Peripherie und Semiperipherie durch die Verfügbarkeit von Devisen konditioniert.

(4) Die ökologische Restriktion: Die Natur wird sowohl bei der kapitalistischen Produktion als auch beim Konsum in Anspruch

genommen, d.h. Ressourcen werden entnommen und als Abfälle in die Natur abgegeben. Ähnlich wie die monetäre Restriktion betrifft die ökologische Restriktion die Akkumulation des Kapitals und die Reproduktion der Arbeitskräfte. Die Ausformung der ökologischen Restriktion – die Normen im Umgang mit der Natur und die gesetzlichen Bestimmungen – sind Gegenstand sozialer Konflikte (vgl. Becker/Raza 2000). Ökologische Fragen sind auch Verteilungsfragen, ökologische Konflikte Verteilungskonflikte (Martinez-Alier 2006).

Altvater (2005) verweist auf die zentrale Rolle von Öl, Gas und Kohle als Energieträger für die kapitalistische Industrialisierung und deren räumliche Organisation. Gleichzeitig ist über den Verkehr auch die Reproduktionssphäre betroffen. Eng verbunden mit der Energiegewinnung sind bis heute Konflikte um den Zugriff auf die Rohstoffquellen und die Bedingungen von deren Ausbeutung. Diese reichen von Auseinandersetzungen mit indigenen Gruppen über die Ölförderung und die damit verbundene Zerstörung von deren Lebensraum, über die Eigentumsrechte an den Rohstoffen und Förderungsanlagen bis hin zur Besteuerung. Diese Konflikte wurden und werden z.T. gewaltsam ausgetragen, derzeit ist dies am klarsten sichtbar durch die US-amerikanische Besetzung des Irak und die Installierung einer der Bush-Regierung genehmen irakischen Regierung. Die Kontroverse setzt sich fort in der Frage der Klimaerwärmung, die aus der exzessiven Nutzung von Öl, Gas, Kohle etc. folgt. Der Verbrauch ist in den kapitalistischen Zentren sowie einigen Ballungsräumen in der Semiperipherie konzentriert. Daraus leitet sich die Frage ab, wer die Nutzung zu be- bzw. einzuschränken hätte, ob dies vor allem in den kapitalistischen Zentren zu passieren hätte oder ob die später und geringer industrialisierten Länder ihren Industrialisierungsprozess stark zu beschränken hätten. Hinzu tritt sektorale Konkurrenz. Diese Art von Konflikten wird auf verschiedenen räumlichen Ebenen ausgetragen (vgl. Berthaud et al. 2006). Beim Umgang mit der Frage der Nutzungs- und Verschmutzungsrechte ist eine Tendenz zum Handel mit solchen Rechten – also der Schaffung naturbezogenen „fiktiven Kapitals" (Smith 2006: 31) – zu erkennen. Dies würde die Naturnutzung verstärkt in Strategien der Akkumulation „fiktiven Kapitals" einbauen.

Der kapitalistischen Produktionsweise sind verschiedene Widersprüche eigen, die räumlich und zeitlich variierende Formen aufweisen. Der Umgang mit diesen Widersprüchen unterschied sich in Abhängigkeit von sozialen Konflikten ebenfalls. Für die Lebensverhältnisse von Mehrheiten ist es alles andere als irrelevant, wie mit diesen Widersprüchen umgegangen wird und welche gesellschaftlichen Optionen offengehalten werden. Dieser Band will dazu beitragen, Schlüsselfragen kapitalistischer Entwicklungsprozesse in Nord und Süd zu verstehen und Veränderung zu denken.

Literatur

Aglietta, Michel (1982): Régulation et crises du capitalisme. L'experience des Etats-Unis. 2. Aufl. Paris: Calmann-Lévy.

Altvater, Elmar (2005): Das Ende des Kapitalismus wie wir ihn kennen. Eine radikale Kapitalismuskritik. Münster: Westfälisches Dampfboot.

Altvater, Elmar/Hübner, Kurt/Stanger, Michael (1982): Alternative Wirtschaftspolitik jenseits des Keynesianismus. Wirtschaftspolitische Optionen der Gewerkschaften in Westeuropa. Opladen: Westdeutscher Verlag.

Amable, Bruno (2005): Les cinq capitalismes. Diversité des systèmes économiques et sociaux dans la mondialisation. Paris: Seuil.

Arın, Tülay (2004): Türkiye'de mali küreselleşme ve mali birikim ile reel birikimin birbirinden kopması. In: Köse, Ahmet H./Şenses, Fikret/Yeldan, Erinç (Hg.): Küresel düzen: birikim, devlet ve sınıflar. 3. Aufl. Istanbul: İletişim, 569-609.

J. BECKER, K. FISCHER, K. IMHOF, J. JÄGER, C. STARITZ

Arrighi, Giovanni (1994): The Long Twentieth Century. Money, Power, and the Origins of Our Times. London/New York: Verso.

Auty, Richard M. (2006): Authoritarian Rentier States in the Broader Development Context. In: Dauderstädt, Michal/Schildberg, Arne (Hg.): Dead Ends of Transition. Rentier Economies and Protectorates. Frankfurt a. M./New York: Campus, 36-47.

Bairoch, Paul (1996): Globalization Myths and Realities: One Century of External Trade and Foreign Investment. In: Boyer, Robert/Drache, Daniele (Hg.): States Against Markets: the Limits of Globalization. London/New York: Routledge, 173-192.

Balibar, Etienne/Wallerstein, Immanuel (1990): Rasse – Klasse – Nation: ambivalente Identitäten. Hamburg, Berlin: Argument.

Baran, Paul (1962): The Political Economy of Growth. New York: Monthly Review.

Beaud, Michel (1987): Le système national/mondial hiérarchisé. Une nouvelle lecture du capitalisme mondial. Paris: La découverte.

Becker, Joachim (1996): Fenster für die Linke. Umbrüche in der Weltwirtschaft und alternative Gesellschaftsprojekte in der (Semi-)Peripherie. In: Kurswechsel, Nr. 2, 8-25.

Becker, Joachim (1999): Die Peripherie in der kapitalistischen Weltwirtschaft: Kontinuitäten und Wandel im historischen Überblick. In: Parnreiter, Christof/Novy, Andreas/Fischer, Karin (Hg.): Globalisierung und Peripherie. Umstrukturierung in Lateinamerika, Afrika und Asien. Frankfurt a. M./Wien: Brandes & Apsel/Südwind, 34-63.

Becker, Joachim (2002): Akkumulation, Regulation, Territorium. Zur kritischen Rekonstruktion der französischen Regulationstheorie. Marburg: Metropolis.

Becker, Joachim (2007): Geschichte und ungleiche Entwicklung. In: Matis, Herbert/Senft, Gerhard (Hg.): Wie viel Geschichte braucht die Ökonomie? Markierungspunkte von Eugen Böhm-Bawerk bis Joseph A. Schumpeter. Wien: Löcker, 301-316.

Becker, Joachim/Blaas, Wolfgang (2007): Introduction. In: Blaas, Wolfgang/Becker, Joachim (Hg.): Strategic Arena Switching in International Trade Negotiations. Aldershot: Ashgate, 1-31.

Becker, Joachim/Hödl, Gerald/Steyrer, Peter (2005): Kriege an den Rändern. Akteure, Konfliktlinien, Verläufe. In: Becker, Joachim/Hödl, Gerald/Steyrer, Peter (Hg.): Krieg an den Rändern. Von Sarajevo bis Kuito. Wien: Promedia/Südwind, 13-38.

Becker, Joachim/Jäger, Johannes (2005): Geld und Legitimität. Monetäre Strategien in Argentinien, Uruguay und Brasilien. In: Boris, Dieter/Schmalz, Stefan/Tittor, Anne (Hg.): Lateinamerika: Verfall neoliberaler Hegemonie? Hamburg: VSA, 87-111.

Becker, Joachim/Komlosy, Andrea (2004): Grenzen und Räume – Formen und Wandel. Grenztypen von der Stadtmauer bis zum „Eisernen Vorhang". In: Becker, Joachim/Komlosy, Andrea (Hg.): Grenzen, Linien, Mauern im historischen Vergleich. Wien: Promedia, 21-54.

Becker, Joachim/Raza, Werner G. (2000): Theory of Regulation and Political Ecology: an Inevitable Divorce? In: Économies et sociétés, Série „Théorie de la régulation" 11, 55-70.

Beltrán, Gastón (2005): Los intelectuales liberales. Poder tradicional y poder pragmático en la Argentina reciente. Buenos Aires: Eudeba.

Berthaud, Pierre/Cavard, Denise/Criqui, Patrick (2006): Économie politique internationale de l'environnement global: Kyoto est-il condamné? In: Berthaud, Pierre/Kébabdjian, Gérard (Hg.): La question politique en économie internationale. Paris: La découverte, 213-225

Boratav, Korkut (2004): Türkiye iktisat tarihi 1908–2002. 8. Aufl. Ankara: İmge kitabevi.

Boyer, Robert (Hg.) (1986): Capitalismes fin de siècle. Paris: PUF.

Boyer, Robert (1987): La théorie de la régulation: une analyse critique. 2. Aufl. Paris: La découverte.

Canfora, Luciano (2006): Eine kurze Geschichte der Demokratie. Von Athen bis zur Europäischen Union. Köln: Papy Rossa.

Cardoso, Fernando H./Faletto, Enzo (1976): Abhängigkeit und Entwicklung in Lateinamerika. Frankfurt a. M.: Suhrkamp.

Chang, Ha-Joon (2005): Kicking Away the Ladder. Development Strategy in Historical Perspective. 4. Aufl. London: Anthem Press.

Cho, Hyekyung (2005): Chinas langer Marsch in den Kapitalismus. Münster: Westfälisches Dampfboot.

Chi, Lau Kin (2005): Conditions de la critique intellectuelle en Chine. In: Alternatives sud 12 (4), 7-15.

Ciofi, Paolo (2004): Il lavoro senza rappresentanza. Rom: manifestolibri.

Contamin, Rémy/Lacu, Cyrille (1998): Origines et dynamiques de la crise asiatique. In: L'Année de régulation 2, 11-59.

Davis, Mike (2007): Planet der Slums. Berlin: Assoziation A.

Dikhanov, Yuri (2005): Trends in Global Income Distribution, 1970–2000, and Scenarios for 2015. Human Development Report Office Occasional Paper http://hdr.undp.org/hdr2006/statistics/documents/globalincometrends.pdf, 28.03.2007.

Engels, Friedrich (1973): Der Ursprung der Familie, des Privateigentums und des Staats. 11. Aufl. Berlin: Dietz.

Ercan, Fuat (2006): Türkiye'de kapitalizmin süreklilik içinde değişimi (1980–2004). In: Yılmaz, Demet et al. (Hg.): Türkiye'de kapitalizmin gelişimi. Ankara: dipnot, 375-411.

Evers, Tilman (1977): Bürgerliche Herrschaft in der Dritten Welt. Zur Theorie des Staates in ökonomisch unterentwickelten Gesellschaftsformationen. Frankfurt a. M.: EVA.

Faoro, Raimundo (1997): Os donos do poder. 11. Aufl. São Paulo: Globo.

Faoro, Raimundo (1998): Os donos do poder. 13. Aufl. São Paulo: Globo.

Faria, Luiz Augusto Estrella (1990): A inflação brasileira e a moeda-crédito. In: Faria, Luiz Augusto Estrella et al.(Hg.): Desvendando a espuma. Reflexões sobre crise, regulação e capitalismo brasileiro. Porto Alegre: FEE, 121-142.

First, Ruth (1979): Black Gold. The Mozambian Miner, Proletarian and Peasant. Brighton/New York: Wheatsheaf.

Fischer, Karin (2002): Neoliberale Transformation in Chile. Zur Rolle der ökonomischen und intellektuellen Eliten. In: Journal für Entwicklungspolitik 18(3), 225-248.

Frank, André Gunder (1969): Die Entwicklung der Unterentwicklung. In: Echeveria, Boliver/Kurnitzky, Horst (Hg.): Bürgerlicher Anti-Imperialismus. Entwicklung der Unterentwicklung. Acht Analysen zur neuen Revolutionstheorie in Lateinamerika. Berlin: Wagenbach, 30-45.

Frank, André Gunder (1975): Kapitalismus und Unterentwicklung in Lateinamerika. 2. Aufl Frankfurt a. M./Köln: EVA.

Gerschenkron, Alexander (1973): Wirtschaftliche Rückständigkeit in historischer Perspektive. In: Wehler, Hans-Ulrich (Hg.): Geschichte und Ökonomie. Köln: Kiepenheuer & Witsch, 121-139.

Giddens, Anthony (1992): Die Konstitution der Gesellschaft. Grundzüge einer Theorie der Strukturierung. Frankfurt a. M./ New York: Campus.

González Casanova, Pablo (2006): Sociología de la explotación. Buenos Aires: Clacso.

Gorz, André (1980): Abschied vom Proletariat. Hamburg: Europäische Verlagsanstalt.

Gramsci, Antonio (1991): Gefängnishefte. Bd. 4. Hamburg/Berlin: Argument.

Gramsci, Antonio (1996): Gefängnishefte. Bd. 7. Hamburg/Berlin: Argument.

Gudynas, Eduardo (1996): Ecología, mercado y desarrollo. Políticas ambientales, libre mercado y alternativas. Montevideo: Vinten.

Gudynas, Eduardo (2004): Ecología, economía y etica del desarrollo sostenible. 5. überarb. Aufl. Montevideo: Coscoroba.

Harrod, Jeffrey (2006): The Global Poor and Global Politics: Neomaterialism and the Sources of Political Action. In: Davies, Matt/Ryner, Magnus (Hg.): Poverty and the Production of World Politics. Unprotected Workers in the Global Political Economy. Basingstoke/New York: Palgrave Macmillan, 38-61.

He, Qinglian (2006): China in der Modernisierungsfalle. Hamburg: Hamburger Edition.

Heymann, Daniel (2000): Políticas de reforma y comportamiento macroeconómico. In: Heymann, Daniel/Kosacoff, Bernardo (Hg.): La Argentina de los noventa. Desempeño económico en un contexto de reformas. Bd. I. Buenos Aires: Eudeba, S. 37-176.

Hilferding, Rudolf (1974): Das Finanzkapital. 3. Aufl. Frankfurt a. M.: EVA.

Jäger, Johannes/Melinz, Gerhard/Zimmermann, Susan (2001): Sozialpolitik in der Peripherie. Zugänge und Entwicklungen aus globaler Sicht. In: Jäger, Johannes/Melinz, Gerhard/Zimmermann, Susan (Hg.): Sozialpolitik in der Peripherie. Entwicklungsmuster und Wandel in Lateinamerika, Afrika, Asien und Osteuropa. Frankfurt a. M./Wien: Brandes & Apsel/Südwind, 9-36.

Jessop, Bob (2002): The Future of the Capitalist State. Cambridge: Polity Press.

Johsua, Isaac (2006): Une trajectoire du capital. De la crise de 1929 à celle de la nouvelle économie. Paris: Syllepse.

Kalecki, Michal (1987): Krise und Prosperität im Kapitalismus. Ausgewählte Essays 1933–1971. Marburg: Metropolis.

Kay, Cristobal (1989): Latin American Theories of Development and Underdevelopment. London/New York: Routledge.

Keynes, John Maynard (1994): Allgemeine Theorie der Beschäftigung, des Zinses und des Geldes. Berlin: Duncker & Humblot.

Keynes, John Maynard (1997): Ein Traktat über Währungsreform. Berlin: Duncker & Humblot.

Kohli, Atul (2004): State-Directed Development. Political Power and Industrialization in the Global Periphery. Cambridge: Cambridge University Press.

Köse, Ahmet Haşım/Karahanoğulları, Yiğit (2005): Türkiye'de faktör ve varlık gelirlerinin sınıfsal temellerine ilişkin gözlemler. In: Toplum ve Bilim 104, 22-47.

Lipietz, Alain (1985): The Enchanted World. Inflation, Credit, and the World Crisis. London: Verso.

Lipietz, Alain (1986): Mirages et miracles. Problèmes de l'industrialisation dans le tiers monde. Paris: La découverte.

Lipietz, Alain (1998): Drei Krisen. Die Metamorphosen des Kapitalismus und die Arbeiterbewegung. In: Lipietz, Alain: Nach dem Ende des „Goldenen Zeitalters". Regulation und Transformation kapitalistischer Gesellschaften. Ausgewählte Schriften. Hg. Hans-Peter Krebs. Hamburg/Berlin: Argument, 24-58.

List, Friedrich (1910): Das nationale System der politischen Oekonomie. Jena: Fischer.

Lordon, Frédéric (1999): Croyances économiques et pouvoir symbolique. In: L'Année de la régulation 3, 169-210.

Lüthje, Boy (2006): Ökonomische Modernisierung und industrielle Beziehungen im neuen chinesischen Kapitalismus. In: Das Argument 48 (268), 61-75.

Maddison, Angus (2006): The World Economy. Paris: OECD.

Mariátegui, José Carlos (1976): Siete ensayos de interpretación de la realidad peruana. Barcelona: Crítica.

Martinez-Alier, Joan (2006): Social Metabolism and Environmental Conflicts. In: Panitch, Leo/Leys, Colin (Hg.): Socialist Register

2007: Coming to Terms with Nature. London: Merlin Press, 273-293.

Marx, Karl (1965): Der 18. Brumaire des Louis Bonaparte. Frankfurt a. M.: Insel

Marx, Karl (1974): Grundrisse der Kritik der Politischen Ökonomie (Rohentwurf). 2. Aufl. Berlin: Dietz.

Marx, Karl (1979a): Das Kapital. Bd. 1: Kritik der politischen Ökonomie. Berlin: Dietz.

Marx, Karl (1979b): Das Kapital. Bd. 3: Kritik der politischen Ökonomie. Berlin: Dietz.

Mbuende, Kaire (1986): Namibia, the Broken Shield: Anatomy of Imperialism and Revolution. Lund: Liber.

Melber, Henning (2003): Von kontrolliertem Wandel zu gewandelter Kontrolle: Grenzen nachkolonialer Emanzipation – eine Einführung. In: Melber, Henning (Hg.): Namibia. Grenzen nachkolonialer Emanzipation. Frankfurt a. M.: Brandes & Apsel, 13-34.

Mello, João Manuel Cardoso de (1998): O capitalismo tardio. Contribuição à revisão crítica da formação e do desenvolvimento da economia brasileira. 10 Aufl. Campinas: Unicamp.

Messner, Dirk (1988): Südkorea: Kontrastfall der Verschuldungskrise – Streitfall in der Entwicklungspolitik. In: Peripherie, 8(33/34), 140-170.

Novy, Andreas (2001): Brasilien: Die Unordnung der Peripherie. Von der Sklavenhaltergesellschaft zur Diktatur des Geldes. Wien: Promedia.

O'Donnell, Guillermo (1996): El estado burocrático autoritario. Triunfos, derrotas y crisis. Buenos Aires: Editorial de Belgrano.

Oliveira, Francisco de (1998): A economia política da social-democracia. In: Oliveira, Francisco de (Hg.): Os direitos de antivalor. A economia política da hegemonia imperfeita. Petrópolis: Vozes, 49-61.

Palloix, Christian (1978): Travail et production. Paris: F. Maspéro.

Peters, Helmut (2007): Wie stabil ist Chinas Entwicklung? In: Sozialismus 3, 41-50.

Quijano, Aníbal (1977): Marginaler Pol der Wirtschaft und marginalisierte Arbeitskraft. In: Senghaas, Dieter (Hg.): Peripherer Kapitalismus. Analysen über Abhängigkeit und Unterentwicklung. 2. Aufl. Frankfurt a. M.: Suhrkamp, 298-341.

Prebisch, Raúl (1998): El desarrollo económico de la América Latina y algunos de sus principales problemas. In: Cepal (Hg.): Cincuenta años de pensamiento en la Cepal. Textos seleccionados. Bd. 1. Santiago de Chile: Cepal/FCE, 63-129.

Reinert, Erik S. (2005): German Economics as Development Economics: From the Thirty Years' War to World War II. In: Jomo, Kwame Sundaram/Reinert, Erik S. (Hg.): The Origins of Development Economics. How Schools of Economic Thought have Addressed Development. London/New York: Zed Press, 48-68.

Rendón Gan, Teresa (2003): Trabajo de hombres, trabajo de mujeres en el México del siglo XX. México, D.F.: UNAM.

Rueschemeyer, Dietrich/Evans, Peter B. (1985): The State and Economic Transformation: Toward an Analysis of the Conditions Underlying Effective Intervention. In: Evans, Peter B./Rueschemeyer, Dietrich/Skocpol, Theda (Hg.): Bringing the State Back In. Cambridge: Cambridge University Press, 44-77.

Ruesga, Santos M. (2004): El mercado de trabajo en la Unión Europea. In: Fujii, Gerardo/Ruesga, Santos M. (Hg.): El trabajo en un mundo globalizado. Madrid: Pirámide, 67-123.

Salama, Pierre (1987): Dollarisation et hétérodoxie en Amérique latine. In: Tiers Monde 28 (109), 53-78.

Salama, Pierre (1989): La dollarisation. Essai sur la monnaie, l'industrialisation et l'endettement des pays sous-développés. Paris: La découverte.

Saludjian, Alexis (2006): Pour une autre intégration sud-américaine. Critique du Mercosur néo-liberal. Paris: L'Harmattan.

Sauer, Birgit (2001): Die Asche des Souveräns. Staat und Demokratie in der Geschlechterdebatte. Frankfurt a. M.: Campus.

Screpanti, Ernesto/Zamagni, Stefano (1993): An Outline of the History of Economic Thought. Oxford: Clarendon Press.

Silver, Beverly J. (2005): Forces of Labor. Arbeiterbewegungen und Globalisierung seit 1870. Berlin/Hamburg: Assoziation A.

Smith, Adam (1991): The Wealth of Nations. London: Everyman's Library.

Smith, Neil (2006): Nature as Accumulation Strategy. In: Panitch, Leo/Leys, Colin (Hg.): Socialist Register 2007: Coming to Terms with Nature. London: Merlin Press, 16-36.

Tetzlaff, Rainer (1982): Perspektiven und Grenzen der Neuen Weltwirtschaftsordnung. In: Nohlen, Dieter/Nuscheler, Franz (Hg.): Handbuch der Dritten Welt. Bd. 1: Unterentwicklung und Entwicklung: Theorien – Strategien – Indikatoren. 2. überarb. Aufl. Hamburg: Hoffmann und Campe, 273-291.

Tian, Chenshan (2006): Chinesische Dialektik: die historische Entwicklung des Marxismus in China. In: Das Argument 48 (268), 184-192.

Tilly, Charles (1992): Coercion, Capital, and European States, AD 990–1992. Cambridge: Blackwell.

Tongqing, Feng (2004): Rôle et fonctions des syndicats en Chine: realités et perceptions évolutives. In: Alternatives sud 12 (4), 125-151.

Türkay, Mehmet (2006): Cumhuriyet aydınları'nın tartışmalarında devlet-demokrasi-gelişme ve günümüze yansı(ma)ları. In: Yılmaz, Demet et al.(Hg.): Türkiye'de kapitalizmin gelişimi. Ankara: dipnot, 207-228.

UNDP (2005): Human Development Report 2005: International cooperation at a crossroads: Aid, trade and security in an unequal world, Chapter 2. http://hdr.undp.org/reports/global/2005/pdf/HDR05_chapter_2.pdf, 28.03.2007.

UNU WIDER (2005): World Income Inequality Database V 2.0a. http://www.wider.unu.edu/wiid/wiid.htm, 28.03.2007.

Valdés, Juan G. (1995): Pinochet's Economists: the Chicago School in Chile. Cambridge: Cambridge University Press.

Weber, Max (1923): Abriss der universellen Sozial- und Wirtschafts-Geschichte. Berlin/Leipzig: Duncker & Humblot.

Weber, Max (1988): Vorbemerkung. In: Weber, Max: Gesammelte Aufsätze zur Religionssoziologie I. 9. Aufl. Tübingen: J. C. B. Mohr, 1-16.

Weber, Max (1990): Wirtschaft und Gesellschaft: Grundriß der verstehenden Soziologie. 5. Aufl. Tübingen: J. C. B. Mohr.

Wichterich, Christa (2003): Femme global. Globalisierung ist nicht geschlechtsneutral. Hamburg: VSA.

Wolpe, Harold (1976): Kapitalismus und billige Arbeitskraft in Südafrika: von der Rassentrennung zur Apartheidspolitik. In: Wilson, Francis et al. (Hg.).: Wanderarbeit im Südlichen Afrika. Ein Reader. Bonn: ISSA, 99-141.

Yeldan, Erinç (2004): Küreselleşme sürecinde Türkiye ekonomisi. Bölüşüm, birikim ve büyüme. 10. Aufl Istanbul: Iletişim.

---

[1]   In diesem Band schreiben zwei Autorinnen mit dem Namen Karin Fischer. Die (Co-)Autorin dieses Beitrags studiert Volkswirtschaft an der Wirtschaftsuniversität Wien (siehe AutorInnenverzeichnis S.299).

Luis Bértola
Lateinamerika in Zeiten der Globalisierung

Vor dem Hintergrund der lateinamerikanischen Wirtschaftsgeschichte spielen sich nach wie vor intensive Debatten darüber ab, welche Wege zu Entwicklung führen. Der Subkontinent war und ist ein Laboratorium, in dem sehr verschiedene Entwicklungsversuche unterschiedlicher politischer und ideologischer Natur erfolgten, deren Resultate häufig umstritten und meistens frustrierend waren. Auch wenn die theoretischen und empirischen Entwicklungen, die sich mit einer wachsenden Zahl von historischen Erfahrungen verbinden, neue Sichtweisen und Debatten ermöglichen, tauchen doch alte Argumente immer wieder auf. In manchen Momenten hat man den Eindruck, dass alte Stücke sich wiederholen.

Das koloniale Erbe Lateinamerikas ist noch immer ein Bezugspunkt für die Erklärung der schwachen wirtschaftlichen Performance Lateinamerikas. Jenseits unterschiedlicher Nuancierungen scheint es einen breiten Konsens zu geben, dass verschiedene Aspekte des kolonialen Lebens Lateinamerikas der späteren Entwicklung Beschränkungen auferlegten. Weiter auseinandergehend und einander widersprechend sind die Interpretationen bei der Einschätzung der Periode der ersten Globalisierung Ende des 19. und Anfang des 20. Jahrhunderts. Für viele war dies eine Periode, die mehr Schwächen als Stärken schuf: eine durch Monokulturen geprägte Produktionsstruktur, starke strukturelle Dualismen, starke Handelsabhängigkeiten, eine volatile konjunkturelle Entwicklung, hochgradig konzentrierte Eigentumsstrukturen, autoritäre und ausschließende politische Systeme, eine gut verankerte Präsenz informeller Imperialismen, Balkanisierung und Fragmentierung der nationalen Märkte.

Aus dieser Sicht wird der Prozess der importsubstituierenden Industrialisierung (ISI) als ein Versuch gesehen, die zurückgebliebensten Strukturen des Agrarexportmodells zu transformieren. Dieses war in den 30er Jahren in eine Krise geraten, hatte aber schon zuvor deutlich seine Grenzen erkennen lassen. Die binnenmarktorientierte Industrialisierung sei durch eine Stärkung der lokalen Machtstrukturen und Gesellschaft gekennzeichnet gewesen. Gleiches habe für die Bereiche Gesundheit, Bildung und soziale Sicherheit gegolten, die heute wichtige Komponenten des Index menschlicher Entwicklung (Human Development Index) darstellen. Aus derselben Perspektive erscheint die zweite Globalisierung als eine ambivalent Periode, in der Lateinamerika nicht nur die Tendenzen eines relativen Nachhinkens nicht umkehren konnte, sondern in der darüber hinaus einige soziale Errungenschaften der ISI-Periode erodierten.

Aus einer anderen Sicht erscheint die erste Globalisierung als ein Komplex von Wachstumschancen, von denen einige wegen der innergesellschaftlichen Schwächen nicht vollständig wahrgenommen werden konnten. Die ISI-Periode wird als ein großer historischer Irrtum wahrgenommen, in dem die anti-globalisierenden Tendenzen verhinderten, dass die lateinamerikanischen Staaten sich dem internationalen Wettbewerb aussetzten. Dies habe negative Folgen für Produktivität und Wachstum mit sich gebracht. Nach dem Ende der dunklen Wirtschaftsepoche der Zwischenkriegszeit und der Wiederherstellung des internationalen Finanzsystems sowie des internationalen Handels hätten sich die Länder Lateinamerikas idiotischerweise auf eine binnenorientierte Entwicklung versteift. Die zweite Globalisierung erscheint vor diesem Hintergrund als eine neue Chance, deren Resultate erneut im Licht der Konsequenz gesehen werden müssten, mit der die Länder die Reformen angegangen seien, die für eine Umkehrung der Übel der ISI und für die Schaffung der Fähigkeit zur vollen Teilhabe an den Möglichkeiten, welche die internationale Entwicklung biete, notwendig seien.

Zwischen diesen beiden großen Wegen ist Platz für zahllose Nuancen und sich kreuzende Wege. So befruchten sich verschiedene Denkströmungen wechselseitig. Man kann feststellen, dass bei den pro-globalistischen Interpretationen neo-institutionalistische Elemente Einzug halten, die den Blick auf Aspekte des kolonialen Erbes und der Machtstrukturen, die durch die globalisierende Expansion im späten 19. Jahrhundert konsolidiert wurden, stärken. Auf der anderen Seite ist erkennbar, dass die neo-strukturalistische Schule sich auf wichtige Arbeiten über die Gelegenheiten und Herausforderungen, welche die Weltwirtschaft bietet, bezieht.

In diesem Beitrag geht es primär um eine überblicksartige Einschätzung der Entwicklung Lateinamerikas während der ersten Globalisierung aus vergleichender Perspektive. Hierbei werden die bestehenden Herausforderungen und die Vielfalt der hierauf in der Region gefundenen Antworten herausgearbeitet. Die Arbeit schließt mit einer knappen Einschätzung über die Unterschiede zur gegenwärtigen Globalisierung, wobei die wichtigsten Ergebnisse miteinander verglichen werden.

Die Entwicklung Lateinamerikas in der ersten Globalisierung in vergleichender Perspektive

Wie aus der Tab. 1 zu ersehen ist, hat die relative Position Lateinamerikas in der Weltwirtschaft zwischen 1820 und 1998 ein erhebliches Auf und Ab erfahren. Mit einem Ausgangspunkt etwa im globalen Durchschnitt um 1820, also um die Zeit der Unabhängigkeit herum, erfolgte in den ersten fünf Jahrzehnten der ibero-amerikanischen Unabhängigkeit ein starker Rückgang, so dass der Subkontinent auf ca. 20 Prozent unterhalb des Durchschnitts absank. Die vier Hauptjahrzehnte der ersten Globalisierung zeigen ein Lateinamerika, das Positionen wiedergewinnt, den Durchschnitt wieder erreicht und bis in die 50er Jahre weiter relativ Boden gutmacht. Um diese Zeit kehrt die Tendenz sich um, und am Ende des 20. Jahrhunderts ist Lateinamerika erneut am Ausgangspunkt, also dem Durchschnitt, angelangt.

Während der ersten Globalisierung zeigt Lateinamerika eine bessere Entwicklung als alle anderen Regionen mit Ausnahme der neuen Siedlerstaaten Australien, Kanada, Neuseeland und den USA. Diese Gruppe wächst mit vergleichbaren Raten, zeigt aber ein dreimal höheres Pro-Kopf-Einkommen. Man kann dies auf zwei verschiedene Weisen interpretieren: Einerseits könnte man sagen, dass es nicht schlimm ist, gegenüber den besonders schnell wachsenden Siedlerstaaten an Boden verloren zu haben und gleichzeitig die Distanz zu den europäischen Ländern verkürzt und die relative Position zu den rückständigsten Kontinenten verbessert zu haben. Andererseits lässt sich jedoch auch feststellen, dass das Glas halb leer ist, da die Distanz zu den führenden Ländern sehr groß geblieben war und im Verhältnis zu Europa immer noch 1 : 2,5 ausmachte. Hierbei sollte man allerdings im Auge behalten, dass im Allgemeinen während der ersten Globalisierung die Einkommensunterschiede zwischen den verschiedenen Weltregionen stark zunahmen.

Tab. 1: Relatives BIP pro Kopf weltweit nach Regionen (ausgewählte Jahre, 1820–1998, Weltdurchschnitt = 1,00)

	1820	1870	1913	1950	1973	1998
Europa (12)	1,90	2,41	2,44	2,37	2,96	3,28
USA	1,88	2,82	3,51	4,52	4,07	4,79
Australien, Kanada, Neuseeland	1,13	2,70	3,28	3,57	3,26	3,52
Lateinamerika	1,00	0,81	1,00	1,21	1,10	1,02
Afrika	0,63	0,51	0,39	0,40	0,33	0,24
Asien (ohne Japan)	0,86	0,63	0,42	0,30	0,30	0,51
Gesamt	1,00	1,00	1,00	1,00	1,00	1,00

Quelle: Maddison 2003

LUIS BÉRTOLA

Während der ersten Globalisierung war aber auch die Entwicklung innerhalb Lateinamerikas sehr unterschiedlich, was die unterschiedlichen Entwicklungen auf globaler Ebene auf kontinentaler Ebene repliziert. Die bereits zu Beginn der Periode bestehenden Unterschiede beim BIP pro Kopf und bei den Reallöhnen vertieften sich. Länder wie Argentinien und Uruguay, die um 1870 Pro-Kopf-Einkommen nahe den oder sogar über den fortgeschrittenen Ländern aufwiesen, bauten ihren Vorsprung gegenüber dem Rest aus. Zum Beispiel betrug das BIP pro Kopf Brasiliens und Mexikos 1870 gut die Hälfte des argentinischen, 1930 aber nur mehr rund ein Drittel (vgl. Tab. 2).

Tab. 2: BIP pro Kopf für verschiedene lateinamerikanische Länder (Argentinien = 100)

	AR	BR	CH	COL	MX	PE	UY	VEN
1870	100	54	88	-	51	-	166	43
1890	100	37	80	-	47	-	100	-
1900	100	25	71	35	50	30	81	30
1913	100	21	70	33	46	27	87	29
1929	100	26	78	34	40	37	88	78
1940	100	30	78	46	45	44	88	97
1950	100	34	77	43	47	45	93	150
1970	100	42	72	42	59	52	71	146
1990	100	76	99	75	95	46	101	129
2001	100	68	123	63	87	45	93	105

Quelle: Maddison 2003

Die neue nordamerikanische neo-institutionalistische Literatur betont die kolonialen Wurzeln der Ungleichheit. Es bestehen beträchtliche Unterschiede in der Nuancierung zwischen den VertreterInnen der Meinung, dass die Ungleichheit von den Charakteristika der kolonialen Mächte herrührt (North et al. 2000; Landes 1998), den VertreterInnen der Position, dass sie in der unterschiedlichen Ressourcenausstattung, welche die KolonisatorInnen vorfanden, ihre Wurzeln hat, und der Sichtweise, dass die ursprüngliche Reichtumsverteilung und die bestehenden Institutionen ausschlaggebend gewesen seien (Acemoglu et al. 2005). Dennoch liegt die Betonung immer auf den Strukturen, die während der Kolonialepoche konsolidiert wurden. Diese Thesen konvergieren mit einer langen Tradition lateinamerikanischer und lateinamerikanistischer Studien, welche die Bedeutung der kolonialen Strukturen für die Unterentwicklung Lateinamerikas hervorhoben (Furtado 1974; Cardoso/Faletto 1979; Sunkel/Paz 1982; Halperin Donghi 1985; Cardoso/Pérez Brignoli 1979 u.v.a.m.).

Allerdings stimmt diese Denktradition gleichzeitig darin überein, dass die Periode der ersten Globalisierung nicht allein alte Ungleichheiten reproduzierte, sondern zudem neue Formen des Eigentums hervorbrachte und spezifische Prozesse der Aneignung und Verteilung von Reichtum und Einkommen in Gang setzte. Diese Periode zeichnete sich durch eine hohe Intensität bei der Schaffung von Faktormärkten (d.h. bei Boden, Kapital, Arbeit, d.Ü.) aus, die einen starken Impuls durch die neuen Formen des Staates erhielten, die aus den politischen Kämpfe nach den Unabhängigkeitskriegen, vor allem in Hispanoamerika, entstanden waren. Das Konzept der „oligarchischen Diktaturen" bezeichnet, jenseits theoretischer Präzision, die Existenz von autoritären Regierungen, welche die Zentralregierungen stärkten, Eigentumsrechten zur Durchsetzung verhalfen und die Widerstände regionaler Eliten, oppositioneller Parteien sowie soziale und ethnisch basierte Widerstände brachen (vgl. Bulmer-Thomas 1994; Cueva 1977; Cardoso/Pérez Brignoli 1979; Sunkel/Paz 1982; Glade 1986; Bauer 1986).

Außerdem können die Tendenzen der Einkommensverteilung als Ergebnis der Kräfte der Globalisierung, d.h. als Resultat von Veränderungen der relativen Preise gesehen werden. Arbeiten über die relativen Faktorpreise (O'Rourke/Williamson 1999; Williamson 1999; Bértola/Porcile 2002; Bértola 2005; Bértola/Williamson 2006), die als eine Annäherung an die Verteilungsrelationen dienen können, scheinen deutlich anzuzeigen, dass sich die Einkommensverteilung stark zu Gunsten der Bodenrente im Verhältnis zu den Löhnen verschob. Diese Tendenzen scheinen eng den *Terms of Trade* gefolgt zu sein. O'Rourke und Williamson (1999) interpretieren diese Ergebnisse in zweifacher Hinsicht: Einerseits seien sie die Bestätigung des Heckscher-Ohlin-Modells und der real existierenden Konvergenz der Faktorpreise. Andererseits sehen sie diese als eine negative Nebenfolge der Globalisierung in jüngeren Siedlerökonomien, da die entstehende Einkommensverteilung sich negativ auf das Wachstum auswirken könne.

Der erste Aspekt dieser Interpretation, also die Preiskonvergenz, wurde aus verschiedenen Gesichtspunkten in Frage gestellt. Unter anderem wurde die reale Existenz einer Konvergenz der Faktorpreise in Zweifel gezogen, wodurch sich der analytische Fokus auf die Fragestellung verschob, welche die Determinanten des Produktivitätswachstums in verschiedenen Ländern sind und was die Formen der Verteilung der Produktivitätsgewinne sind, einschließlich ihrer Beeinflussung durch die Machtverhältnisse. Damit bewegt sich die Diskussion von sehr abstrakten Vorstellungen über das Funktionieren allgemeiner Gesetze der Allokation und Entlohnung der Produktionsfaktoren auf dem Weltmarkt zum Verstehen spezifischer Prozesse und des Entstehens und des Funktionierens verschiedener Faktormärkte aus vergleichender Perspektive (Allen 1990; Anderson 1998; Bértola/Porcile 2002; Greasley et al. 2000; Wood 1998). Aus dieser Sicht spiegeln die spezifischen Institutionen und Anreizstrukturen die ungleiche Reichtums- und Machtverteilung wider und schaffen neue Ungleichheiten. Diese Ausrichtung der Diskussion zeigt eine gewisse Übereinstimmung mit der langen Tradition der CEPAListischen und strukturalistischen Studien, welche die besonderen Ausformungen der Märkte und der Institutionen, die

die Faktormärkte regulieren, bei der Erklärung des technischen Fortschritts und der Verteilung seiner Erträge betonen.

Die hohe Konzentration der Exporte auf wenige Produkte mit geringer Wertschöpfung im Fall Lateinamerikas ist bekannt. Hier interessiert der Zusammenhang zwischen Exportkonzentration und der Einkommensverteilung. Im Fall einer hohen Konzentration des Bodeneigentums und einer hohen Abhängigkeit von Primärgüterexporten scheint diese Verbindung sehr klar. So waren in Argentinien 1895 nur 19,2 Prozent, in Uruguay 1910 24 Prozent und im vorrevolutionären Mexiko (1910) sogar nur 2,4 Prozent der männlichen erwachsenen Landbevölkerung Eigentümer-Produzenten – im Gegensatz zu 87,1 Prozent in Kanada (1901) und 74,5 Prozent in den USA (1900) (Engerman et al. 2002, Álvarez 2005). Wenn, wie anzunehmen ist, die dominanten Sektoren im Hinblick auf die Reichtumsverteilung auch maßgeblich für die Ausgestaltung der politischen Ordnung und damit der Anreizsysteme für die Wirtschaftsaktivitäten sind, folgt daraus klarerweise, dass bei diesen Ökonomien – mit starker Konzentration des Eigentums – die Eingliederung in die internationale Ökonomie auf Basis der Primärgüterexporte und der Abschöpfung der daraus resultierenden Renten beruht.

Erklärungsmöglichkeiten der ungleichen Performance

Zunächst einmal ist es erforderlich, kurz auf das Konzept der Globalisierung einzugehen. Man kann sagen, dass der Prozess in der zweiten Hälfte des 19. Jahrhunderts bis zumindest dem Ersten Weltkrieg in hohem Maße das Resultat von tief greifenden technologischen Veränderungen war, die eine bedeutsame Verminderung der Transportkosten auf dem Land- wie auf dem Wasserweg brachten. Diese Verkleinerung der Welt im Hinblick auf Kommunikation und wirtschaftliche Distanzen brachte drastische Veränderungen der relativen Preise und Austauschverhältnisse an beiden Rändern des Atlantiks hervor. Gerade Küstenregionen profitierten von der Kostenentwicklung beim Wassertransport. Im Fall Uruguays, einem kleinen Land ohne natürliche Verkehrsbarrieren, sprechen die Zahlen für die Jahre 1870–1913 eine deutliche Sprache: Der Preis des Transatlantik-Transportes fiel jährlich um 0,7 Prozent, während die Bahntarife real um 3,1 Prozent jährlich zurückgingen (Bértola 2000: 102, Tab. 4.1). Diese Kombination war einer der Faktoren, der zum Wachstum der Atlantik-Küste und – in geringerem Maße – der Pazifik-Küste beitrug. Allerdings geht eine einfache Erklärung, die einen geografischen Determinismus zur entscheidenden Variablen macht, an der Sache vorbei.

Es gibt eine lange Tradition von Studien über Lateinamerika, die Länder nach bestimmten Kriterien zusammenfassen. Diese Arbeit basiert auf den Kriterien von Bértola und Williamson (2006), die zu ähnlichen Ergebnissen wie andere Studien kommen, auch wenn diese andere Kriterien zugrunde legen. Folgende drei Regionen können unterschieden werden:

Gruppe 1: Die Regionen, die das Zentrum der kolonialen Besatzung ausmachten. Diese decken sich weitgehend mit den zentralen Entwicklungszonen der prä-kolumbianischen Zivilisationen. Es handelt sich um die Hochländer der Anden, Zentralamerikas und Mexikos. Diese Regionen exportierten meist Mineralien mit einem hohen, ihrer Seltenheit geschuldeten Wert und waren häufig nahe an großen Bevölkerungszentren, die sich durch Kulturen mit einem hohen wirtschaftlichen und sozialen Entwicklungsstand auszeichneten. Sie wiesen von 1870–1930 ein Bevölkerungswachstum von 1,1 Prozent jährlich auf (Bértola/Williamson 2006).

Gruppe 2: Die tropischen Gebiete waren im Allgemeinen nicht dicht und durch Zivilisationen mit einem relativ geringeren wirtschaftlichen Entwicklungsstand und gesellschaftlicher Komplexität besiedelt. Diese Zonen wurden in Exporteure von tropischen Produkten, meist landwirtschaftlicher Natur, transformiert. In ihnen wurde in zunehmenden Maße SklavInnenarbeit eingesetzt. Ihre Bevölkerung wuchs von 1870–1930 jährlich um 1,5 Prozent (Bértola/Williamson 2006).

Gruppe 3: Die Zonen gemäßigten Klimas waren nur schwach durch Zivilisationen geringer wirtschaftlich-sozialer Entwicklung besiedelt. Diese Zonen stellten die Peripherie der kolonialen Expansion dar. Sie wuchsen vor allem durch die hohen Reproduktionsraten der frühen Immigrationsbevölkerung und einen ständigen Zufluss von Arbeitskräften europäischer Herkunft. Sie wiesen zwischen 1870 und 1930 eine Wachstumsrate der Bevölkerung von 2,8 Prozent auf (Bértola/Williamson 2006).

Den neuen Siedlungsgebieten werden Argentinien, Uruguay und Südost-Brasilien, der tropischen Gruppe der Rest Brasiliens, Costa Rica, die Dominikanische Republik, Haiti, Kuba, Panama und Puerto Rico und der Gruppe der Hochländer die restlichen Staaten zugerechnet. Zum Teil weisen die größeren Flächenstaaten eine erhebliche innere Heterogenität auf. Im Gegensatz zu den Bevölkerungsdaten sind statistische Informationen im Hinblick auf das BIP und die Reallöhne nur sehr spärlich vorhanden, so dass sie nicht mit den Bevölkerungsdaten korreliert werden können. In der Folge bezieht sich die Erklärung der ungleichen Entwicklung Lateinamerikas auf diese drei Gruppierungen.

Internationale Arbeitsmärkte und institutioneller Kontext

Ein möglicher Schlüssel zur Interpretation der regionalen Verschiedenheiten der Entwicklung in Lateinamerika kann in den unterschiedlichen Handelsbeziehungen liegen, in die die jeweiligen Gruppen eingebettet sind. D.h. die Unterschiede können aus den Charakteristika der produzierten Güter und der Märkte, für die diese produziert werden, sowie aus der Art der ProduzentInnen, mit denen diese im Wettbewerb stehen, erklärt werden. Diese Charakteristika stehen ihrerseits in einem Wechselverhältnis mit sozialen Prozessen und Institutionen, wobei wichtige Unterschiede zwischen den demographischen, sozialen und institutionellen Merkmalen der präkolumbianischen Gesellschaften, der Phase der Kolonien und der Zeit der Unabhängigkeit feststellbar sind.

Bezogen auf den ersten Aspekt der Einbettung in internationale Märkte ist eine Interpretation weit verbreitet, die sich an der Lotterie der *commodities* (Diaz-Alejandro 1970; Bulmer-Thomas 1994) orientiert, um den unterschiedlichen Erfolg einzelner Regionen zu erklären. Niemand wird dieser Erklärung einen hohen theoretischen Wert beimessen, obwohl damit ein nicht unwesentlicher Teil der Entwicklungsunterschiede erklärt werden kann. Allerdings wäre es übertrieben, von einem Determinismus auszugehen und diesem Konzept zu viel an empirischer Bedeutung beizumessen. Eine mögliche Annäherung an die Erklärung der Einkommensungleichheit zwischen Ländern kann mittels der Analyse der internationalen Produktionsketten erfolgen (siehe Fischer/Parnreiter in diesem Band). Ebenso kann eine Untersuchung der Preisbildung herangezogen werden, was auch mit der Ausgestaltung der nationalen und internationalen Faktormärkte zusammenhängt.

Die neuen Siedlungsländer (Gruppe 3) können als Ausweitung der Agrargrenze, d.h. als die Einbeziehung zusätzlichen Nutzlandes betrachtet werden. Es wurden dieselben Güter angebaut wie in Europa. Jedoch stammten noch 1913 87 Prozent der Exporte dieses Typs von Agrargütern aus Ländern mit hohem Einkommen. Bei dieser Ausweitung der Agrargrenze wird die Produktion nicht, wie von Ricardos Differentialrentenkonzept unterstellt, auf schlechtere, sondern auf produktivere Böden ausgeweitet. Der wegen seines reichhaltigen Vorhandenseins geringe Wert des Bodens ermöglichte einen Eintritt der Peripherie in diese zentralen Märkte. Arbeitskräfte aus dem Zentrum wurden absorbiert. Diese waren vergleichsweise höher entlohnt als im Zentrum, da in diesem die Bodenrente im relativen Vergleich sehr hoch war.

Der Fall der tropischen Länder (Gruppe 2) ist substanziell anders. In diesem Fall stammen 70 Prozent der weltweiten Exporte dieser Güter aus Regionen mit niedrigem Pro-Kopf-Einkommen und sehr niedrigen Reallöhnen. Die internationalen Preise entstehen in der Konkurrenz mit Regionen, die ein Überangebot an Arbeitskräften mit niedrigen Einkünften und wahrscheinlich niedriger Produktivität aufweisen. Der Rückgriff auf SklavInnenarbeit – und später auf Arbeitskräfte aus China und Indien unter sehr eingeschränkten Freiheiten – stellte die dominante Strategie dar, um Arbeitskräfte zu mobilisieren. Es ist offensichtlich, dass ein solcher Entwicklungspfad in diesen Regionen nicht zu wichtigen technologischen Innovationen führte. Es gibt zwar Fälle, in denen einige Länder von solchen Spezialisierungsmustern zumindest temporär aufgrund eines Monopols profitierten, wie etwa Brasilien mit Kaffee und Kautschuk. Diese stellten jedoch die Ausnahme dar und wurden, z.B. im Falle des Kautschuks, durch den Markteintritt Ostasiens und der später einsetzenden synthetischen Herstellung zunichtegemacht.

Die Hochländer (Gruppe 1) hatten größere Schwierigkeiten in den Weltmarkt mit Agrarprodukten vorzudringen. Ihre Exporte basierten primär auf dem Abbau von Metallen und Mineralien. Diese Aktivitäten waren stark konzentriert und fanden im Kontext einer Subsistenzlandwirtschaft mit geringer Produktivität statt. In den Fällen, in denen ein Land eine monopolistische Stellung innehatte, wie im Fall der chilenischen Nitrate, hatte der Staat die Möglichkeit, die Exporte mit hohen Steuern zu belegen. Die internationale Nachfrage nach dem Produkt wurde von diesen nicht wesentlich beeinträchtigt, und die zusätzlichen Gelder erlaubten dem Staat eine stärkere Ausweitung der Binnenökonomie. Chile war nicht zuletzt deshalb 1913 dasjenige lateinamerikanische Land, welches die zweithöchsten öffentlichen Einnahmen nach Uruguay, jedoch noch vor Argentinien aufwies (Bulmer-Thomas 1994, Abb. IV.1). In den anderen Fällen kamen der Bevölkerung die Erträge, im Unterschied zu den Ländern in der gemäßigten Zone, kaum zugute.

Bezogen auf den zweiten Problemkomplex, den Bereich der sozio-institutionellen Faktoren, zeigt die hier ausgewählte Herangehensweise wichtige Unterschiede zu einer einflussreichen Interpretationslinie, die argumentiert, dass die Ausstattung mit produktiven Faktoren entscheidend für die ungleiche Entwicklung der lateinamerikanischen und anglophonen Länder war (Engerman/Sokoloff 1997, 2001; Engerman et al. 2002, Acemoglu et al. 2005). Die Kombination aus einem reichhaltigen Arbeitskräfteangebot und dem Vorhandensein von Anbauprodukten und anderen Formen der Extraktion, die Skalenerträge erlaubten, habe zu einer starken Machtkonzentration und zu institutionellen Formen geführt, welche die Gruppe der Hochländer und der tropischen Länder auf Pfade extensiven und stärker auf Zwang beruhenden Wachstums geführt habe, die wenig günstig für die Humankapitalbildung und Innovation gewesen seien.

Hier wird allerdings versucht, der reichen lateinamerikanischen Theorietradition zu folgen, die weniger Augenmerk auf Fragen von ausreichendem oder unzureichendem Arbeitskräfteangebot gelegt hat. Vielmehr wird hier auf die Organisationsformen dieser Ökonomien und die Gesamtheit der sozialen Beziehungen abgestellt, die aus hierarchischen Strukturen, welche aus den präkolonialen Gesellschaften und ihrer Interaktion und Überlappung mit den durch die Kolonialmächte durchgesetzten Herrschaftsformen resultierten (vgl. Cardoso/Pérez Brignoli 1979). In diesem langfristigen Prozess, der durch die kolonialen Reformen, die Unabhängigkeitskämpfe und die neuen Prozesse der Nationalstaatsbildung gekennzeichnet war, erfolgten ausgeprägte ökonomische, soziale und politische Transformationen, die unterschiedliche Entwicklungswege, sogar innerhalb von nationalen Territorien, mit sich brachten und unterschiedliche Prozesse der Aneignung von Land und Organisierung von Boden- und Arbeitsmärkten beinhalteten.

Auch wenn man das erhebliche Ausmaß an Diversität zwischen den drei Ländergruppen kennt, so weisen diese doch ein gewisses

Maß an Homogenität bezogen auf die ökonomischen und sozialen Ergebnisse sowie die Lebensqualität und die Ausgestaltung und Qualität der Institutionen auf.

Erstens belegen die Wohlstandsindikatoren, wie etwa die Alphabetisierungsrate und Lebenserwartung, eine starke Korrelation mit dem Bruttoinlandsprodukt pro Kopf und der Lohnentwicklung. Ferner gibt es eine Beziehung zwischen der Einkommenshöhe und der entsprechenden Eingliederung in internationale Handelsverflechtungen und der Verknüpfung von Arbeitsmärkten wie oben beschrieben. Die neuen Siedlungsländer (Gruppe 3) weisen die niedrigsten AnalphabetInnenraten und die höchste Lebenserwartung auf. Mit deutlichem Abstand folgen die tropischen Länder (Gruppe 2), knapp danach kommen die Länder der Hochlandregion (Gruppe 1).

Zweitens haben wir einen Indikator, der die Qualität der Institutionen beschreibt. Dieser bezieht sich auf den Anteil der wahlberechtigten Bevölkerung und den Anteil der Gemeinden am Steueraufkommen. Dieser macht deutlich, welcher Anteil der Bevölkerung am politischen System teilhat. Auch wenn die Unterschiede zwischen den neuen Siedlungsländern (Gruppe 3) und den anderen nicht sehr ausgeprägt sind, so sind sie doch bemerkenswert. Zwischen der tropischen und der Hochlandregion gibt es allerdings keine nennenswerten Unterschiede. Abgesehen davon spielen die Fragen des Zugangs und der Verteilung von Land sowie der Dezentralisierung des politischen Systems eine Rolle.

In Summe zeigen diese Indikatoren relativ deutlich, unter welch unterschiedlichen Modalitäten, d.h. sozialen und politischen Strukturen, sich langfristige Entwicklungsprozesse vollzogen haben. Insgesamt generierten ein Zusammenspiel des kolonialen Erbes, der Spezifika des Unabhängigkeitsprozesses und der Formen der Eingliederung in die Phase der ersten Globalisierung sowie die Gesamtheit sozialer und politischer Gegebenheiten unterschiedliche Formen der Entwicklung.

Luis Bértola

Das Wachstum der Exporte brachte zudem eine Vergrößerung des Binnenmarktes hervor. Dies führte zur Diversifikation der Produktion von Gütern und Dienstleistungen. Der Diversifizierungsgrad nahm in Abhängigkeit von verschiedenen Variablen zu. Insbesondere ein höheres Pro-Kopf-Einkommen, seine Verteilung, die Größe des Binnenmarktes sowie die relativen Preise und die Entwicklungen der nationalen Industrialisierungspolitik waren dabei bedeutsam.

Dem letztgenannten Aspekt kam in der Literatur insbesondere Aufmerksamkeit zu. Lateinamerika kann, neben den USA und gemeinsam mit anderen neuen Siedlungsländern, zu den Ländern gezählt werden, welche sich durch die höchsten Importzölle auszeichneten. Diese hohen Zölle waren nicht notwendigerweise Ergebnis eines ausgeprägten Protektionismus, sondern entsprangen nicht zuletzt der Finanzierungsnotwendigkeit der Nationalstaaten. Ohne Zweifel hatten aber auch protektionistische Motive eine beachtliche Bedeutung. Protektionistische Ideen, für die auch nordamerikanische und europäische TheoretikerInnen eine große Rolle spielten, waren weit verbreitet und hatten eine wichtige Funktion. Gleichzeitig gab es Druck von Seiten der Unternehmen, der dazu führte, dass die einzelnen Staaten Industriepolitiken durchführten, welche verschiedene industrielle Eliten begünstigen und Industrien hervorbrachten, die von der Größe her auch im internationalen Kontext bedeutsam waren (Haber 2006).

Auf Basis dieser Komponenten könnte das Gewicht der Industrie in der lateinamerikanischen Ökonomie erklärt werden. Sowohl das höhere Pro-Kopf-Einkommen, der Anteil der Löhne am Bruttoinlandsprodukt, das Vorhandensein einer ausreichenden Bevölkerung als auch die Notwendigkeit des Staates, Einnahmen aus der Besteuerung des internationalen Handels zu lukrieren, dürften die

Ursachen dafür sein, dass die neuen Siedlungsländer (Gruppe 3) einen höheren Industrialisierungsgrad aufweisen als der Rest.

Unterschiedliche Entwicklungen in neuen Siedlungsökonomien

Die neuen Siedlungsökonomien in Lateinamerika sind ein interessanter Fall, da sie im lateinamerikanischen Kontext den stärksten Fortschritt erreichten und trotzdem den signifikanten Unterschied zu ähnlichen Ländern anderer Regionen, wie Nordamerika, Australien oder Neuseeland, nicht verringern konnten. Der Vergleich unterschiedlicher neuer Siedlungsökonomien ist außerdem deshalb interessant, weil er die Rolle der produktiven Transformation für die wirtschaftliche Entwicklung und die Grenzen einer Entwicklung, die auf der Nutzung von natürlichen Ressourcen beruht, aufzeigt.

Argentinien und Uruguay konnten zwischen 1870 und 1929 den Entwicklungsunterschied zu Australien und Neuseeland signifikant reduzieren, obwohl sie nie das Niveau der beiden Länder erreichten. Die 1920er Jahre waren die Zeit der stärksten Annäherung. Dies hing wesentlich mit der relativen Schwäche der australischen und neuseeländischen Ökonomien zusammen. Beide waren eng mit der Wirtschaft Großbritanniens verflochten, das in den 1920er Jahren ebenso eine sehr schwache ökonomische Dynamik zeigte. Ab den 1930er Jahren kehrte sich die Situation jedoch deutlich um und Argentinien und Uruguay begannen wieder zurückzufallen. Bezogen auf die USA vergrößerte sich der relative Rückstand mit Ausnahme der ersten Dekade des 20. Jahrhunderts ständig.

Wie Bértola und Porcile (2002) zeigen, kann das Vorhandensein von Mineralien in Australien und Neuseeland nur einen kleineren Teil der Unterschiede im Pro-Kopf-Einkommen dieser Länder erklären. Die persistenten Aspekte dieser Unterschiede sind in der Interaktion zwischen sozio-institutionellen Faktoren und der damit verbundenen Innovationsfähigkeit der Ökonomien zu finden. Ei-

LUIS BÉRTOLA

nerseits ist es die Form bzw. Qualität der politischen Institutionen, und andererseits die Fähigkeit, Innovationen für die Eingliederung in die internationale Wirtschaft zu nutzen.

Zahlreiche Arbeiten haben insbesondere die Notwendigkeit der Agrarstrukturen und der Eigentumskonzentration bei Land hervorgehoben, um die abweichende Entwicklung in den neuen Siedlungsökonomien Lateinamerikas in Bezug auf Europa, Nordamerika und auch Australien und Neuseeland zu erklären. Neuere Arbeiten haben gezeigt, wie unterschiedliche Eigentumsstrukturen und gesellschaftliche Machtverhältnisse institutionelle Umfelder schaffen, die zu unterschiedlichen Reproduktionsmustern führen. Eine vergleichende Studie zwischen Neuseeland und Uruguay zeigt eindeutig, dass im neuseeländischen Fall die starke Präsenz des Staates als Landeigentümer eine wichtige Rolle spielt und der Staat überdies erheblich ins Marktgeschehen eingreift und die Bodenrente reguliert, um die ProduzentInnen gegenüber den GrundeigentümerInnen zu bevorzugen. Während in Neuseeland der Staat einen Eigentumsanteil von etwa 40 Prozent beibehielt, fiel der Anteil des staatlichen Besitzes in Uruguay von 80 Prozent um 1830 auf 11 Prozent 100 Jahre später. Das Ergebnis ist eine markante Umverteilung der Bodenrente. Entfielen in Neuseeland auf die Bodenrente 26 Prozent, auf Profite 44 Prozent und auf Löhne 30 Prozent des gesamten Einkommens, so waren es in Uruguay 44 Prozent für Bodenrente, 34 Prozent für Profite und 22 Prozent für Löhne. Dazu kommt noch, dass in Neuseeland von den 26 Prozent Bodenrente 7 Prozentpunkte auf den Staat entfielen, der jedoch nicht im Dienst der GrundeigentümerInnen stand (Álvarez 2005: Tab. 7 & 8).

Es ist damit offensichtlich, dass die implizite Anreizstruktur in einer Verteilung wie in Uruguay das Eigentum an Ressourcen über die Produktion von Wohlstand stellt. Dies wirft schließlich Fragen auf, welche technologischen Entwicklungslinien damit impliziert werden.

Das Ende der ersten Globalisierungsphase

Die Phase der ersten Globalisierung endete nicht abrupt. Im Fall der lateinamerikanischen Länder kann von einem Übergang zwischen der Krise von 1913 und 1929 gesprochen werden. In dieser Zeit haben die einzelnen Länder den radikal sich ändernden internationalen Kontext und ihre eigenen Expansionsmöglichkeiten unterschiedlich erfahren (Thorp 1989, 1998). Wie Tab. 3 zeigt, verringerte sich nicht nur das Wachstum der Weltökonomie in der Periode zwischen 1913 und 1950, sondern der internationale Handel war überdurchschnittlich stark betroffen. Nachdem die Wachstumsraten des internationalen Handels lange Zeit über dem Wachstum des BIP gelegen waren, erfuhr der internationale Handel eine radikale Reduktion. Dies konstituierte die einzige Periode der De-Globalisierung im engeren Sinne, zumindest seit Mitte des 19. Jahrhunderts. Seit etwa 1870 gibt es – mit Ausnahme der Periode 1913 bis 1950 – ein relativ stabiles Verhältnis zwischen der Expansion des Welthandels und des weltweiten Bruttoinlandsproduktes, wobei das Wachstum des ersteren ca. 60 Prozent über dem zweiten liegt.

Tab. 3: Globalisierungsrate: Wachstum des Welthandels im Verhältnis zum Wachstum des Welt-BIP, 1500–2001 (durchschnittliche zusammengesetzte Wachstumsrate p.a.)

	Wachstum Welthandel	Wachstum BIP weltweit	Verhältnis Wachstum Welthandel/ BIP weltweit
1500–1820	0,96	0,32	3,0
1820–1870	4,18	0,93	4,5
1870–1913	3,40	2,11	1,6
1913–1950	0,90	1,82	0,5
1950–1973	7,88	4,90	1,6
1973–2001	5,22	3,05	1,7
1820–2001	3,93	2,22	1,8

Quelle: Maddison 2003

Luis Bértola

Die Ursachen für die De-Globalisierung waren vielfältig. Hier sollen zumindest einige wesentliche Punkte aus der Sicht lateinamerikanischer Länder aufgezeigt werden. Unabhängig davon ob wir von zweiter industrieller Revolution oder drittem bzw. viertem Kondratjew-Zyklus sprechen, so steht es doch außer Zweifel, dass radikale technologische Neuerungen und Reformen der Unternehmensorganisationen in den entwickelten Ländern vor sich gingen. Gleichzeitig führte der steigende Lebensstandard zu wichtigen Veränderungen der Nachfrage in Zusammenhang mit tief greifenden sozialen Reformen in den Industrieländern. Ebenso stiegen die USA als neue Supermacht – mit einer wesentlich besser dotierten Ressourcenausstattung als früher führende europäische Mächte – auf.

Dies alles rief starke Widersprüche zwischen Produktivitätsentwicklung, produktiven Transformationen und Verteilungsmustern sowie der Nachfragestruktur in der globalen Ökonomie hervor. Diese Widersprüche zeigten sich vor allem bei der Produktion von Rohstoffen und Lebensmitteln, die stark gestiegen war. Die hohe Volatilität und Instabilität der Periode zwischen 1913 und 1929 erschwerte das Verständnis dieser strukturellen Prozesse bei vielen involvierten AkteurInnen (Thorp 1989). Viele entwickelten Länder lösten diese internen Konflikte durch einen Rückgriff auf protektionistische Maßnahmen, insbesondere bei der Produktion von Rohstoffen und landwirtschaftlichen Gütern. Die Frage der Liberalisierung im Bereich der Agrargüter wurde gar erst in den 1990er Jahren mit der Uruguay-Runde wieder aufs Tapet gebracht. Darüber hinaus haben in dieser Zeit einige Quellen des Wachstums, wie etwa der Fall der Transportpreise, ihre frühere Bedeutung verloren. All diese Entwicklungen zusammen führten zu einer neuen Handelsstruktur, in der der intra-industrielle Handel wesentlich bedeutender wurde – eine Entwicklung, die bis heute anhält.

Vor diesem Hintergrund mussten die lateinamerikanischen Länder verschiedene Strategien entwickeln. Diese basierten offensichtlich auf den ökonomischen, sozialen und politischen Bedingungen, die in der Phase der ersten Globalisierung geschaffen worden waren. Die dominante Strategie – bekannt als importsubstituierende Industrialisierung (ISI) – erlaubte es Lateinamerika höhere Wachstumsraten als die weltweite Ökonomie aufrechtzuerhalten und damit die relative Position, ähnlich wie in der Phase der ersten Globalisierung, zu verbessern (siehe Tab. 1).

Das Wachstum des BIP hing von mehreren Faktoren ab: z.B. von der Lotterie der *commodities* und der Art und Weise, in der sich verschiedene Länder von der protektionistischen Politik der entwickelten Länder beeinflusst sahen, die zum Teil Rohstoffe bzw. Primärgüter substituierten. Weiters war die Größe des Binnenmarktes eine entscheidende Variable für die Entwicklung und Vertiefung der importsubstituierenden Industrialisierung. Die Politiken, die den strukturellen Wandel einleiteten und auf mehr oder weniger Konsens ausgerichtet waren, erwiesen sich als ebenso zentral wie die frühere Akkumulation von Fähigkeiten. Vor diesem Hintergrund hatten diejenigen Länder, die schon in der ersten Globalisierungsphase vergleichsweise größere Fortschritte erreicht hatten, die besten Voraussetzungen, um einen strukturellen Wandel einzuleiten. Gleichzeitig waren dies aber auch diejenigen Länder, die sich von der importsubstituierenden Politik der Industrieländer am meisten betroffen sahen, da sie denselben Typ von Primärgütern produzierten. Dieser Prozess verschärfte sich nach dem Zweiten Weltkrieg und dem Korea-Krieg. Im Gegensatz dazu hatten die industrialisierten Länder jedoch größere Schwierigkeiten, sich mit Produkten aus den Tropen und einigen Mineralien ausreichend zu versorgen. Das führte dazu, dass Länder wie Brasilien, Kolumbien, Chile, Mexiko und Venezuela, die bereits ein bestimmtes Ausmaß an Entwicklung und größere Binnenmärkte hatten, stärker wuchsen als diejenigen Länder, die in der Phase der ersten Globalisierung besonders rasch gewachsen waren. Somit kam es zu einer stärkeren Konvergenz zwischen den Ländern der Region (für einen Vergleich von Argentinien, Brasilien und Uruguay siehe Bértola/

Procile 2006). Argentinien und Uruguay vergrößerten gegenüber Neuseeland und Australien, die einen begünstigten Marktzugang zu Großbritannien hatten, ihren Einkommensabstand. Dennoch war dieser Periode, wie Astorga, Bergés und FitzGerald (2004) sowie Prados de la Escosura (2004) zeigen, eine Phase, in der die Verbesserungen bezogen auf menschliche Entwicklung dank der Fortschritte in den Bereichen soziale Sicherheit, Ausbildung und Gesundheit sehr ausgeprägt waren. Zwar kann argumentiert werden, dass diese Fortschritte Ergebnis von technologischen Transfers waren (insbesondere im Gesundheitsbereich), aber ihre Wirkung wäre wohl nicht so stark gewesen, wäre nicht der Staat energisch für die Entwicklung dieser Bereiche eingetreten.

Die zweite Phase der Globalisierung

Zu Beginn der 1950er Jahre begann der Welthandel wieder stärker anzusteigen als das BIP und um 1970 hatte der Anteil des Handels weltweit wieder den Stand von 1913 erreicht. Mit dem Zusammenbruch des Bretton-Woods-Systems kam ein tief greifender Globalisierungsprozess in Gang.

Diese zweite Phase der Globalisierung setzte sich aus folgenden Entwicklungen zusammen:
- Zu Beginn der 1970er Jahre wurde der historische Anteil des Handels am BIP wieder erreicht und wächst seitdem.
- Betrachtet man die Entwicklung der Güterpreise, so lässt sich seit der Reduktion der Zölle für Fertigfabrikate eine Konvergenz der Preise feststellen, die im Allgemeinen allerdings schwächer ist als in der ersten Phase der Globalisierung.
- Die zweite Phase der Globalisierung zeigt nicht dasselbe Ausmaß an Migration wie zu Ende des 19. Jahrhunderts. Zwar gibt es Wanderbewegungen, aber ihre Auswirkung ist weniger spürbar als dies in der früheren Phase der Fall war. Andererseits setzt

sich die legale Migration in die entwickelte Welt fort, was noch stärker als in der Vergangenheit einen Abfluss von Humankapital darstellt.

- Betrachtet man die Kapitalströme, so zeigt sich in der zweiten Phase der Globalisierung kein gänzlich neues Bild im Vergleich zur ersten. Viele Märkte zeigten 1914 ein ähnliches Ausmaß an Integration auf, wenngleich es heute eine größere Vielfalt von SchuldnerInnen und DarlehensgeberInnen gibt, die Investitionen eine höhere sektorale Diversifikation aufweisen und die Integration der Märkte tief greifender erscheint. Der Stand der Auslandsinvestitionen bezogen auf das BIP von 1914 wurde Mitte der 80er Jahre wieder erreicht und ist danach weiter gewachsen. Zog Lateinamerika in der ersten Phase der Globalisierung noch 55 bis 60 Prozent der Auslandsinvestitionen in die Dritte Welt auf sich, so betrug dieser Anteil 1990 nur noch 28 Prozent (Taylor 2006).

Das Phänomen fallender Preise für Primärgüter setzte bereits Ende des 19. Jahrhunderts ein. Während Lateinamerika die Primärgüterproduktion steigerte, nahm die Bedeutung der Primärgüter im Welthandel gleichzeitig ab. Dies lässt sich auch auf einer noch höheren Ebene beobachten, wenn man nicht nur die Agrarprodukte, sondern die Gesamtheit der Güter berücksichtigt, die als Basiskonsumgüter oder traditionelle Industriegüter bezeichnet werden können. Die Summe der Nahrungsmittelexporte, Getränke, Tabak, Pflanzenöle und Primärgüter unterschiedlicher Verarbeitungsstufen (ohne Berücksichtigung von Erdöl) hat sich zwischen 1980 und 1999 als Anteil am Welthandel zu laufenden Preisen vermindert.

Lateinamerika hat seit den 1960er und 1970er Jahren beträchtliche Anstrengungen unternommen, um seine Ökonomien dem Welthandel zu öffnen und der Exportorientierung einen höheren Stellenwert einzuräumen. Trotz schwerer Opfer konnte die Region ihren Anteil am Welthandel nicht steigern. Paradoxerweise besaß

LUIS BÉRTOLA

Lateinamerika ebenso wie andere Kontinente, die nicht stark in den Zweiten Weltkrieg verwickelt waren, in den 1950er Jahren, als die entwickelten Länder aus Jahrzehnten der Krise des Welthandels wieder heraustraten, einen hohen Anteil am Welthandel. Während des goldenen Zeitalters der westlichen Ökonomie ist der Anteil Lateinamerikas am Welthandel drastisch zurückgegangen, ähnlich wie jener von fast allen Regionen. Im Lauf der zweiten Globalisierung konnte Lateinamerika trotz der markanten Transformationen seine Teilnahme am Welthandel nur um einen Prozentpunkt erhöhen – und dies trotz des Niedergangs des realen Sozialismus und des notorischen wirtschaftlichen Rückstand des afrikanischen Kontinents (siehe Tab. 4).

Tab. 4: Anteil der verschiedenen Regionen am Welthandel, 1870–1998 (US-Dollar zu konstanten Preisen 1998, in %)

	1870	1913	1950	1973	1998
Westeuropa	64	60	41	46	43
Länder mit europ. Einwanderung	8	13	21	15	18
Osteuropa und UdSSR	4	4	5	8	4
Lateinamerika	5	5	9	4	5
Afrika	5	7	10	6	3
Asien	14	11	14	22	27
Gesamt	100	100	100	100	100

Quelle: Maddison 2003, Tabelle F-3

Dieses erste dauerhafte Paradoxon, dass Lateinamerika trotz der Exportorientierung keine signifikante Teilnahme am Welthandel erreichen konnte, wurde begleitet von einem zweiten, noch bedeutsameren: Der starke Anstieg der Exporte hat Lateinamerika nicht auf den Weg des Wachstums und der relativen Verbesserung im Vergleich zu anderen Weltregionen geführt. Wie es die CEPAL formulierte, hat sich Lateinamerika 1950–1980 die „Sünde" erlaubt, mittels importsubstituierender Maßnahmen mit einer jährlichen Rate von 5,5 Prozent zu wachsen, und das mit Exporten, die um nur 4 Prozent jährlich zugenommen hatten. In der Dekade der 1980er Jahre wuchsen die Exporte um 6 Prozent, aber das BIP nur um 1,3 Prozent, während in den 1990er Jahre die Exporte um 7,5 Prozent wuchsen und das BIP nur um 2,4 Prozent zunahm.

Auch wenn Lateinamerika sich zur Exportorientierung hingewandt hat und sogar ein guter Teil Lateinamerikas industrialisiert wurde, so wird häufig angenommen, dass die Besonderheiten der produktiven Spezialisierung, wie sie Lateinamerika aufweist, auf heftige Restriktionen bei der internationalen Eingliederung stieß. Anders formuliert, erlaubten es die Schwächen des Innovationssystems und die Trägheit in der produktiven Spezialisierung Lateinamerika nicht, entscheidende Fortschritte bei der Durchdringung jener Märkte zu realisieren, auf denen die Nachfrage deutlich anstieg und wo der technische Fortschritt sich am schnellsten entwickelte. Zudem hat diese Vielzahl von Schwächen die Kapazität Lateinamerikas gehemmt, das Potential der internationalen Technologieübertragung auf eine dynamische Art aufzunehmen und Kapitalinvestitionen auf eine signifikante Art anzuziehen. Die andere Seite dieses Aspekts ist die sehr geringe Entwicklungsdynamik der internen Märkte, die früher eine wichtige Wachstumsstütze waren. Das Ausbleiben einer ausdifferenzierten Produktionsstruktur und die strukturelle Dualität und Heterogenität erklären nicht nur die fehlende Dynamik, sondern auch die neue Welle der Ungleichheit, Marginalisierung und Exklusion, die die Gesellschaften Lateinamerikas charakterisieren.

Wenngleich die erste und zweite Globalisierung Prozesse sind, die Unterschiede aufweisen, so kann doch für beide Fälle eine zentrale Gemeinsamkeit festgestellt werden. Das lateinamerikanische

Exportwachstum konnte Tendenzen zur relativen Rückständigkeit, zu Ungleichheit und zur Blockade der Entwicklung jener Kapazitäten, die eine wesentliche Verbesserung des Lebensstandards, eine deutliche Verringerung der Ungleichheit und eine harmonische Ausdehnung der unterschiedlichen Wirtschaftssektoren erlaubt hätten, nicht verhindern.

Übersetzung aus dem Spanischen und Bearbeitung: Joachim Becker, Johannes Jäger, Karen Imhof

Literatur

Acemoglu, Daron/Johnson, Simon/Robinson, James A. (2005: Institutions as the Fundamental Cause of Long-Run Growth. In: Aghion, Phillip/Durlauf, Steven N.: Handbook of Economic Growth. Amsterdam: Elsevier, 385-472.

Allen, Robert C. (1990): Real incomes in the English-speaking world, 1879–1913. Discussion Paper 90-32, Department of Economics, University of Brittish Columbia.

Álvarez, Jorge. E. (2005): Crecimiento económico, distribución del ingreso e instituciones. Una mirada comparada: Nueva Zelanda y Uruguay (1870–1940). In: Boletín de Historia Económica 4.

Anderson, Edward (1998): Globalization and wage inequalities, 1870–1970. In: IDS Working Papers 73.

Astorga, Pablo/Bergés, Ame R./FitzGerald, Valpy (2004): The Standard of Living in Latin America during the Twentieth Century. Oxford University Discussion Papers in Economic and Social History 54, http://www.nuff.ox.ac.uk/Economics/History/Paper54/54fitzgerald.pdf, 23. 1. 2007

Bauer, Arnold (1986): Rural Spanish America, 1870–1930. In: Bethell, Leslie (Hg.): The Cambridge History of Latin America. Bd. IV: 1870–1930. Cambridge: Cambridge University Press, 153-186.

Bértola, Luis (2000): Ensayos de Historia Económica: Uruguay y la región en la economía mundial 1870–1990. Montevideo: Ediciones Trilce.

Bértola, Luis/Porcile, Gabriel (2002): Rich and Impoverished cousins: economic performance and income distribution in Southern Settler Societies. Beitrag präsentiert auf dem XIII International Economic History Congress Buenos Aires, Juli 2002, Session 30: Modern Economic Growth and Distribution in Asia, Latin America and the European Periphery.

Bértola, Luis (2005): A 50 años de la Curva de Kuzntes: Crecimiento y distribución del ingreso en Uruguay y otras economías de nuevo asentamiento desde 1870. In: Investigaciones en Historia Económica 3, S. 135-176.

Bértola, Luis/Williamson Jeffrey (2006): Globalisation in Latin America before 1940. In: Bulmer-Thomas, Victor/Coatsworth, John/Cortés Conde, Roberto (Hg.): The Cambridge Economic History of Latin America. Bd. II: The Long Twentieth Century. Cambridge: Cambridge University Press, 11-57.

Bulmer-Thomas, Victor (1994): The Economic History of Latin America Since Independence, Cambridge: Cambridge University Press.

Cardoso, Ciro F. S./Pérez Brignoli, Héctor (1979): Historia Económica de América Latina. Barcelona: IBII.

Cardoso, Fernando H./Faletto, Enzo (1979): Dependency and Development in Latin America. Berkeley: University of California Press.

Cueva, Augustín (1977): El desarrollo del capitalismo en América Latina. México: Siglo XXI.

Diaz-Alejandro, Carlos F. (1970): Essays on the Economic History of the Argentine Republic. New Haven, Conn.: Yale University Press.

Engerman, Stanley L./Sokoloff, Kenneth L. (1997): Factor Endowments, Institutions, and Differential Paths of Growth Among

New World Economies: A View from Economic Historians of the United States. In: Haber, Stephen (Hg.): How Latin America Fell Behind: Essays on the Economic Histories of Brazil and Mexico, 1800–1914. Stanford, Cal.: Stanford University Press.

Engerman, Stanley L./Sokoloff, Kenneth L. (2001): The Evolution of Suffrage in the New World: A Preliminary Examination. Beitrag präsentiert auf der 2001 Cliometrics Conference, Tuscon, Arizona, Mai 18–20.

Engerman, Stanley L./Mariscal, Elisa V./Sokoloff, Kenneth L. (2002): The Evolution of Schooling Institutions in the Americas, 1800–1925. Working Paper, University of California, Los Angeles (nicht publiziert).

Furtado, Celso (1974): La Economía Latinoamericana desde la Conquista Ibérica hasta la Revolución Cubana. México: Siglo XXI.

Glade, William (1986): Latin America and the International Economy, 1870-1914. In: Bethell, Leslie (Hg.): The Cambridge History of Latin America. Bd IV: 1870–1930. Cambridge: Cambridge University Press.

Greasley, David/Madsen, Jakob B./Oxley, Les (2000): Real wages in Australia and Canada, 1870–1913: globalization versus productivity. In: Australian Economic History Review 40 (2), 178-198.

Haber, Paul L. (2006): Power from Experience. Urban Popular Movements in Late Twentieth-Century Mexico. University Park, Pa.: Pennsylvania State University Press.

Halperin Donghi, Tulio (1985): Economy and Society in Post-Independence Spanish America. In: Bethell, Leslie (Hg.): The Cambridge History of Latin America. Bd. III: From Independence to c 1870. Cambridge: Cambridge University Press.

Landes, David S. (1998): The Wealth and Poverty of Nations. New York: Norton.

Maddison, Angus (2003): The World Economy. Historical Statistics. Paris: OECD Development Centre.

North, Douglass C./Weingast, Barry/Summerhill, William (2000): Order, Disorder and Economic Change. Latin America versus North America. In: Bueno de Mesquita, Bruce/Root, Hilton L. (Hg.): Governing for Prosperity. New Haven, Yale University Press, 17-58.

O'Rourke, Kevin H./Williamson, Jeffrey G. (1999): Globalization and History. Cambridge, Mass.: MIT Press.

Prados de la Escosura, Leandro (2004): When Did Latin America Fall Behind? Evidence from Long-run International Inequality. Inter-American Seminar on Economics 2004, NBER Mexiko, Dezember 2–4, http://www.nber.org/~confer/2004/iasef04/program.html 28.1.2007

Sunkel, Osvaldo/Paz, Pedro (1982): El Subdesarrollo Latinoamericano y la Teoría del Desarrollo. México: Siglo XXI.

Taylor, Alan M. (2006): Foreign Capital in Latin America in the Nineteenth and Twentieth Centuries. In: Bulmer-Thomas, Victor/Coatsworth, John/Cortés Conde, Roberto (Hg.): The Cambridge Economic History of Latin America. Bd. II: The Long Twentieth Century. Cambridge: Cambridge University Press, 57-101.

Thorp, Rosemary (1989): Latin America and the international economy from the First World War to the World Depression. In: Bethell, Leslie (Hg.): The Cambridge History of Latin America. Bd. IV: 1870–1930. Cambridge: Cambridge University Press, 57-81.

Thorp, Rosemary (1998): Progress, Poverty and Exclusion: an Economic History of Latin America in the 20th Century. Washington, D.C.: Inter-American Development Bank.

Williamson, Jeffrey G. (1999): Real Wages, Inequality, and Globalization in Latin America before 1940. In: Revista de Historia Economica 17, 101-42.

Wood, Adrian (1998): Globalisation and the Rise of Labour market Inequalities. In: The Economic Journal 108 (450), 1463-1482.

Oliver Schwank

Handel und Entwicklung – Entwicklungsprozesse in historischer Perspektive in Abhängigkeit von der Eingliederung in das internationale Handelsregime

In keinem Zweige der politischen Ökonomie herrscht so große Verschiedenheit der Ansichten zwischen den Theoretikern und Praktikern, wie in betreff des internationalen Handels und der Handelspolitik. Zugleich gibt es keine Frage auf dem Gebiete dieser Wissenschaft, die [...] von so hoher Bedeutung wäre.

Friedrich List (1928: 49)

Sollen Entwicklungsländer Zölle abbauen, ihr Handelsregime liberalisieren, wenn nötig sogar einseitig, um von der Globalisierung zu profitieren, oder sind sie besser beraten, ihre Industrien vor ausländischer Konkurrenz zu schützen, also protektionistische Handelspolitik zu betreiben? Das Zitat von Friedrich List aus dem Jahr 1841 zeigt, dass diese Fragen keineswegs neu sind und dass die Wirkung des Außenhandels auf Entwicklung und Wirtschaftswachstum schon sehr lang und immer kontrovers diskutiert wurden.

List war dabei selbst ein aktiver und einflussreicher Teilnehmer, als er in seinem Mitte des 19. Jahrhunderts veröffentlichten Hauptwerk *Das nationale System der politischen Ökonomie* (List 1928) eine theoretisch und wirtschaftsgeschichtlich begründete Kritik an der von ihm so genannten *kosmopolitischen Ökonomie* übt, die das von eben dieser Schule begründete Freihandelsparadigma in Frage stellt. Fokus der Debatte waren damals nicht die Entwicklungsländer oder Kolonien, sondern die heute industrialisierten Länder Westeuropas und Nordamerikas. Dennoch ist es erstaunlich, wie sehr die Argumente auf beiden Seiten den heute vorgebrachten gleichen.

Daher will ich im ersten Teil dieses Beitrages knapp die theoretischen Positionen der *kosmopolitischen* Ökonomen, insbesondere der von Adam Smith und David Ricardo, der List'schen Kritik gegenüberstellen. Die dabei etablierten Argumentationslinien – einerseits Spezialisierung auf den Export von Gütern, in deren Produktion Länder einen (statischen) komparativen Vorteil aufweisen, andererseits gezielter Schutz von *infant industries* vor internationaler Konkurrenz – finden sich wieder in der aktuelleren Diskussion um die Außenhandelsorientierung von Entwicklungsländern. Diese aktuelle Auseinandersetzung ist Gegenstand des zweiten Abschnitts. Die zuvor erfolgte theoretische Fundierung erlaubt schließlich, den oft gezeichneten Gegensatz zwischen exportorientierter Politik und Importsubstitution als nur scheinbaren zu entlarven und zu einer differenzierteren Analyse zu gelangen, die insbesondere die produktive Struktur von Entwicklungsländern und dynamische Aspekte in den Vordergrund stellt.

Diese Einleitung abschließend, zudem ein kurzer, aber notwendiger Hinweis darauf, was dieser Artikel – ob allgegenwärtiger Knappheiten – nicht leistet. Der gewählte Fokus geht zu Lasten einer breiteren Darstellung alternativer (kritischer) theoretischer Ideen und damit einer grundlegenderen Kritik am Wachstumsparadigma. Ich hoffe, dass ein genauerer Blick auf oder hinter die prominentesten Frontlinien in dieser Diskussion die Verschiebung des Fokus entschädigt.

Historische Vorläufer – Adam Smith und David Ricardo vs. Friedrich List

[Die Freihandelstheorie ist] wie die meisten englischen Manufakturwaren nicht [so sehr] für den inneren Gebrauch, als für die Exportation fabriziert worden.
Amerikanischer Redner, zitiert in List (1928: 157)

Adam Smith beginnt in seinem Hauptwerk *Der Reichtum der Nationen*, das 1776 erstmals erschien, seine Analyse des Kapitalismus mit einer Darstellung der Arbeitsteilung. Arbeit ist die Quelle des Reichtums oder des Wohlstands der Nationen, und die Arbeitsteilung beziehungsweise die Spezialisierung des Arbeiters/der Arbeiterin auf bestimmte Tätigkeiten oder Arbeitsschritte ermöglicht einen produktiveren Einsatz der Arbeitskraft. Je weiter die Arbeitsteilung vorangeschritten ist, desto höher entwickelt ist die Volkswirtschaft (Smith 1978: 9f.). Begrenzt sind Arbeitsteilung und Spezialisierung nur durch die Größe des Absatzmarktes. „Ist der Markt sehr klein, kann sich niemand ermutigt fühlen, sich ausschließlich einer Beschäftigung zu widmen, da er das, was er über den eigenen Bedarf hinaus herstellt, also den Überschuss seines Arbeitsertrages, nicht gegen überschüssige Erzeugnisse anderer, die er benötigt, eintauschen kann" (ebd.: 19).

Dieser Markt soll auch nicht an den Landesgrenzen enden. „Indem der Außenhandel einen weiten Markt für den Absatz jeder Art Erzeugnis, für das der heimische Bedarf fehlt, öffnet, ermutigt er das Land, seine Produktivkräfte zu verbessern und sein Sozialprodukt bis zum äußersten zu steigern" (ebd.: 363). Der freie Handel zwischen den Ländern ermöglicht also eine Vervollkommnung der Arbeitsteilung und ist damit einer merkantilistischen Handelspolitik, die vor allem die Importe, aber auch die Exporte stark reglementiert und beschränkt, vorzuziehen.

Knapp 40 Jahre später zeigte David Ricardo, dass die Spezialisierung zweier Länder auf die Produktion der Güter, die sie relativ günstiger herstellen können, unter bestimmten Voraussetzungen selbst dann für beide Länder wohlfahrtssteigernd ist, wenn eines der zwei Länder absolut gesehen beide Güter günstiger herstellen kann (Ricardo 1959: 121f.). Diese Formulierung ist als Theorie der komparativen Kostenvorteile in die Theoriegeschichte eingegangen und liegt bis heute vielen Argumenten für Freihandel zu Grunde.

„Bei einem System des vollkommen freien Handels wendet natürlich jedes Land sein Kapital und seine Arbeit solchen Zweigen zu, die jedem am vorteilhaftesten sind. [...] Dieses Prinzip führt dazu, daß Wein in Frankreich und Portugal gewonnen, daß Getreide in Amerika und Polen angebaut wird und daß Metall- und andere Waren in England fabriziert werden" (Ricardo 1959: 120 f.).

Der für unsere Fragestellung entscheidende Aspekt dieser Formulierung ist die statische Natur der Theorie. Ausgehend von einer gegebenen Ausstattung an Produktionsfaktoren kann England seine aktuelle Produktion erhöhen, wenn es sich auf Manufakturwaren konzentriert, während sich Amerika auf Grund der günstigen klimatischen Bedingungen und von reichlich vorhandenem Land auf den Getreideanbau spezialisieren sollte. Statische Wohlfahrtsgewinne sind allerdings für Fragen der langfristigen wirtschaftlichen Entwicklung nicht so entscheidend. Die Vereinigten Staaten waren wohl gut beraten, Ricardos Empfehlung nicht Folge zu leisten und entgegen ihres komparativen Vorteils auch die eigene Industrie zu fördern. Damit haben sie zwar vermutlich den vorhandenen Kapitalstock nicht zu jeder Zeit effizient eingesetzt. Aber dieser kurzfristige (statische) Wohlfahrtsverlust wurde ausgeglichen durch eine dynamischere Wirtschaftsentwicklung, die durch eine diversifizierte Volkswirtschaft und einen modernisierten Kapitalstock möglich war.

Friedrich List lieferte in seinem Hauptwerk *Das nationale System der politischen Ökonomie*, das erstmal 1841 erschien, die bis heute bekannteste Formulierung der eben angedeuteten Kritik. Er zeigt zunächst in einem historischen Vergleich, dass keines der zu seiner Zeit reichen Länder sich unter einem Regime völlig freier Handelsbeziehungen entwickelt hätte. So baute das Mutterland der Freihandels*theorie*, England, seine eigene Manufakturproduktion über Jahrhunderte gezielt unter dem Schutz von Zöllen und Einfuhrverboten auf, etwa durch das Verbot des Imports indischer Baumwolle und Stoffe (List 1928: 117). Ähnliches gilt für die Vereinigten Staaten, „the mother country and bastion of modern protectionism" (Bairoch 1993: 30), die von Beginn ihrer Unabhängigkeit an auf die Entwicklung eigenständiger Industrie bedacht waren und dies durch umfassende Einfuhrzölle erreichten (ebd.: 181f., vgl. auch ebd: 52; Chang 2003: 24ff.).

Aus diesen Beobachtungen leitet List seine zentrale Kritik an der kosmopolitischen Ökonomie ab: Sie sei vor allem eine Wissenschaft der Tauschwerte, die sich nicht um die Natur der hergestellten Produkte kümmert, sondern allein um ihren Wert. Viel wichtiger als der heutige Wert ist jedoch die produktive Kraft einer Ökonomie – diese gilt es zu entwickeln, „weil die produktiven Kräfte der Baum sind, an welchem die Reichtümer wachsen, und weil der Baum welcher die Früchte trägt, wertvoller ist als die Frucht selbst" (List 1928: 126). Die Prosperität einer Nation bemisst sich also an der Entwicklung ihrer Produktivkraft und nicht an der Summe der von ihr produzierten Tauschwerte. Daher ist es nicht gleichgültig, in welchem Zweig der Produktion sich ein Land spezialisiert – List hält eine möglichst breite Diversifizierung für optimal (ebd.: 243f.). Verfügt ein Land über eigene industrielle Produktion, dann wird diese durch den technischen Fortschritt die Produktivität im Allgemeinen und auch in der Landwirtschaft steigern, sie bringt Unabhängigkeit von externen Krisen und sie erzeugt eine ungleich größere Dynamik, als eine reine Agrikulturnation zu entwickeln vermag. Letztere entsteht durch Erneuerung und Verbesserung des Kapitalstocks (Einsatz von Maschinen) und der Infrastruktur, durch Investitionen in die Wissenschaft und in das Bildungssystem, d.h. allgemein durch eine Modernisierung der Volkswirtschaft.

Die Entwicklung der Produktivkraft ist folglich ein dynamischer Prozess, der die Anstrengungen vieler Generationen beinhaltet. Entsteht ein Produktionszweig neu in einem Land, dann kann auf diese Vorarbeit nicht oder nur eingeschränkt zurückgegriffen werden, die Produktion wird daher zunächst weniger effizient sein als in Ländern, die das Produkt bereits herstellen. Nur mit Hilfe einer temporären Einschränkung des freien Handels durch Zölle kann gewährleistet werden, dass die Produkte dieser „Fabriken in der Kindheit" auf dem heimischen Markt auch abgesetzt werden können (ebd.: 415ff.). Kurzfristig verzichtet das Land damit auf günstigere Importprodukte, jedoch wird es, sollte die Industrie sich tatsächlich positiv entwickeln und unter dem Schutz der Erziehungszölle produktiver und konkurrenzfähig werden, mit einer dynamischeren Wirtschaftsentwicklung, also höheren Wachstumsraten entschädigt. Diesen Zweck können die Zölle jedoch nur erfüllen, so schränkt List ein, wenn sie gezielt eingesetzt werden: wenn etwa der heimische Markt groß genug ist, wenn überhaupt die Voraussetzungen für die Entwicklung eines entsprechenden Industriezweiges gegeben sind. So soll zum Beispiel der Import von Maschinen in Ländern nicht beschränkt werden, die nicht auf dem höchsten Entwicklungsstand sind, da diese als Vorleistung in vielen anderen Produktionszweigen von höchster Wichtigkeit sind (ebd.: 422).

Was List hier vorzeichnet, ist eine Außenhandelspolitik der stufenweisen Importsubstitution. Beginnend mit einfach herzustellenden Manufakturwaren soll eine Nation Schritt für Schritt ihre Produktivkraft entwickeln, indem es importierte Waren durch Eigenproduktion ersetzt.

Ein kursorischer Blick auf die Wirtschaftsgeschichte zeigt, dass die Länder, die heute als entwickelt gelten, allesamt aktive Industriepolitik betrieben, um im List'schen Sinne ihre Produktivkraft zu erweitern (oder nach Ricardo, um ihre komparativen Vorteile in neuen Sektoren zu schaffen). Dazu zählte üblicherweise ein ganzes Bündel an Maßnahmen, wobei der Handelspolitik und vor allem dem Schutz bestimmter als wichtig angesehener Industrien vor billigeren Importen oft eine zentrale Stellung zukam. Das galt insbesondere auch für Großbritannien und die USA, die erst dann vehement für Freihandel eintraten, als sie in den entsprechenden Sektoren einen Kostenvorteil gegenüber ihren Konkurrenten erzielt hatten (Chang 2003: 59).

OLIVER SCHWANK

Importsubstitution vs. Exportförderung – die Freihandelsdebatte im Kontext der Entwicklungsländer

> *In recent decades, there has been no overall tendency for the poorer countries to catch up, or converge, with the richer countries. [...] This problem is readily explained by the trade regime: open economies tend to converge, but closed economies do not.*
>
> *Jeffrey Sachs, Andrew Warner (1995: 3)*

Die Aussagen von Sachs und Warner sind typisch für einen überwiegenden Teil heutiger ÖkonomInnen, die sich mit Entwicklungsländern beschäftigen, und spiegeln zudem die Positionen der wichtigen internationalen Institutionen – IWF, Weltbank oder OECD – wider: Ein offenes Handelsregime, d.h. der Abbau von Handelsschranken seien Voraussetzung für Wirtschaftswachstum in den Entwicklungsländern (vgl. Rodriguez/Rodrik 2000: 1).

Damit widersprechen sie der historischen Erfahrung der industrialisierten Welt und bewegen sich außerdem auf theoretisch wackeligem Boden. Denn aus der ökonomischen Theorie, auch wenn sie hier auf die Darstellung der *Mainstream-Ökonomie* beschränkt ist, lassen sich derart eindeutige Antworten nicht ableiten. Sobald dynamische Aspekte, also vor allem die Frage nach Wirtschaftswachstum, in den Vordergrund rücken, gewinnt die von List vorgezeichnete Argumentation an Bedeutung. Hier sollen Ansätze dargestellt werden, die das Verständnis über die Umstände vertiefen, unter welchen ein Schutz der *infant industries* notwendig und sinnvoll ist.

Frank Graham (1923) zeigt, warum eine aus Freihandel resultierende Spezialisierung in der Produktion dann nicht mehr wohlfahrtssteigernd für beide Länder ist, wenn die Annahme konstanter Skalenerträge in der Produktion der gehandelten Güter aufgegeben wird. Konstante Skalenerträge bedeuten, dass die Höhe der Ausbringungsmenge keinen Einfluss auf die durchschnittlichen Kosten der Produktion hat. Diese Voraussetzung mag zwar für manche Sektoren zutreffen, doch ist insbesondere industrielle Produktion häufig durch steigende Skalenerträge, sprich sinkende Durchschnittskosten, gekennzeichnet. Das Errichten einer Produktionsstätte und der Erwerb moderner Technologie bedeuten hohe Fixkosten, die nur dann gedeckt werden können, wenn die Produktion eine hinreichende Größe erreicht. Spezialisiert sich das entwickelte Land auf die Industrie, während sich das Entwicklungsland gemäß dem komparativen Vorteil auf die Extraktion von Rohstoffen konzentriert (oft verbunden mit steigenden Durchschnittskosten), dann profitiert Ersteres von der Öffnung und der damit verbundenen Ausweitung der industriellen Produktion durch fallende Produktionskosten, während Letzteres mit immer höheren Produktionskosten der Rohstoffgewinnung konfrontiert ist. Zudem erwartet Graham, dass sich das Verhältnis der Austauschpreise zu Gunsten der Industrieprodukte verändert, da sich die Nachfrage nach diesen dynamischer entwickelt. „In this situation a tariff to build up industries of decreasing unit cost [...] might well be advantageous" (ebd.: 217).

Steigende Skalenerträge können nicht nur auf der Ebene einer Firma auftreten, sondern ganze Sektoren betreffen. Alfred Marshall (1990) erklärt die lokale Konzentration bestimmter Aktivitäten (ein modernes Beispiel wäre die Computerindustrie im Silicon Valley) mit externen Effekten: Lokal vorhandenes spezialisiertes Wissen, qualifizierte Arbeitskräfte und einfacher Zugang zu Vorleistungen schaffen allesamt Anreize zur räumlichen Konzentration der Produktion. Der Standort der Produktion kann mit natürlichen Vorteilen zu tun haben, ist jedoch nicht selten zufällig oder das Ergebnis einer politischen Intervention (ebd.: 223). In jedem Fall wird Geschichte wichtig: Ist eine Industrie zunächst in einem Land ansässig, und gibt es signifikante externe Effekte, dann haben Nachzügler, also zum Beispiel Entwicklungsländer, zunächst keine Möglichkeit, in diesem Markt konkurrenzfähig zu produzieren. Gibt es die Er-

Oliver Schwank

wartung, dass dies bei Erreichung einer bestimmten Mindestgrö-
ße des Sektors möglich sein wird, dann lässt sich der Bedarf nach
Schutzzöllen ableiten.

Zuletzt können Skalenerträge auch dynamisch formuliert werden (diese Formulierung entspricht genau der List'schen Argumentation): Wenn die Produktion über die Zeit effizienter wird, wenn
demnach Erfahrung und in der Vergangenheit erworbenes Wissen
eine Rolle spielen, dann ist ein temporärer Schutz für junge Industrien erforderlich.

Ein weiterer Aspekt, eng verwandt mit obigen Argumenten, ist
die Bedeutung von Technologie und Wissen für Wachstum. Wenn
technischer Fortschritt ein entscheidender Faktor für Wirtschaftswachstum ist, dann stellt sich die Frage, wie Außenhandel sich auf
den technischen Fortschritt in einem Land auswirkt. Einerseits
bringt die Öffnung einer Volkswirtschaft Zugang zu moderner
Technologie, andererseits kann eine Spezialisierung eines Entwick-
lungslandes gemäß statischer Kostenvorteile zur Konzentration in
Aktivitäten mit geringen Forschungsausgaben führen. Wenn sich
diese weniger dynamisch entwickeln als forschungsintensive Sektoren, sinkt die potentielle Wachstumsrate (Grossman/Helpman
1997: 255f.).

Zusammenfassend lässt sich aus der Theorie kein eindeutiges
Ergebnis ableiten: Offenheit einer Ökonomie bringt zunächst Zugang zu größeren Märkten und damit die Möglichkeit, Skalenvorteile zu nutzen, sie ermöglicht Zugang zu Produkten, die im Inland
nicht oder nur sehr teuer hergestellt werden können (hier sind vor
allem Vorleistungen zu nennen), und sie bedingt den Zugang zu
neuerer Technologie. Offenheit birgt allerdings auch eine Reihe von
Risiken. Dazu zählt vor allem die Spezialisierung auf nicht-dyna-
mische Sektoren. Hier nicht behandelt, aber ebenso wichtig, ist die
zunehmende Verwundbarkeit durch externe Schocks, Verschlech-
terungen der *Terms of Trade* oder volatile Kapitalströme (Rodrik
1999: 14).

Es bleibt der Blick auf die Empirie: Welche Politik haben die Entwicklungsländer seit 1945 angewendet und wie erfolgreich waren sie? In der Phase zwischen dem Zweiten Weltkrieg und der ersten Ölkrise 1973 verzeichneten die Entwicklungsländer weltweit beispiellos hohe Wachstumsraten. Dies galt nicht nur für die heute so bekannten asiatischen Tiger, sondern auch für zahlreiche lateinamerikanische und afrikanische Länder. Die meisten dieser Länder verfolgten eine Politik der Industrialisierung durch Importsubstitution, das heißt sie schützten den heimischen Markt durch Zölle und andere Importrestriktionen, um profitable Investitionen und den Aufbau eigener industrieller Produktion zu ermöglichen (ebd.: 68ff.).

Tab. 1: Durchschnittliches Wachstum des BIP/Kopf

	1960–1973	1973–1984	1984–1994
Ostasien	4,2	4,0	4,4
Lateinamerika	3,4	0,4	0,1
Mittlerer Osten	4,7	0,5	-1,1
Südasien	1,8	2,5	2,7
Subsaharisches Afrika	1,9	-0,6	-0,6

Quelle: Rodrik 1999: 72

Die Ölschocks in den 70er Jahren, das Ende des Bretton-Woods-Systems fixer Wechselkurse, der Anstieg der Zinsen und die folgende Schuldenkrise brachten in vielen dieser Länder einen Einbruch der Wachstumsraten und eine lang anhaltende ökonomische Krise. Obwohl es sich um makroökonomische Schocks handelte, wurde die darauf folgende Krise sehr oft als Folge der Handels- und Industriepolitik interpretiert.

In diesem Sinne argumentiert Anne Krueger (1998), dass Entwicklungsländer sehr schnell an die Grenzen der Importsubstituti-

OLIVER SCHWANK

onsstrategie stoßen. Dies gilt nicht so sehr für die erste Stufe, die Herstellung arbeitsintensiver Konsumgüter wie etwa Kleidung, da hier die Entwicklungsländer ihre komparativen Vorteile in unqualifizierter Arbeitskraft nutzen können, sondern für die nächsten Stufen, die Produktion kapitalintensiver, langlebiger Konsumgüter oder von Kapitalgütern selbst. Für Letztere ist der heimische Markt oft zu klein und ihre Forcierung geht häufig mit erhöhten Importen (von Maschinen) einher. Gleichzeitig verliert die Ökonomie insgesamt ihre Wettbewerbsfähigkeit auf dem Weltmarkt, da viele Vorleistungen von den heimischen Produzenten auf Grund der Importrestriktionen nicht mehr zu Weltmarktpreisen eingekauft werden können (ebd.: 1517f.). Ergebnis: langsamere Wachstumsraten und chronische Leistungsbilanzdefizite. Im Gegensatz dazu hätten einige asiatische Entwicklungsländer – sie nennt hier Korea, Taiwan, Hong Kong und Singapur – die Importsubstitution in den 60er Jahren aufgegeben und stattdessen auf eine Öffnung der Volkswirtschaft und Förderung der Exporte gesetzt. „The results were spectacularly rapid growth" (ebd.: 1514).

Ein Blick auf Tabelle 1 scheint das zunächst zu bestätigen. Während Lateinamerika, der Mittlere Osten und vor allem das Subsaharische Afrika seit den 70er Jahren erhebliche Wachstumseinbußen hinnehmen mussten (bzw. zum Teil einen Rückgang der Pro-Kopf-Wirtschaftsleistung verzeichneten), konnte in Ost- und Südasien das Wachstum gehalten oder sogar gesteigert werden.

Allerdings gibt es eine zweite, sehr unterschiedliche Lesart des asiatischen Aufschwungs. Länder wie Südkorea oder Taiwan setzten auf eine interventionistische handels- und industriepolitische Strategie, um einen Strukturwandel ihrer Ökonomien weg von der Landwirtschaft und der Extraktion von Rohstoffen hin zu industrieller Produktion zu erreichen. Anfang der 50er Jahre wurde etwa in Taiwan der Textilsektor massiv unterstützt, einerseits durch eine Abschottung des heimischen Marktes, andererseits durch begünstigte staatliche Kredite. Schon bald wurde Taiwan zu einem Exporteur von Textilien, während die Regierung andere Sektoren wie die Herstellung von Synthesefasern, Plastik und später chemische und Schwerindustrie sowie die Elektronikindustrie unterstützte (Wade 1990: 79ff.). Importsubstitution spielte dabei jeweils eine wichtige Rolle, war allerdings nur ein Bestandteil einer breiteren Investitionsstrategie, die gezielt Ressourcen in vom Staat ausgewählte Sektoren umleiten sollte. Diese umfasste gezielte staatliche Investitionen in Infrastruktur, aber auch in Unternehmen, die Bereitstellung von billigem Kapital für Unternehmen in geförderten Sektoren durch nationale Entwicklungsbanken, den zollfreien Import von kritischen Vorleistungen und die Implementierung und Durchsetzung von *Performance-Standards* für subventionierte Unternehmen (Amsden 2001: 125ff.). Letztere implizierten je nach politischer Zielsetzung technologische Vorgaben, einen Mindestanteil an lokal hergestellten Vorleistungen, obligatorische Ausgaben für Forschung und Entwicklung oder auch Exportziele. Nur Unternehmen, die innerhalb eines festgelegten Zeitrahmens auch auf den Weltmärkten wettbewerbsfähig waren und einen Teil ihrer Produktion exportierten, erhielten weiter Zugang zu den Vergünstigungen. „South Korea induced firms to become export-oriented by making their subsidies contingent on achieving export targets. [...] If a targeted firm in Korea proved itself to be a poor performer, it ceased being subsidized" (ebd.: 149). Die Importsubstitution wurde demnach nicht durch Exportförderung abgelöst, sondern existierte parallel und ergänzte sie beziehungsweise war elementarer Bestandteil der Exportstrategie.

Nach welchen Kriterien wurden die zu unterstützenden Sektoren ausgewählt? Die erwartete Entwicklung der Nachfrage auf den Weltmärkten spielte ebenso eine Rolle wie die vorhandenen und potentiellen *Linkages*, also Verflechtungen mit bereits bestehenden Sektoren und Betrieben (entweder durch den Einsatz lokal hergestellter Vorleistungen oder Rohstoffe oder durch die Produktion von Gütern, die in anderen Sektoren nachgefragt wurden).

OLIVER SCHWANK

Zuletzt wurden Industrien unterstützt, die viel technologisches Knowhow erforderten und daher forschungsintensiv waren (Wade 1990: 187f.). „Possibly the only obvious investment criterion that did *not* figure explicitly in credit allocation was ‚comparative advantage‘" (Amsden 2001: 136). Stattdessen war das Ziel der Wirtschaftspolitik, komparative Vorteile in Sektoren zu schaffen, die eine dynamische Entwicklung versprachen: Sektoren, die durch Skalenerträge gekennzeichnet sind (z.B. Stahl-, Schiffbauindustrie in Korea), die mit externen Effekten verbunden sind (*Linkages* mit anderen Sektoren aufweisen), die wertschöpfungs- und forschungsintensiv sind.

Der Erfolg der asiatischen Länder kann folglich nicht auf schlichte Handelsliberalisierung zurückgeführt werden – die gab es zwar, aber nur in ausgewählten Sektoren und nur, wenn sie in die breitere Industrialisierungsstrategie passte. Mit einer differenzierteren Analyse der asiatischen Wirtschaftsstrategie wird die Argumentation, Lateinamerika und Afrika seien auf Grund des Festhaltens an einer falschen Handelspolitik in die Krise gerutscht, abgeschwächt. Eine plausiblere Interpretation scheint die erheblich flexiblere makroökonomische Politik zu sein, mit der Länder wie Südkorea und Taiwan auf die externen Schocks der 70er Jahre reagierten (Rodrik 1999: 78). Ihre Handelspolitik hingegen blieb interventionistisch und einem größeren Ziel, nämlich der Diversifizierung der Ökonomie, untergeordnet.

Schlussfolgerungen

Ökonomische Entwicklung bedingt Strukturwandel, d.h. unter anderem Diversifizierung der Aktivitäten von einem Fokus auf den primären Sektor hin zu einer breiten industriellen Produktion. Das zeigen die oben angesprochenen Fallstudien ebenso wie jüngere ökonometrische Arbeiten (Imbs/Wacziarg 2003). Um diese Diversifizierung zu erreichen, bedarf es staatlicher Industriepolitik, die

die Richtung vorgibt und ausgewählte Sektoren unterstützt: durch handelspolitische Maßnahmen – temporäre Abschottung des Binnenmarktes etwa, oder auch Abbau von Zöllen für Vorleistungen und Exportpromotion – und darüber hinaus durch ein ganzes Bündel an weiteren industriepolitischen Maßnahmen.

Daher scheint es wenig sinnvoll, die Handelspolitik isoliert und für sich zu betrachten. Der Zugang zu und die Öffnung gegenüber den Weltmärkten birgt Chancen für Entwicklungsländer, aber ohne Zweifel ebenso Gefahren. Um Chancen zu nützen und Gefahren zu minimieren, bedarf es einer selektiven Öffnung und eines selektiven Schutzes, angepasst an und eingebettet in eine breitere Wachstums- und Entwicklungsstrategie.

Literatur

Amsden, Alice (2001): The Rise of ,The Rest'. Challenges to the West from Late-Industrializing Economies. New York: Oxford University Press.

Bairoch, Paul (1993): Economics and World History – Myths and Paradoxes. Hertfordshire: Harvester Wheatsheaf.

Chang, Ha-Joon (2003): Kicking Away the Ladder. Development Strategy in Historical Perspective. London: Anthem Press.

Graham, Frank (1923): Some Aspects of Protection Further Considered. In: The Quarterly Journal of Economics 37 (2), 199-227.

Grossman, Gene/Helpman, Elhanan (1997): Innovation and Growth in the Global Economy. Cambridge: MIT Press.

Imbs, Jean/Wacziarg, Romain (2003): Stages of Diversification. In: American Economic Review 93 (1), 63-86.

Krueger, Anne (1998): Why Trade Liberalisation is Good for Growth. In: The Economic Journal 108 (450), 1513-1522.

List, Friedrich (1928 [1841]): Das nationale System der politischen Ökonomie. Jena: Gustav Fischer.

Marshall, Alfred (1990 [1890]): Principles of Economics. London: Macmillan.

Rodriguez, Francisco/Rodrik, Dani (2000): Trade Policy and Economic Growth: A Sceptic's Guide to the Cross-National Evidence. Working Paper: http://ksghome.harvard.edu/~drodrik/skepti1299.pdf, 29.12.2006.

Rodrik, Dani (1999): The New Global Economy and Developing Countries: Making Openness Work. Baltimore: Johns Hopkins University Press.

Ricardo, David (1959 [1817]): Über die Grundsätze der Politischen Ökonomie und der Besteuerung. Berlin: Akademie-Verlag.

Sachs, Jeffrey/Warner, Andrew (1995): Economic Reform and the Process of Global Integration. In: Brookings Papers on Economic Activity 1, 1-118.

Smith, Adam (1978 [1776]): Der Wohlstand der Nationen. München: Deutscher Taschenbuch Verlag.

Wade, Robert (1990): Governing the Market. Economic Theory and the Role of Government in East Asian Industrialization. Princeton: Princeton University Press.

KARIN FISCHER[1], CHRISTOF PARNREITER
Globale Güterketten und Produktionsnetzwerke – ein nicht staatszentrierter Ansatz für die Entwicklungsökonomie

An welche sozialen und räumlichen Einheiten denken wir, wenn wir von Entwicklungsökonomie sprechen? Was stellen wir uns vor, wenn von Weltwirtschaft, internationalem Handel oder ausländischen Direktinvestitionen die Rede ist? Lexika legen ebenso wie Lehr- und Schulbücher nahe, dass die Weltwirtschaft in Staaten organisiert sei: Als Beziehungen und Verflechtungen „zwischen den Volkswirtschaften" bezeichnet das Gabler-Wirtschaftlexikon (1997) die Weltwirtschaft, als die „Gesamtheit der Güter-, Dienstleistungs- und Finanztransfers zwischen den Staaten der Erde" bestimmt das Lexikon der Geographie den Welthandel (Plattner 2002). Internationale Organisationen berichten über die menschliche Entwicklung, indem sie Staaten reihen, was insofern nicht verwundert, als die Entwicklungsökonomie seit Adam Smith, David Ricardo und Friedrich List es als ihre Aufgabe ansah, Bedingungen herzustellen, die das Wirtschaftswachstum der Staaten fördern sollten.

Diese Staatszentriertheit ist nicht allein ein Problem der Entwicklungsökonomie, sondern der Sozialwissenschaften generell. Als intellektuelle Geschöpfe der sich formierenden europäischen Nationalstaaten entwickelten die Sozialwissenschaften einen methodischen Nationalismus: Ihre Aufgabe war (und ist) es, Daten zu erzeugen und so zu interpretieren, dass sie „ihrem" jeweiligen Staat nützen konnten. Taylor (1996) zu Folge leiden die Sozialwissenschaften also an einem *embedded statism*, aus dem sich mehrere wissenschaftstheoretische und politische Probleme ergeben (vgl. auch Wallerstein 1991).

Erstens wird ein Verständnis der sozialen Welt verstärkt, das den Raum als gegeben ansieht: Staatszentriertheit und die Interpretation von Raum als Container sind Zwillinge. Zweitens konstruiert der methodische Nationalismus Untersuchungseinheiten, indem er von der Gegenwart in die Vergangenheit projiziert: Weil wir heute den Staat Indien kennen, wird die Geschichte des vor-modernen Indiens zur Vor-Geschichte des modernen Indiens umgedeutet. Drittens entsteht das Problem endogener versus exogene Verursachung von (Unter)Entwicklung als Gegenstand vieler entwicklungstheoretischer Debatten. Allerdings handelt es sich um ein Pseudoproblem, das sich nur stellt, wenn Gesellschaften und Staaten als deckungsgleich angesehen werden und der Staat als „natürlicher" Rahmen für soziale Entwicklung konstruiert wird. Letztlich bedingt der methodische Nationalismus ein Datenproblem, weil Statistiken zumeist „state-istics" (Taylor 2003) sind. Über andere soziale und räumliche Einheiten (Städte, Unternehmen) und über ihre Beziehungen zueinander können sehr wenige Angaben gemacht werden. Die staatszentrierte Datenerhebung führt somit zu einem verzerrten Bild der sozialen Wirklichkeit, weil beispielsweise Handel von Firmen – und nicht von Staaten – betrieben wird.

Die Staatszentriertheit der Sozialwissenschaften zu kritisieren bedeutet nicht, zu behaupten, Staaten wären keine wichtigen Akteure im Kapitalismus. Die Frage ist vielmehr, ob der Staat die wichtigste Einheit ist, um „Entwicklung" zu verstehen. Wir werden argumentieren, dass er das nicht ist, und schlagen deshalb vor, Untersuchungen immer auf unterschiedlichen Ebenen durchzuführen. Kapitalistische Entwicklung und Unterentwicklung sind in ihrem Charakter einerseits globale Phänomene, andererseits schaffen und nützen AkteurInnen stets verschiedene räumliche Ebenen (*scales*), um ungleiche Entwicklung in Gang zu setzen und Vorteile zu erlangen (Smith 1984).

Globale Güterketten und Produktionsnetzwerke

Ein theoretischer Ansatz, der sich für eine solche Mehrebenenuntersuchung von Entwicklung und insbesondere der organisatorischen Veränderungen der globalen Produktion und des weltweiten Handels seit den 1970er Jahren gut eignet, ist jener der *global commodity chains* bzw. der *global production networks*. Dabei lassen sich mehrere Stränge identifizieren, die jeweils unterschiedliche Fragestellungen, Methoden und theoretische Bezüge aufweisen. Ein anwendungsorientierter, auf Problemlösung fokussierender Strang geht auf WissenschaftlerInnen zurück, die mit dem Begriff Wertschöpfungskette in den 1960er und 1970er Jahren entwicklungsstrategische Empfehlungen für rohstoffexportierende Länder erarbeiteten. Von dort gelangte das Konzept in die französische Planungsliteratur, wo es unter dem Begriff *filière* (Faden) dazu benützt wurde, die Agrarproduktion in den Kolonien zu untersuchen und die Notwendigkeit zu begründen, die französische Industriepolitik entlang einer vollständigen Güterkette zu entfalten (Raikes/Jensen/ Ponte 2000).

Gleichfalls als empirische Kategorie verwendete Michael Porter (1985) den Begriff *value chain*, um Potenziale für eine stärkere Wettbewerbsfähigkeit von Unternehmen und eine bessere Ausnutzung nationaler wirtschaftlicher Kapazitäten aufzuspüren. Sein Ansatz der „produktiven Agglomeration" – die räumliche Konzentration einer kritischen Masse spezialisierter Unternehmen (*Cluster*) – fand Eingang in die angewandte Entwicklungsforschung. Eine Vielzahl von Studien beschäftigt sich mit den Möglichkeiten für *industrial upgrading* und *industrial learning* und erarbeitet entwicklungsstrategische Vorschläge, um diese Ziele zu erreichen (siehe z.B. UNIDO 2004).

Eine kritisch-analytische Bedeutung erhielt das Konzept im Rahmen des Weltsystemansatzes. Aufbauend auf Fernand Braudel definierten Terence Hopkins und Immanuel Wallerstein eine *com-*

modity chain als ein „Netzwerk aus Arbeits- und Produktionsprozessen, deren Ergebnis eine Ware oder ein Endprodukt darstellt" (Hopkins/Wallerstein 1986: 159, Ü.d.A.). Da verschiedene Inputs für ein Endprodukt üblicherweise in verschiedenen Ländern erbracht werden, sind Güterketten typischerweise in Form eines transnationalen Netzwerkes organisiert. Als relativ kohärentes Forschungsparadigma wurde der *global commodity-chain*-Ansatz schließlich von Gary Gereffi (1994) begründet. Er befasste sich vor allem mit den zentral koordinierten, aber global gestreuten Verarbeitungsprozessen im Rahmen der neuen internationalen Arbeitsteilung. Globale Warenketten werden hier definiert als „interorganisatorische Netzwerke rund um eine Ware oder ein Produkt, die Haushalte, Unternehmen und Staaten innerhalb der Weltwirtschaft miteinander verbinden. Diese Netzwerke sind situationsgebunden, sozial konstruiert und lokal integriert und unterstreichen die soziale Einbettung wirtschaftlicher Organisation" (Gereffi et al. 1994: 2, Ü.d.A.). Erfasst werden sollen alle Inputs, die in ein Produkt oder eine Dienstleistung einfließen – angefangen von der Planung, der Beschaffung von Rohstoffen über verschiedene Fertigungsprozesse und den Vertrieb bis hin zum Endkonsum und der Entsorgung.

Grundsätzlich ist eine globale Warenkette durch vier Dimensionen gekennzeichnet, die zugleich den analytischen Rahmen und das empirische Betätigungsfeld vorgeben (Gereffi 1994: 96f.). Sie weist (a) eine Input-Output-Struktur auf, d.h. an jedem Ort und auf jeder Ebene werden bestimmte Inputs und wertschöpfende Aktivitäten miteinander verknüpft. Die (b) räumliche Dimension beschreibt die geographische Konzentration oder Streuung von Produktions- und Verteilungsnetzen, an denen mehrere Unternehmen beteiligt sind. Die Macht- und Herrschaftsbeziehungen zwischen den beteiligten Unternehmen drücken sich (c) in der *governance*-Struktur aus, die darüber bestimmt, wie finanzielle, materielle und menschliche Ressourcen innerhalb der Kette organisiert werden. Die vierte Dimension bildet (d) das institutionelle Gefüge, das lokale, nationale und internationale Rahmenbedingungen und Politiken miteinander verbindet und artikuliert. Damit wird die Aufmerksamkeit auf die konkreten Orte, an denen die Inputs erbracht werden, ebenso gelenkt wie auf deren staatliche Einbettung sowie auf die Verbindungen zwischen AkteureInnen an diesen Orten.

In Auseinandersetzung mit Schwachstellen des *global-commodity-chain*-Ansatzes haben Peter Dicken et al. (2001) das Konzept der „globalen Produktionsnetzwerke" eingeführt. Der Begriff Produktion soll – im Unterschied zur Ware, die standardisierte Produkte und eine immer gleiche Herstellung impliziert – die gesellschaftlichen Bedingungen deutlich machen, unter denen Güter und Dienstleistungen produziert, reproduziert und konsumiert werden. Der Begriff Netzwerk eröffnet gegenüber einer Kette, die ein Verständnis von Produktion in Form eines vertikalen Prozesses nahelegt, eine bessere Annäherung an die komplexen und dynamischen *intra-firm*-Beziehungen im globalen Produktions- und Handelssystem. Das Konzept ermöglicht überdies, die Interessen und Handlungen von AkteurInnen einzubeziehen, die auf globaler, regionaler und lokaler Ebene auf Firmenstrategien einwirken, aber in den bislang vorgelegten empirischen Arbeiten vernachlässigt wurden (institutionelle und kollektive AkteurInnen wie Gewerkschaften, NGOs, UnternehmerInnenverbände, nationale und lokale Regierungen, einheimische Unternehmen etc.).

Produktionsnetzwerke und Entwicklung

In unterschiedlicher Ausprägung bestimmten entwicklungsökonomische Fragen von Beginn an das Forschungsinteresse an globalen Güterketten. Zum Teil ist dieses Interesse allgemein, d.h. nicht auf die „Dritte Welt" bezogen, zum Teil ist es explizit entwicklungspolitisch motiviert. Im Weltsystemansatz wurde in der *global-commodity-chain*-Forschung ein geeignetes Mittel gesehen, ungleiche Entwicklung konzeptionell zu fassen und zwei Fehleinschätzungen, die für Modernisierungs- wie Dependenztheorien konstituierende Elemente bildeten, zu korrigieren: Erstens, dass der Nationalstaat der primäre Ort für Akkumulation (und in der Folge für Entwicklung) sei, und zweitens, dass der Weg zu wirtschaftlicher Entwicklung über Industrialisierung zu führen habe.

Dem hielten Hopkins und Wallerstein (1994) einerseits einen „glokalisierten" Ansatz entgegen, indem sie die weltweite Verbreitung globaler Produktionsketten bzw. -netze ebenso fokussierten wie die lokalen Knoten. Andererseits argumentierten sie, dass die hoch profitablen Knoten sowohl sektoral als auch räumlich mobil seien, wobei der entscheidende Faktor in den (möglichen) Monopolgewinnen liege. Dort, wo wirtschaftliche Aktivitäten nur von wenigen ausgeübt werden (sei es, weil sie einen technologischen Vorsprung haben, weil nur sie über das erforderliche Investitionskapital verfügen oder weil sie mit Hilfe des Staates Konkurrenten den Marktzugang verwehren), sind Extraprofite zu erzielen – egal, ob diese Tätigkeiten nun im primären, sekundären oder tertiären Sektor zu finden sind. Auf die Entwicklungsdebatte bezogen bedeutet das, dass globale Ungleichheit nicht aus fehlender Industrialisierung herrührt, sondern aus der räumlich ungleichen Verteilung von Konkurrenz und der daraus folgenden ungleichen Verteilung der Möglichkeiten, jenen Wert anzueignen, der entlang der Produktionskette geschaffen wird. Der Weg zur Überwindung von Armut liegt demnach nicht in der Industrialisierung, sondern im Versuch, bei *jedweder* wirtschaftlichen Tätigkeit eine möglichst hohe Wertschöpfung zu erzielen und diese *am Ort* der Produktion anzueignen.

Andere Forschungsansätze sind insofern entwicklungspolitisch motiviert, als sie politiknahe Strategien für private und öffentliche AkteurInnen erarbeiten (siehe z.B. die Publikationen des IDS, der ILO und der CEPAL). Hier wird in modernisierungstheoretischer Tradition davon ausgegangen, dass wirtschaftliches Wachstum die Voraussetzung für Entwicklung ist und dass dieses Wachstum nur über eine Orientierung auf den Weltmarkt zu erzielen sei. Angesichts der dominanten Stellung, die transnationale Konzerne (TNK) in der Weltwirtschaft innehaben, können Unternehmen der „Dritten Welt" am Weltmarkt aber nicht alleine erfolgreich sein, sondern nur als Partner der TNK innerhalb der von diesen bestimmten Produktionsnetzen. Fragen nach dem Zugang zu, der Position und den Aufstiegschancen in Güterketten bestimmen die entwicklungspolitische Debatte (Stamm 2004).

Auch wenn hier, anders als in der Weltsystemanalyse, die Rahmenbedingungen des kapitalistischen Weltmarkts als gegeben akzeptiert werden, teilen beide Ansätze das Interesse für *governance* in globalen Güterketten. Da davon ausgegangen wird, dass die Regeln für die Produktion nicht demokratisch gesetzt werden, finden sich Machtasymmetrien in allen Bereichen: *lead firms* entscheiden erstens, mit wem sie kooperieren, und zweitens, wie, was, wann, in welcher Qualität und in welchem Umfang die Zulieferer für sie zu produzieren haben. Die *lead firms* entscheiden also darüber, wie menschliche, materielle und finanzielle Ressourcen entlang der Kette eingesetzt werden (Gereffi 1994; Gereffi et al. 2005).

Wenn nun die „Dritte Welt" seit Jahrhunderten in globale Güterketten eingebunden ist und wenn diese Einbindung im Großen und Ganzen wenig vorteilhaft (gewesen) ist, dann stellen sich zwei entwicklungspolitisch relevante Fragen. Die erste wurde ab den späten 1960er Jahren unter dependenztheoretischen Vorzeichen diskutiert: (Wie) ist es möglich, etablierte globale Güterketten (die beispielsweise Lateinamerika als Rohstoffexporteur integriert hatten) zu verkürzen und eigene Produktionsnetze zu schaffen, die weniger global und stärker national integriert sind? Gut lässt sich dies am Beispiel der Automobilproduktion in Lateinamerika erkennen. In der Zeit der Importsubstitution konnten Autokonzerne den lateinamerikanischen Markt nur durch Produktion vor Ort versorgen, weil Importbeschränkungen die Einfuhren zu teuer gemacht hätten, was ab den 1930er Jahren zum Aufbau von Industrien, beispielsweise in Mexiko, führte. Die Produktionsnetze

KARIN FISCHER, CHRISTOF PARNREITER

wurden demnach relativ „dicht" gestaltet, die Güterketten waren, um ein anderes Bild zu wählen, komprimiert. Ab den 1980er Jahren wurden die Produktionsketten wieder verlängert: Heute werden Bestandteile nach Mexiko importiert, dort montiert und fertige Autos in die USA reexportiert – die Güterketten wurden also verlängert, die Produktionsnetze weiter gespannt.

Die Diskussion, wie ganze Güterketten umgestaltet werden können, wird heute kaum mehr geführt. Der Fokus liegt auf einer zweiten entwicklungspolitisch relevanten Frage: Wie können lokale Unternehmen ihre Position in globalen Güterketten dahingehend verbessern, dass sie von den *lead firms* Funktionen übertragen bekommen, die einen höheren Wertschöpfungsanteil enthalten? Diese Frage wird unter dem Begriff *upgrading* verhandelt, wobei für Unternehmen vier Strategien gesehen werden: (a) die Effizienz und/oder Qualität bei einem bestimmten Arbeitsschritt zu steigern (Prozess-*Upgrading*); (b) hochwertigere Güter herzustellen (Produkt-*Upgrading*); (c) Arbeitsschritte mit höherem Wertschöpfungsanteil zu übernehmen (funktionelles *Upgrading*); (d) zu einer höherwertigeren Produktionskette zu wechseln (Chain-*Upgrading*). Die Möglichkeiten des *upgrading* werden abhängig von verschiedenen Faktoren gesehen – vom Kompetenzniveau des Managements, der Beschaffenheit des Marktes, der Haltung der *lead firm*, die ihre Zulieferer bei *upgrading*-Prozessen unterstützen oder diese blockieren kann, bis hin zum institutionellen Unternehmensumfeld und internationalen Konkurrenzdruck (Kaplinsky/Morris 2001; Stamm 2004).

Die Diskussion zeigt, dass Machbarkeitsstudien zulasten der Analyse der Machtasymmetrien an Bedeutung gewonnen haben. Beschäftigt die Weltsystemanalyse die Frage, wer sich wo und warum wie viel Mehrwert aneignen kann, so ist ein Großteil der heutigen *global-commodity-chain*-Forschung damit befasst, anhand detaillierter Fallstudien die Chancen für wirtschaftlich schwache Länder in Globalisierungsprozessen herauszuarbeiten (viele dieser

Publikationen sind online verfügbar; siehe Links im Literaturverzeichnis).

Allerdings muss kritisch gefragt werden, ob die Erfolgsgeschichten (in der Hauptsache ostasiatischer Staaten) generalisiert werden können. In Mexiko beispielsweise haben die Lohnfertigungsindustrien (*maquiladoras*) auch über 40 Jahre nach ihrer Gründung keine substanzielle Aufwertung erfahren, selbst wenn heute nicht mehr ausschließlich einfache Montagearbeiten durchgeführt werden. Relativ komplexe Produktionsabschnitte haben nur wenige *maquiladora*-Betriebe übernehmen können, weshalb schließlich immer wieder dasselbe Vorzeigebeispiel zitiert wird: das *Research, Development and Design Center*, das Delphi Automotive Systems (General Motors) 1995 in Ciudad Juárez eröffnete. Der Großteil der *maquiladora*-Industrie ist – trotz der zum Teil hochwertigen Produkte, die hergestellt werden – unverändert durch einfache Verfahren, eine sehr niedrige Wertschöpfung und eine fehlende Integration in die mexikanische Wirtschaft gekennzeichnet.

AkteurInnen in globalen Produktionsnetzwerken

Auf die zentrale Rolle der *lead firms* wurde bereits hingewiesen. Sie sind es, die die Regeln vorgeben und ihre Einhaltung überwachen. Zumeist wird diese Kontroll- und Steuerungsfunktion von großen, vielfach transnational agierenden Unternehmen ausgeübt. Die Macht, die den TNK in der Weltwirtschaft – und damit in allen entwicklungsökonomisch relevanten Prozessen – zukommt, kann anhand des Ausmaßes des *intra-firm*-Handels ermessen werden, also dem Handel, der zwar die Grenzen von Staaten überschreitet, aber innerhalb der Netze transnationaler Konzerne abgewickelt wird. Bei aller Vorsicht, die aufgrund der schwierigen Datenlage zum *intra-firm*-Handel angebracht ist, zeigen die vorliegenden Informationen doch eine enorme Konzentration wirtschaftlicher Macht in den Vorstandsetagen weniger Firmen.

Längerfristige empirische Studien für die USA, dem einzigen Land, für das verlässliche Zeitreihen vorliegen, zeigen, dass der *intra-firm*-Handel bei Gütern und Dienstleistungen etwas weniger als ein Drittel des Außenhandels der USA ausmacht – bei den Exporten sind es 28,5 Prozent, bei den Importen 32,9 Prozent (Zahlen für 2004, siehe BEA 2007). Diese Daten stimmen in etwa mit der Schätzung der UNCTAD überein, nach der ein Drittel des gesamten Welthandels innerhalb und ein weiteres Drittel zwischen transnationalen Konzernen abgewickelt wurde – zwei Drittel des Welthandels waren demzufolge von großen Konzernen dominiert (UNCTAD 1996).

Dass der *intra-firm*-Handel in den vergangenen drei Jahrzehnten im Wesentlichen der Entwicklung der Gesamtexporte folgte und seinen Anteil an diesen nicht vergrößerte, kann allerdings nicht dahingehend gedeutet werden, dass der Einfluss der TNK nicht zunimmt. Vielmehr greifen diese immer stärker auf Vertragsvereinbarungen mit formal „eigenständigen" Unternehmen zurück. Zählt man die Austauschbeziehungen zwischen TNK und „unabhängigen" Unternehmen hinzu, beträgt das Ausmaß des Handels, in den TNK nicht involviert sind, lediglich etwa 13 Prozent bei den Exporten und 31 Prozent bei den Importen (Zahlen exemplarisch für 1994, siehe Clausing 2000).

Allerdings ist es wegen des Mangels an verlässlichen Informationen schwierig, die Bedeutung der TNK in der Weltwirtschaft angemessen einzuschätzen. Mit Ausnahme der USA sind nur wenige Daten zum *intra-firm*-Handel verfügbar, da sie aus nationalen Statistiken kaum herausgelesen werden können und Unternehmensbefragungen häufig unvollständig bleiben. Zudem ist es schwierig, die Verbindung zwischen *intra-firm*-Handel und dem Handel mit Zwischenprodukten nachzuweisen, die beide zu den neuen strukturellen Merkmalen im Welthandel zählen. Noch schwieriger gestaltet sich eine Erfassung neuer Formen der Produktionsorganisation, die die Dominanz der Konzerne auf lokaler Ebene stärken. Eine Flexibilisierung der Zulieferbeziehungen in Güterketten findet beispielsweise in Form von *subcontracting* und *outsourcing* statt, bei denen einzelne Fertigungsschritte oder Dienstleistungen für ein komplexes Endprodukt an lokale Unternehmen im formellen oder informellen Sektor ausgelagert werden. Löhne, Beschäftigungs- und Arbeitsbedingungen fallen dort in der Regel sehr viel ungünstiger aus.

Auch wenn TNK zweifelsohne die mächtigsten Akteure innerhalb der globalen Güterketten sind, können sie diese nicht uneingeschränkt nach ihren Interessen gestalten. Wir haben schon darauf hingewiesen, dass Produktionsnetze jeweils in spezifische Räume eingebettet sind und folglich jeweils spezifischen Einflüssen unterliegen, die von AkteurInnen ausgehen, die sich nicht unmittelbar innerhalb der jeweiligen Güterkette befinden.

Die Gestaltung von Handelsregimen stellt dafür ein gutes Beispiel dar. Durch sie können Staaten und Organisationen von Staaten beeinflussen, ob Güterketten lang, d.h. tendenziell global, oder kurz, d.h. tendenziell national verlaufen. Während Zollschutz und andere Importbarrieren dazu führen, dass Produktionsnetze weniger ausgebreitet, aber dichter werden, führen Freihandel und Deregulierung in der Regel zu einer Verlängerung der Güterketten. So mussten Automobilkonzerne während der Importsubstitution in Mexiko selbst produzieren: Ab den 1960er Jahren erzwang der „Plan zur nationalen Integration der Automobilindustrie" wenigstens 60 Prozent des Wertes eines in Mexiko verkauften Autos auch dort zu produzieren. *Lead firms* und Zulieferer wurden solcherweise zu einem erheblichen Grad innerhalb eines Staates integriert. Mit der Liberalisierungspolitik ab den 1980er Jahren fielen die Regelungen hinsichtlich der nationalen Wertschöpfung, was zur Folge hatte, dass sich die in Mexiko angesiedelte Autoindustrie schrittweise aus der mexikanischen Volkswirtschaft herauslöste. Sie ist heute ein extremes Beispiel für den angesprochenen *intra-firm*-Handel: Teile werden nach Mexiko geliefert, dort montiert und als fertige

KARIN FISCHER, CHRISTOF PARNREITER

Autos dann in die USA reexportiert. Die Güterkette ist also verlängert und globalisiert worden (Dussel Peters 2000).

Eine andere Ebene der Einflussnahme betrifft die Produktparameter: Von Nationalstaaten werden ebenso wie von internationalen Organisationen (z.B. WTO) oder auch NGOs (z.B. *International Organization for Standardization*) Normen gesetzt, die die Macht der *lead firms,* zu entscheiden, was und wie produziert wird, einschränken. Verbindliche Qualitäts- oder Sicherheitsstandards zwingen die TNK, die Zulieferer zur Einhaltung dieser Standards zu verpflichten. Umgekehrt gilt aber auch, dass die TNK selbst in die (zwischen)staatliche Normensetzung eingebunden sind, und zwar beispielsweise durch Lobbyarbeit bei „ihren" Regierungen.

Bei der Frage, wie etwas hergestellt werden soll, reichen die Einflüsse auf die *governance* innerhalb der Kette von nationalen Gesetzgebungen über internationale Normen bis hin zum politischen Druck, den nationale und internationale Organisationen (wie Gewerkschaften und NGOs) ausüben können, um bestimmte Prozessparameter, also etwa menschenwürdige Arbeitsverhältnisse oder eine ökologisch verträgliche Produktion, durchzusetzen. Ein Beispiel aus der von der ILO angeführten Kampagne gegen Kinderarbeit soll das verdeutlichen (zum Folgenden siehe Nadvi 2004; Stiftung Warentest 2006). In der pakistanischen Stadt Sialkot werden etwa 60 Prozent der weltweit verkauften Fußbälle hergestellt; alle führenden Sportartikelkonzerne arbeiten mit Betrieben in dieser Stadt zusammen. Mitte der 1990er Jahre deckten Medien auf, dass in der Erzeugung von Fußbällen Kinderarbeit gang und gäbe war. Es folgten eine öffentliche Debatte über die Arbeitsbedingungen und Boykottforderungen. Diese Sichtbarmachung und die damit verbundenen Sorgen um Imageverluste und Gewinneinbußen führten dazu, dass sich alle großen Produzenten der Initiative der Organisation *Independent Monitoring Association for Child Labour* angeschlossen haben, die seit 1997 die Fabriken auf Kinderarbeit kontrolliert. Eine Untersuchung für die Stiftung Warentest in den Jahren 2005/6 kam zu dem Ergebnis, dass Kinderarbeit aus der Fußballindustrie weitgehend verbannt ist. Das Setzen, Überwachen und Politisieren von Arbeitsstandards führte in diesem Fall also dazu, dass die *lead firms* ihre *governance*-Funktionen dahingehend ausübten, dass auf die Ausbeutung von Kinderarbeit verzichtet wurde.

Allerdings darf der Umstand, dass die Nichteinhaltung von Standards als geschäftsgefährdend angesehen wurde ebenso wenig wie die Tatsache, dass die pakistanische Regierung in der Folge die ILO-Konventionen 138 und 182 ratifiziert hat, darüber hinwegtäuschen, dass Sialkots Kinder weiterhin zum Unterhalt ihrer Familien beitragen müssen. Sie haben dabei jedoch in weniger sichtbare und deshalb auf KonsumentInnenproteste in der EU weniger anfällige Branchen gewechselt: Teppichknüpfereien, Ziegeleien, Autowerkstätten. Geschätzt wird, dass es in Pakistan insgesamt 10 Mio. KinderarbeiterInnen gibt – bei steigender Tendenz (Zimmermann 2006).

Zum Schluss: Forschung für Entwicklung?

Die Forschung über globale Produktionsnetzwerke bietet der Entwicklungsökonomie einen Analyserahmen, der es erlaubt, die traditionelle Raumblindheit der Wirtschaftswissenschaften zu überwinden. Indem sowohl konkrete Orte der Produktion als auch deren Vernetzung fokussiert wird, werden einerseits *spaces of places* und zugleich *spaces of flows* erfasst, andererseits wird die „wechselnde Geographie des Profits" in den Blickpunkt gerückt, die nach Braudel „den Schlüssel [liefert] zum Verständnis der Konjunkturschwankungen des Kapitalismus" (1986: 473f.). Damit erweist der Ansatz seine Praxisrelevanz in der Entwicklungspolitik: Für wirksame Aktionen gegen allzu ausbeuterische Unternehmenspraktiken sowie für Strategien, einen höheren Mehrwert an den Orten der Produktion zu erzielen und einzubehalten, braucht es Kenntnis darüber, wie globale Güterketten funktionieren. Die Eingriffsmöglichkeiten sind

Karin Fischer, Christof Parnreiter

allerdings begrenzt: Obwohl mit erfolgreichem *upgrading* und Unternehmensboykotten Prozessparameter in Abschnitten einzelner Produktionsketten durchgesetzt werden (können), bleiben globale Machtasymmetrien und Ungleichheit weiterhin bestehen.

Literatur

Braudel, Fernand (1986): Sozialgeschichte des 15.–18. Jahrhunderts. Bd. 2: Der Handel. München: Kindler.

Bureau of Economic Analysis (BEA) (2007): An Ownership-Based Framework of the U.S. Current Account, 1995–2005. In: Survey of Current Business 87 (1), 44-46.

Clausing, Kimberly (2000): The International Trade of Multinational Firms: The Empirical Behaviour of Intrafirm Trade in a Gravity Equation Model. Brüssel: Centre for European Policy Studies.

Dicken, Peter/ Kelly, Philip F./Olds, Kris/Yeung, Henry Wai-Chung (2001): Chains and networks, territories and scales: towards a relational framework for analysing the global economy. In: Global Networks 1 (2), 89-112.

Dussel Peters, Enrique (2000): Polarizing Mexico. The Impact of Liberalization Strategy. Boulder: Lynne Rienner.

Gabler-Wirtschaftslexikon (1997). Wiesbaden: Gabler.

Gereffi, Gary (1994): The Organization of Buyer-Driven Global Commodety Chains: How U.S. Retailers Shape Overseas Production Networks. In: Gereffi, Gary/Korzeniewicz, Miguel (Hg.): Commodity Chains and Global Capitalism. Westport: Praeger, 95-122.

Gereffi, Gary/Korzeniewicz, Miguel/Korzeniewicz, Roberto P. (1994): Introduction: Global Commodity Chains. In: Gereffi, Gary/Korzeniewicz, Miguel (Hg.): Commodity Chains and Global Capitalism. Westport: Praeger, 1-14.

Gereffi, Gary/Humphrey, John/Sturgeon, Timothy (2005): The Governance of Global Value Chains. In: Review of International Political Economy 12 (1), 78–104.

Hopkins, Terence K./Wallerstein, Immanuel (1986): Commodity Chains in the World-Economy Prior to 1800. In: Review 10 (1), 157-170.

Hopkins, Terence K./Wallerstein, Immanuel (1994): Conclusions About Commodity Chains. In: Gereffi, Gary/Korzeniewicz, Miguel (Hg.): Commodity Chains and Global Capitalism. Westport: Praeger, 48-51.

Kaplinsky, Raphael/Morris, Mike (2001): A Handbook for Value Chain Research. http://www.ids.ac.uk/ids/global/pdfs/Vch-Nov01.pdf, 18.12.2006.

Nadvi, Khalid (2004): The Effect of Global Standards on Local Producers. In: Schmitz, Humphrey (Hg.): Local Enterprises in the Global Economy: Issues of Governance and Upgrading. Cheltenham: Edward Elgar Press.

Plattner, Michael (2002): Welthandel. In: Brunotte, Ernst/Gebhardt, Hans/Meurer, Manfred/ Meusburger, Peter/Nipper, Josef (Hg.): Lexikon der Geographie. Bd. 1. Heidelberg: Spektrum.

Porter, Michael E. (1985): Competitive Advantage: Creating and Sustaining Superior Perfomance. New York: The Free Press.

Raikes, Philip/Jensen, Michael F./Ponte, Stefano (2000): Global Commodity Chain Analysis and the French *Filière* Approach: Comparison and Critique. In: CDR Working Paper 00.3, http://www.inti.gov.ar/cadenasdevalor/wp-00-3.pdf, 15.2.2007.

Smith, Neil (1984): Uneven Development. Nature, Capital and the Production of Space. London: Allen & Unwin.

Stamm, Andreas (2004): Wertschöpfungsketten entwicklungspolitisch gestalten. Anforderungen an Handelspolitik und Wirtschaftsförderung. Eschborn: GTZ.

Stiftung Warentest (2006): Fairplay setzt sich durch. Stiftung Warentest 6, 78-80.

Taylor, Peter J. (1996): Embedded statism and the social sciences: opening up to new spaces. In: Environment and Planning A 28, 1917-1928.

Taylor, Peter J. (2003): Generating Data for Research on Cities in Globalization. In: Borsdorf, Axel/Parnreiter, Christof (Hg.): International Research On Metropolises. Milestones And Frontiers. ISR-Foschungsberichte, Heft 29. Wien. Österreichische Akademie der Wissenschaften, 29-41.

UNCTAD (1996): World Investment Report. Investment, Trade and International Policy Arrangements. Genf: UNCTAD.

UNIDO (2004): Industrial clusters and poverty reduction – towards a methodology for poverty and social impact assessment of cluster development initiatives. Wien: UNIDO.

Wallerstein, Immanuel (1991): Unthinking Social Science. Cambridge: Polity Press.

Zimmermann, Jörg (2006): „Teamgeist" macht nur Adidas reich. In: Inkota-Brief 135, 22-23.

Publikationen zu Commodity Chains

http://www.ids.ac.uk/globalvaluechains/publications/ (Institute of Development Studies Sussex)

http://www.ids.ac.uk/ids/global/bella.html (Bellagio Value Chain Conference des IDS)

http://www.globalvaluechains.org (The Global Value Chains Initiative)

www.ilo.org/public/english/bureau/inst/ (International Labour Organisation)

http://fds.duke.edu/db/aas/Sociology/faculty/ggere (Gary Gereffi)

http://www.cepal.org/publicaciones/ (CEPAL)

¹ In diesem Band schreiben zwei Autorinnen mit dem Namen Karin Fischer. Die (Co-)Autorin dieses Beitrags ist Lehrbeauftragte am Projekt Internationale Entwicklung an der Universität Wien (siehe AutorInnenverzeichnis S.299).

² In der Literatur werden mehrere Begriffe verwendet, um das Phänomen zu untersuchen. Wir sind uns der konzeptuellen Differenzierungen bewusst, die mit den unterschiedlichen Begrifflichkeiten verbunden sind, halten sie aber für nicht schwerwiegend genug, um in einem einführenden Text einen der Begriffe auszuschließen. Außerhalb der Darstellung der spezifischen Ansätze verwenden wir die Begriffe „Güterkette" und „Produktionsnetzwerk" synonym.

CHRISTIAN ZELLER
Direktinvestitionen und ungleiche Entwicklung

Die aktuelle Phase der Globalisierung geht weit über die Internationalisierung des produktiven Kapitals hinaus. Sie ist verbunden mit einer Machtsteigerung des konzentrierten Anlagekapitals in den Händen institutioneller Investoren und deren Kontrolle großer Konzerne mit Hilfe einer *Corporate Governance*, die den Zwängen des Shareholder-Value gehorcht. Über verschiedene Kanäle wie Kredite, Direktinvestitionen, Portfolioinvestitionen und Lizenzgebühren auf intellektuelle Eigentumsmonopole zentralisieren die globalen Finanzzentren Werte und Ressourcen. Das Kapital stützt sich vermehrt auf Akkumulationsprozesse, die darin bestehen, Ressourcen und Werte anzueignen, die in anderen Regionen und anderen sozialen Organisationsformen erzeugt wurden.

Mit der imperialistischen Globalisierung haben die weltweiten Verflechtungen enorm zugenommen. Allerdings erfolgen diese sehr ungleich. Die Ungleichheiten haben weltweit sowie innerhalb vieler Länder zugenommen. Zugleich vollzieht sich ein Prozess selektiver Angleichung zwischen einzelnen aufstrebenden Ländern und den Ländern der imperialistischen Metropolen, die ihrerseits eine unterschiedliche Performance aufweisen. Die bisherige Polarisierung zwischen Nord und Süd wird zunehmend durch unterschiedliche Phänomene der Fragmentierung überlagert.

Die auf der Grundlage umfassender Liberalisierungs-, Deregulierungs- und Privatisierungsprozesse erfolgte Ausdehnung des Welthandels, der Direktinvestitionen und der Portfolioinvestitionen verknüpft das Schicksal von Menschen in äußerst ungleichen gesellschaftlichen Realitäten miteinander. Gezielt werden die Lohnabhängigen weltweit in Konkurrenz zueinander gestellt. Immer mehr Lohnabhängige werden dazu missbraucht, ihre weniger schlecht gestellten KollegInnen an anderen Orten der Welt unter Druck zu setzen.

Der erste Abschnitt benennt verschiedene Kanäle des finanziellen Wertetransfers zu den Finanzzentren und den BesitzerInnen von Eigentumstitel und analysiert die Umrisse der geographischen Entwicklung der Direktinvestitionen auf der Makroebene. Auf der Mikroebene der Unternehmen werden anschließend im zweiten Abschnitt die Motive der Konzerne für Direktinvestitionen dargestellt. Der letzte Abschnitt schließlich stellt die beschriebene Entwicklung in den Kontext der ungleichen Entwicklung des Kapitalismus, der Ressourcentransfers und der Konkurrenzierung der Lohnabhängigen untereinander.

Multipolarisierung und Fragmentierung der Weltwirtschaft

Macht des Finanzkapitals und ungleiche Finanzflüsse zur Zentralisierung von Werten

Die Entwicklung der Direktinvestitionen während der letzten beiden Jahrzehnte ist in engem Zusammenhang mit dem Aufstieg des konzentrierten Anlagekapitals zu sehen (Chesnais 2004; Zeller 2004a). Damit sind eine verstärkte Konzentration des Kapitals sowie die verschärfte Polarisierung des Reichtums auf Weltebene einhergegangen. Die transnationalen Konzerne, die Banken und vor allem die Anlagefonds vermochten ihre Freiheit, das Kapital in ihrem Sinne zu zirkulieren, deutlich erweitern. Sie finden neue Möglichkeiten, sich außerhalb der Metropolenländer lokalisierte Reichtümer und Ressourcen anzueignen (Chesnais 2006: 35f.).

Die nordatlantische Zone (USA, Kanada, EU, nicht-EU Westeuropa) nimmt einen zentralen Platz beim Welthandel ein, sie hat die stärkste Position bei den Direktinvestitionen und dominiert im Bereich des Finanzkapitals. Die Finanzplätze und Finanzinstitutionen in den USA und in Europa konzentrieren zusammen jeweils

zwischen 70 Prozent und 90 Prozent der weltweiten aktiven Fonds-
guthaben, Finanzderivate, Einnahmen der Investmentbanken, Bör-
senkapitalisierung, Devisenmärkte, Obligationenanleihen, Aktien
und Schuldtitel sowie Bankguthaben auf sich (Serfati 2006: 75f.).
Das weltweit gehandelte Finanzvermögen betrug im Jahr 2005 gemäß einer Studie von McKinsey & Company 140 Billionen US-
Dollar. Die USA, Großbritannien, der Euroraum und Japan bean-
spruchen davon mehr als 80 Prozent. Allerdings absorbierten die
USA von 2001 bis 2005 85 Prozent der globalen Kapitalflüsse oder
über 500 Milliarden US-Dollar jährlich (McKinsey & Company
2007: 7, 17). Die Kapitalbewegungen an der Börse in New York
können also Wirkungen von weltweiter Tragweite entfalten.

Die USA vermochten seit Ende der 1970er Jahre ihre Stellung
auf den internationalen Finanzmärkten auszubauen und konnten
sich das Handelsbilanzdefizit durch einen beständigen Kapitalzufluss aus Japan, Europa, Südostasien und China leisten (Brenner
2002: 206ff.). Die USA haben sich auf der Grundlage ihrer geo-
ökonomischen und geopolitischen Stärke vom Nettoexporteur von
Waren und Kapital zum weltweit größten Nettoimporteur von Waren, Kapital und menschlichen Fähigkeiten gewandelt. Andererseits
hielten Anleger aus Japan und China Ende 2004 nahezu die Hälfte
der durch das Ausland finanzierten US-Schuldtitel (Serfati 2006:
80). Sie erzielen damit Finanzerträge und finanzieren den USA zugleich einen Teil der Importe aus ihren Ländern.

Die internationalen privaten Finanzflüsse dienen vor allem dazu, Werte im Ausland anzueignen. Gemäß Weltbank strömte 2005
die Rekordsumme von 472 Mrd. US-Dollar netto in die Entwicklungsländer. Die Zusammensetzung der privaten Kapitalflüsse in
die peripheren und aufstrebenden Länder hat sich im Verlauf des
letzten Aufschwungs stark zu Kapitalbeteiligungen und vor allem
Direktinvestitionen verschoben. Die Direktinvestitionen machen
durchschnittlich 57 Prozent der privaten Kapitalflüsse aus, verglichen mit Portfolioinvestitionen (9 Prozent) und kurz- und lang-

fristigen Bankschulden (33 Prozent). Noch Mitte der 1990er Jahre beliefen sich die Bankschulden auf 42 Prozent (World Bank 2006: 2, 143).

Über den Kanal der Direktinvestitionen organisieren die ausländischen Unternehmen direkt die Ausbeutung der lokalen Energieressourcen und Rohstoffe sowie die Produktion von Zwischenprodukten und Konsumgütern in den „Empfängerländern". Die über Direktinvestitionen finanzierte Übernahme privatisierter Dienstleistungsunternehmen oder lokaler Banken erlaubt es, lukrative Einkommensflüsse auf lokalen Märkten zu erschließen. Die Zahlungsbilanzen der USA und aller Metropolenländer mit großen transnationalen Konzernen wiesen von 1995 bis 2003 einen positiven Saldo von Einkommen aus Direktinvestitionen aus (Serfati 2006: 84f.). Die transnationalen Konzerne zentralisieren in der Regel zwischen 50 und 70 Prozent der Erträge aus Direktinvestitionen in ihren Ursprungsländern (UNCTAD 2006b: 186).

So wie die Verschuldung über Kredite seit den frühen 1980er Jahren einen Kapitalabfluss aus den aufstrebenden und peripheren Ländern zu den Finanzinstitutionen in den Metropolen bewirkte, so lösen die heutigen Direktinvestitionen und Portfolioinvestitionen einen andauernden Transfer von Kapital zu den transnationalen Konzernen und zu den Pensions- und Investmentfonds aus, dessen Tragweite erst zeitverzögert erkennbar sein wird. Die Entwicklungsländer sind bereits Kapitalexporteure in den Rest der Welt. Ihr aggregierter Überschuss der Leistungsbilanzen stieg seit dem Jahr 2000 ständig an und belief sich 2005 auf 248 Milliarden US-Dollar. Obwohl die aufstrebenden Märkte Ziel großer Direktinvestitionen geworden sind, sind diese Länder, vor allem in Asien, seit 1998 Nettofinanzierer der Metropolenländer geworden. (IMF 2006: 38f.; World Bank 2005: 56; 2006: 149).

CHRISTIAN ZELLER

Im Unterschied zum Handel haben die internationalen Direktinvestitionen keinen unmittelbar abschließenden (wie die Zahlungsüberweisung) oder verzögernden (wie der Handelskredit) Charakter. Sie reduzieren sich nicht auf eine punktuelle Transaktion. Sie haben vielmehr eine andauernde Dimension. Die Investitionsentscheidung induziert weitere Kapitalflüsse und Verflechtungen (Produktion, Handel, Überführung von Profiten), die sich über längere Perioden hinstrecken. Die Direktinvestitionen verkörpern den Transfer von Eigentumsrechten und von ökonomischer Macht. Schließlich beinhaltet der Investitionsentscheid eine strategische Komponente. Es geht darum, in einen Markt einzudringen. Die akkumulierten Bestände der Direktinvestitionen bringen die strukturellen Gegebenheiten zum Ausdruck, während die Flüsse von Direktinvestitionen die Kapitalbewegungen im Laufe eines Zeitraumes aufzeigen (siehe Abb. 2 und 3).

In der Phase vor dem Ersten Weltkrieg unternahmen die entstehenden multinationalen Unternehmen ihre ersten großen Direktinvestitionen und errichteten zuerst Vertriebs- und dann Produktionsstätten im Ausland. In den 1930er und 1940er Jahren gingen die Direktinvestitionen stark zurück. Ihr relatives Gewicht erlangte erst 1965 wieder das Niveau von 1914. In der Nachkriegszeit wurden die USA zum wichtigsten Investor. Gleichzeitig lösten einerseits die kapitalistischen Metropolenländer die peripheren Länder und andererseits die Industrie und danach die Dienstleistungen den Primärsektor als Hauptdestinationen der Investitionen ab. Der exponentielle Anstieg der internationalen Direktinvestitionen seit Mitte der 1980er Jahre übertraf die Steigerungen der Produktion und der Exporte. Im Zuge der im Jahr 2000 einsetzenden Krise brachen die Direktinvestitionen bis Ende des Jahres 2002 massiv ein. Seit 2003 sind sie wieder deutlich angestiegen. Im Jahr 2005 betrug der Bestand der Direktinvestitionen rund 10,7 Billionen

US-Dollar und war damit über zwanzigmal höher als im Jahr 1980 (siehe Abb. 1). Die Akquisitionen und Fusionen dominierten gegenüber Investitionen zur Schaffung neuer Kapazitäten. Von 1986 bis 1989, 1998 bis 2000 sowie erneut 2005 und 2006 ereigneten sich regelrechte Übernahmewellen. Im Jahr 2005 betrug der Wert der grenzüberschreitenden Übernahmen und Fusionen 716 Milliarden US-Dollar (Huffschmid 2002: 81; UNCTAD 2003: 15, 68, 249; 2006b: 3, 13, 318).

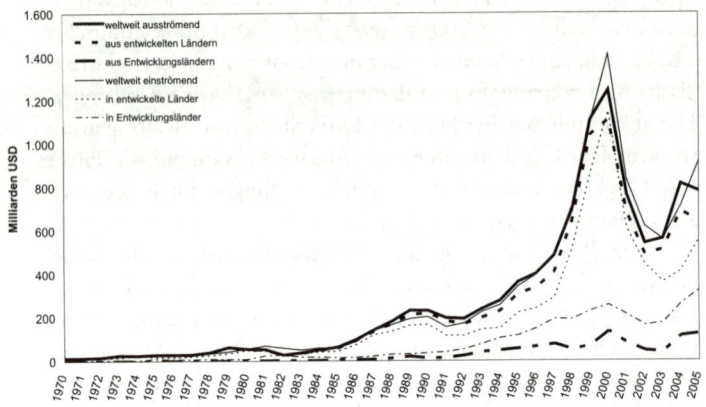

Abb. 1: Entwicklung der Direktinvestitionen zwischen 1970 und 2005

Quelle: UNCTAD 2006a

Ein besonderes Kennzeichen des jüngsten Übernahmebooms und Ausdruck der zunehmenden Finanzialisierung ist die steigende Bedeutung von Anlagefonds. *Private Equity Fonds* sammelten im Jahr 2005 rund 261 Milliarden US-Dollar ein. Die Hälfte davon legten sie als Direktinvestitionen an. Anlagefonds waren 2004 und 2005 für rund 20 Prozent der Transaktionen aller transnationalen

CHRISTIAN ZELLER

Fusionen und Übernahmen verantwortlich. Ihre Engagements sind allerdings nicht langfristig angelegt. In der Regel kassieren Anlagefonds nach fünf bis sechs Jahren ihre Erträge und wenden sich neuen Objekten zu. Diese Direktinvestitionen sind demnach den Portfolioinvestitionen ähnlich. Um den Anforderungen der Aktionäre nach hohen und schnellen Erträgen zu entsprechen, haben jedoch auch transnationale Konzerne den Zeithorizont ihrer Investitionen verkürzt (UNCTAD 2006b: 16ff.).

Der insgesamt verhältnismäßig geringe Anteil der Dienstleistungen am Welthandel kontrastiert mit ihrem stark angestiegenen Anteil an den Direktinvestitionen. Viele Dienstleistungen – gerade im Bildungs-, Sozial- und Gesundheitsbereich – sind räumlich oder an bestimmte soziale Kontexte gebunden. Noch Anfang der 1970er Jahre umfassten die Dienstleistungen nur rund ein Viertel am weltweiten Bestand (*inward stock*) der ausländischen Direktinvestitionen. Zwischen 1980 und 2004 stiegen sie in den Metropolenländern von 43 Prozent auf 62 Prozent. In den peripheren und aufstrebenden Ländern nahmen sie im Jahr 2004 ebenfalls rund 60 Prozent ein, was einer Verachtfachung seit 1990 entspricht. Knapp zwei Drittel der weltweiten jährlichen Direktinvestitionszuflüsse gingen 1999–2004 in die Dienstleistungen (UNCTAD 2002: 158, 181; 2003: 192; 2004: 98; 2006a: 266ff.). Die wachsende Internationalisierung von Dienstleistungen ist auch Ausdruck der historischen Tendenz einer Verlagerung der gesellschaftlichen Nachfrage in den Dienstleistungsbereich (Husson 2004). Das Kapital antwortete auf diesen Bedeutungszuwachs der Dienstleistungen mit den Bestrebungen, über das GATS (*General Agreement on Trade in Services*) seinen Zugriff auf diesen Bereich zu erleichtern.

Nachdem der Anteil der Direktinvestitionen in die Extraktion natürlicher Ressourcen in den 1980er und 1990er Jahren zurückgegangen war, nahm ihre Bedeutung vor allem bei den transnationalen Fusionen und Übernahmen in jüngster Zeit wieder sprunghaft zu. Die transnationalen Übernahmen in den extraktiven Industrien stiegen im Jahr 2005 um das Sechsfache auf einen Anteil von 16 Prozent an. Besonders ins Gewicht fielen die Direktinvestitionen im Bergbau und in der Erdölgewinnung. Das jahrelang vergessene Afrika gerät hiermit wieder ins Blickfeld transnationaler Konzerne (UNCTAD 2006b: 7ff., 45).

Ungleiche ökonomische Verflechtungen durch Direktinvestitionen

Die Direktinvestitionen konzentrierten sich in den letzten beiden Jahrzehnten überwiegend auf die reichen nordatlantischen Länder sowie auf China, die Wachstumsländer in Südostasien und in einem geringeren Maß auf Mexiko, Brasilien und Argentinien. Die nordatlantische Zone als dominierender Pol der Weltwirtschaft tätigte in der Periode zwischen 1997 und 2005 rund 83 Prozent der ausgehenden und erhielt 67 Prozent der eingehenden Direktinvestitionsflüsse. Im Jahr 2005 vereinigte sie 81 Prozent der ausgehenden und 67 Prozent der eingehenden Direktinvestitionsbestände (UNCTAD 2006a) (Abb. 2 und 3).

Obwohl die US-Konzerne bei Weitem nicht mehr, wie noch in den 1960er Jahren, die Hälfte der Direktinvestitionen der Welt bestreiten, untermauern die weiterhin enormen Kapitalbestände der USA im Ausland die internationale Verankerung US-amerikanischer Konzerne (siehe Abb. 2). Die europäischen Direktinvestitionen haben ab Mitte der 1980er Jahre bis 2000 und nach dem anschließenden Einbruch erneut seit 2004 stark zugenommen, insbesondere in Richtung anderer europäischer Länder und der USA. Die USA waren während der 1980er Jahre überhaupt die wichtigste Destination grenzüberschreitender Investitionen. Europäische und japanische Konzerne traten in den 1980er und 1990er Jahren als große Investoren in den USA auf. Diese Offensive war durch das Streben nach größerer Marktmacht, den Erwerb amerikanischer Technologie, der Erwartung höherer Rentabilität in den USA und die Umgehung des amerikanischen Protektionismus motiviert. Die

CHRISTIAN ZELLER

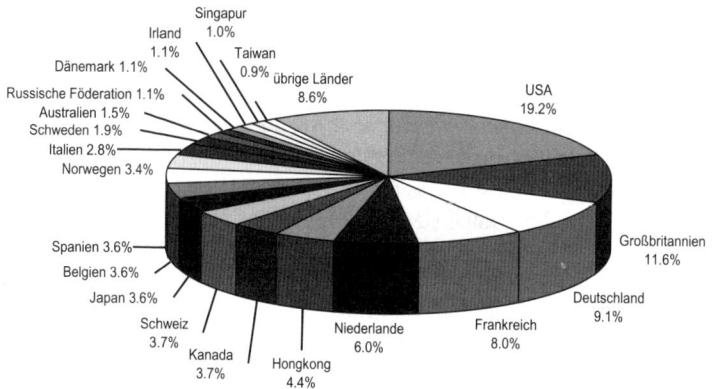

Abb. 2: Ausfließende Direktinvestitionen im Ausland, Bestände 2005, total 106.718 Milliarden USD

Quelle: zusammengestellt nach UNCTAD 2006a

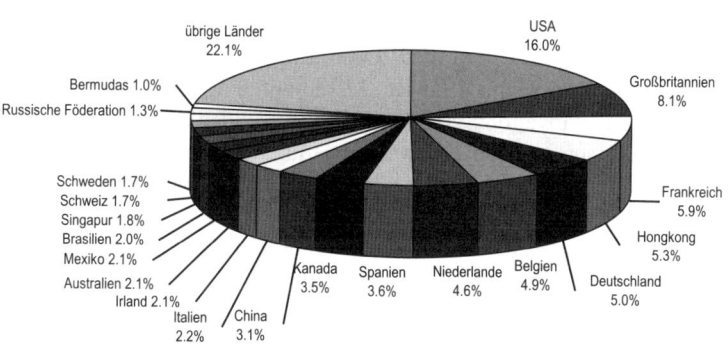

Abb. 3: Einfließende ausländische Direktinvestitionen, Bestände 2005, total 101.297 Milliarden USD

Quelle: UNCTAD 2006a

Direktinvestitionen und ungleiche Entwicklung

USA verfügten über einen beträchtlichen Kapitalbedarf und waren genügend attraktiv, um das nötige Kapital anzuziehen. Die Krise von 2001 unterbrach diesen Zustrom an Direktinvestitionen vorübergehend. Seit 2004 verzeichnen die USA wieder einen verstärkten Zufluss von Direktinvestitionen. Allerdings entsprach 2005 ihr Niveau bloß etwa jenem von 1996. Die Portfolioinvestitionen hingegen verdoppelten sich gegenüber dem Stand von 2002 bis 2005 auf 909 Mrd. US-Dollar (IMF 2006: 92; UNCTAD 2006a).

China ist seit einigen Jahren das mit Abstand wichtigste Empfängerland von Direktinvestitionen unter den aufstrebenden Ländern. Auch während des Einbruchs der Direktinvestitionen im Zuge der Rezession nach 2001 stiegen die einfließenden Direktinvestitionen weiterhin an. China empfing in den Jahren 2004 und 2005 hinter den USA und Großbritannien die drittgrößten Direktinvestitionsbeträge. Allerdings stammen schätzungsweise 25 bis 50 Prozent der einfließenden Direktinvestitionen ursprünglich aus China und sind sogenannte *round-tripping investments*. Chinesische Firmen wollen dabei von speziellen Vergünstigungen profitieren, die ausländischen Investoren in China geboten werden. Sie schleusen das Kapital nach Hongkong und ihre dortigen Filialen reinvestieren es in China (UNCTAD 2006b: 12). Groß sind außerdem die Direktinvestitionen aus Taiwan, Macao und Singapur (UNCTAD 2006b: 12). Investoren sind in einem bedeutenden Maß Unternehmen der chinesischen Netzwerke im Ausland, aber auch europäische und US-amerikanische Konzerne, die in China Produktionsinfrastrukturen aufbauen. In diesem Kontext hat sich in Südchina und den Nachbarländern ein eng verflochtenes Wachstumsgebiet entwickelt (UNCTAD 2003: 42, 78; 2006b: 12ff.). Die von der Partei- und Staatsbürokratie Chinas vorangetriebene Transformation zum Kapitalismus bietet dem internationalen Kapital ein willkommenes Feld, überschüssiges Kapital anzulegen. China wurde zu einer regelrechten Senke für Überschusskapital und entwickelte sich zu einem bedeutenden Industriestandort für US-amerikanische und europäische Konzerne (Harvey 2003).

Der Anteil der Länder der Peripherie (unter Abzug von China, Hongkong und Singapur) an den einfließenden Direktinvestitionen schwankte von 1990 bis 2000 zwischen 10 und 21 Prozent. Seit dem Tiefpunkt von knapp 10 Prozent im Jahr 2001 ist ein Anstieg des Anteils auf rund 21 Prozent in den Jahren 2004 und 2005 festzustellen. Die Direktinvestitionen sind im Zuge der Finanzkrisen in den Ländern der aufstrebenden Märkte jeweils zurückgegangen. Nach den Entwertungskrisen sahen sich viele Konzerne aus den Metropolen ermuntert, günstig einheimische Unternehmen zu übernehmen, was die Direktinvestitionen wieder ansteigen ließ (UNCTAD 2006a). Die Flüsse der Direktinvestitionen konzentrierten sich auf rund ein Dutzend Ausgangs- und Zielländer. Mit Ausnahme der auch nach der Krise von 1997 für Direktinvestitionen interessanten Länder Südostasiens (China, Hongkong, Südkorea, Malaysia) sowie Brasilien und Mexiko und neuerdings Indien wurden die meisten anderen Gebiete der Peripherie, insbesondere Afrika sowie weite Teile Südamerikas und Asiens, von den Kapitalströmen weitgehend abgehängt. Erst in den letzten Jahren floss wieder mehr Kapital nach Afrika, und zwar vor allem in die Ausbeutung von Bodenschätzen. Die Industrie spielte kaum eine Rolle. Damit werden aber keine Grundlagen für eine nachhaltige wirtschaftliche Entwicklung gelegt (UNCTAD 2006b: 45, 185).

Direktinvestitionen und transnationale Konzerne

Die transnationalen Konzerne verfolgen Strategien, um sich Märkte zu erschließen und Ressourcen anzueignen, die auf der Makroebene nur schwer zu erkennen sind, aber unmittelbar die wirtschaftlichen Verflechtungen und Abhängigkeiten beeinflussen. Die räumlich selektive Internationalisierung des Kapitals umfasst tendenziell alle Bestandteile der Wertschöpfungskette. Die Unternehmen kombinieren auf vielfältige Weise internationale Investitionen, Handel und internationale Unternehmenskooperationen, um zu expandieren und ihre Abläufe zu rationalisieren (Dicken 2003).

Im Wesentlichen lassen sich vier Motive für den Internationalisierungsprozess identifizieren: der Zugang zu Ressourcen und Rohstoffen, die Rationalisierung der Produktion durch eine ausgefeiltere Arbeitsteilung mit globaler Beschaffung von Zwischenprodukten, die Erschließung von Märkten sowie der Zugang zu Wissen und technologischen Kapazitäten (Dunning 1993: 56ff.). Letzteres ist für die Investitionstätigkeit in den abhängigen peripheren Ländern kaum relevant, denn die Investitionen für Forschung und Entwicklung konzentrieren sich auf die reichsten Länder der Welt (UNIDO 2002: 155; Zeller 2001).

Das Motiv der Ressourcengewinnung ist seit Beginn der kolonialen und imperialistischen Dominanz wichtig. Die Direktinvestitionen dienen der Erschließung strategisch wichtiger Bodenschätze, von Erdöl und Erdgas, landwirtschaftlicher Rohstoffe und nunmehr von Wasser. Nachdem die Direktinvestitionen in diese Bereiche im Laufe der 1990 Jahre zurückgegangen waren, steigen sie in jüngerer Zeit wieder stark an. Mit transnationalen Konzernen aus Ländern des „Südens" treten in diesem Bereich neue Akteure auf (UNCTAD 2002, 2006b). Die Begehrlichkeiten nach Energiequellen sind seit langer Zeit Gegenstand der Konfrontationen im Mittleren Osten. Die Konsumnormen des gegenwärtigen Kapitalismus und die Verschwendung von Ressourcen sowie neue Technologien, die die Exploration, Ausbeutung und den Transport natürlicher Ressourcen verbilligen, lassen Investitionen in diesen Bereich wieder zunehmend profitabel erscheinen (Chesnais 2006: 46).

Das zweite Motiv, die Rationalisierung der Produktion, kann mit einer Vielfalt von Strategien verfolgt werden. Viele periphere Länder bieten sich den transnationalen Konzernen mit ihren billigen Arbeitskräften für Produktionsverlagerungen an. Mit Unterauftragsbeziehungen und hierarchischen Netzwerken können sie die Produktion und damit auch das Investitionsrisiko an lokale Firmen ausgliedern. Die Strategien können dabei eine große Bandbreite transnationaler Aktivitäten und Verflechtungen, wie Exporte, *Subcontracting*, Versorgung mit Vorprodukten und Firmenallianzen, miteinander kombinieren. Über neue Investitionsformen wie zum Beispiel Lizenzvergaben oder *Subcontracting* wird die Produktion auf neuen Maßstabsebenen organisiert, ohne dass viel Kapital über die Grenzen verschoben werden muss. Viele transnationale Konzerne konzentrieren sich auf wertschöpfungsreiche Kernkompetenzen wie Forschung und Entwicklung sowie spezialisierte Produktionslinien. Sie können die direkte Kontrolle über weniger wertschöpfungsintensive Tätigkeiten wie Produktion von Vorprodukten oder Massenproduktion und das Eigentum an den entsprechenden Produktionsanlagen aufgeben (Sturgeon 2002; Gereffi et al. 2005). Die Durchsetzung solcher hierarchischer Produktionsorganisationen und Pyramiden von Zulieferfirmen ist mit einer gezielten Herstellung von Abhängigkeits- und Herrschaftsbeziehungen in den Wertschöpfungsketten verbunden. Sie erlauben es der Kernfirma, sich Werte, die in anderen Unternehmen produziert wurden, günstig anzueignen. Die gesteigerte Mobilität des produktiven Kapitals erlaubt es den großen Unternehmen, die von Land zu Land unterschiedlichen Lohnverhältnisse und Standortbedingungen systematisch auszunutzen, um die Lohnabhängigen und ganze Bevölkerungsgruppen in verschiedenen Regionen in direkte Konkurrenz zueinander zu setzen, sei es über eigene Investitionen oder über *Subcontracting* und den Aufbau von Zuliefernetzwerken. Alleine die Drohung von Produktionsverlagerung reicht oft aus, um die Beschäftigten massiv unter Druck zu setzen.

Das dritte Motiv für Direktinvestitionen zielt auf die Erschließung der Binnenmärkte in den Investitionsländern. Das kann sich auch mit der Integration von Teilen des Wertschöpfungsprozesses in die internationale Produktionsorganisation des transnationalen Konzerns kombinieren. Allerdings wählen die transnationalen

Konzerne nur die Länder mit den größten Binnenmärkten als industrielle Produktionsstandorte für die lokalen Absatzmärkte aus. Der Export und der Verkauf über Vermarktungsfilialen ist in vielen Sektoren wieder die bevorzugte Option der Konzerne geworden.

Die Direktinvestitionen waren, vor allem in Lateinamerika, das Instrument einer weit reichenden Veränderung der Eigentumsstrukturen des Kapitals. Seit zehn Jahren dienen drei Viertel der Direktinvestitionen dem Aufkauf bestehender Unternehmen, ohne dass dabei neue Kapazitäten geschaffen wurden (UNCTAD 2002). In vielen Ländern stand die Privatisierung öffentlicher Unternehmen im Zentrum der Eigentumswechsel. Diese Übernahmen sind Ausdruck der gesteigerten Fusions- und Übernahmetätigkeit, die im Zuge des Einstiegs von Pensions- und Investmentfonds in das Kapital der großen Konzerne seit Ende der 1980er Jahre stark zunahm. In den peripheren Ländern sind die gesellschaftlichen Kosten dieser Eigentumswechsel in Form der Zerstörung industrieller Synergien und von Humankapital noch schwerwiegender als in den Metropolenländern. Die Aneignung von Unternehmen, die im Bereich der Basisversorgung mit Dienstleistungen tätig sind, war im Zuge umfassender Privatisierungen ein zentrales Kennzeichen der letzten anderthalb Jahrzehnte (UNCTAD 2004: 104). Für die Pensionsfonds und Investmentfonds, die auf der Suche nach stabilen Erträgen sind, bieten die Aktien großer Konzerne, die privatisierte, ehemalige öffentliche Dienste betreiben, attraktive Anlagemöglichkeiten. Die Direktinvestitionen bewirken also keineswegs immer einen Entwicklungsschub. Direktinvestitionen zum Erwerb privatisierter Unternehmen entsprechen nicht so sehr einem Kapitalfluss als einer Aneignung ehemals staatlicher Betriebe, um in die Ausdehnung der Produktion zu investieren.

Schlussfolgerungen: Aneignung von Ressourcen und hierarchische Fragmentierung

Die Bewegungen der Direktinvestitionen sind Ausdruck der ungleichen Entwicklung des Kapitalismus. Die räumlich ungleiche Entwicklung ist eine der Grundlagen, um *Surplus*-Profite zu erzielen. Diese sind eine Haupttriebkraft der Konkurrenz. In diesem Sinne ist es ein konstituierender Charakterzug des Kapitalismus, räumliche Ungleichheit und ungleiche Beziehungen immer wieder neu herzustellen. Die analysierten Kapitalflüsse zeigen, wie das Kapital danach strebt, Überschusskapital räumlich und zeitlich zu verlagern. Im Kontext einer chronischen Überakkumulation wird das Kapital immer wieder neu mobilisiert und räumlich neu fixiert. Dieser Prozess der raum-zeitlichen Mobilisierungen und Fixierungen (*spatio-temporal fixes*) trägt dazu bei, die Widersprüche des Akkumulationsprozesses zeitlich und/oder räumlich ständig zu verlagern (Harvey 1982: 442ff, 2003, 2004). Nun entstehen neue Widersprüche, wenn die durch Kapitalexport erschlossenen Räume beginnen, selbst Überschüsse zu produzieren und Kapital zu exportieren. China etwa exportiert seinerseits Überschusskapital in Form von Waren, Geld und bald auch produktivem Kapital in großem Stil und tritt damit mit den Konzernen der Metropolen in Konkurrenz.

Die globalen Lokalisierungsstrategien der transnationalen Konzerne sind Ausdruck einer spezifischen räumlichen internationalen Arbeitsteilung und konfigurieren diese wiederum auf neue Weise. Im Südosten Chinas und in einigen wenigen Gliedstaaten Brasiliens verstärken die transnationalen Investitionsstrategien die ökonomische Position der Regionen, die bereits über eine gute Infrastruktur und gut qualifiziertes Personal verfügen. In anderen Regionen derselben Länder und in zahlreichen peripheren Ländern stützen sich die Konzernstrategien auf schlichte Enteignungsvorgänge. Deutlich wird das, wenn Konzerne um die Konzessionen zur Ausbeutung von Energieressourcen und Bodenschätzen buhlen und nunmehr zum Kauf oder gar zur räuberischen Aneignung von Wasser schreiten,oder wenn sie sich die Kontrolle über Basisdienstleistungen verschaffen. Der Kapitalexport über Kredite, Obligationenanleihen, Direktinvestitionen und Portfolioinvestitionen dient also nicht nur der Anlage „überschüssigen" Kapitals, sondern der Extraktion von Werten und Ressourcen.

Zahlreiche Länder und Regionen sehen sich verstärkt den Investitionserfordernissen des einen oder anderen transnationalen Konzerns ausgesetzt und versuchen, sich als attraktivster Standort anzuerbieten. Die ungleiche Entwicklung mit wenigen Wachstumspolen und weiten marginalisierten Gebieten geht mit enormen urbanen Konzentrationen von Menschen einher, die auf der Flucht vor ihrer Misere in die Städte ziehen oder ins Ausland wandern. Das Kapital stellt die Lohnabhängigen zunehmend auf globaler Ebene in Konkurrenz zueinander. Sie sind gezwungen, ihre Arbeitskraft in direkter Konkurrenz zu KollegInnen zu verkaufen, die in einer anderen Region der Welt arbeiten oder auf Arbeitsuche ihre Heimat verlassen. Damit entsteht eine industrielle Reservearmee auf Weltebene. Die Verlagerung von Produktionstätigkeiten, sei es mit Direktinvestitionen oder mit Kooperationsabkommen und Auftragsproduktion, ist ein wichtiges Instrument dieser erzwungenen Gegenüberstellung. Die Errichtung von Fertigungsindustrien in Mexiko und Ländern Zentralamerikas (*maquiladoras*), in Nordafrika, Osteuropa, Südostasien, China, Indien und Vietnam sowie ihre periodische Verlagerung in noch günstigere Gebiete sind Ausdruck dieser Strategien.

Die Länder des „Südens" bilden keine homogene Gruppe und verfolgen auch keine gemeinsamen Interessen. Die früher diagnostizierte dualistische Gliederung in Industrieländer und Entwicklungsländer wurde durch eine neue Geographie der Weltwirtschaft abgelöst. Die wirtschaftlichen Aktivitäten und ihre Kommandozentralen konzentrieren sich in den urbanen Metropolen der kapitalis-

CHRISTIAN ZELLER

tischen Zentrumsländer. Andererseits kämpfen die Bevölkerungen in Problemregionen in allen Kontinenten mit großer Mühe gegen die Wirkungen ökonomischer Verwüstungen. In den dominierten Ländern ist diese Ökonomie der Archipele (Veltz 1996) durch eine verarmte Urbanisierung und eine Zersetzung gewachsener wirtschaftlicher Gefüge gekennzeichnet. Der Kapitalismus unterwirft alle sozialen Schichten und geographischen Gebiete seiner Logik, zugleich sortiert er alle aus, die er nicht in seine Logik integrieren kann. Die Geographie des Imperialismus entspricht Kaskaden von ineinandergeschobenen Hierarchien, Interdependenzen und Herrschaftsverhältnissen, die ökonomisch, politisch und militärisch durchgesetzt werden. Trotz der Konstitution eines Weltmarktes und eines globalen Raumes der Verwertung entstehen zahlreiche neue räumliche Gräben und Verwerfungen (Zeller 2004b).

Literatur

Brenner, Robert (2002): The Boom and the Bubble: The US in the World Economy. London New York: Verso.

Chesnais, François (2004): Das finanzdominierte Akkumulationsregime: theoretische Begründung und Reichweite. In: Zeller, Christian (Hg.): Die globale Enteignungsökonomie. Münster: Westfälisches Dampfboot, 217-254.

Chesnais, François (2006): Mondialisation du capital, nature et rôle de la finance et mécanismes de „balkanisation" des pays aux ressources convoitées. In: Serfati, Claude (Hg.): Mondialisation et déséquilibres Nord-Sud. Brüssel: Peter Lang, 33-52.

Dicken, Peter (2003): Global shift: reshaping the global economic map in the 21st century. New York/London: The Guilford Press.

Dunning, John H. (1993): Multinational Enterprises and the Global Economy. Wokingham: Addison-Wesley.

Gereffi, Gary/Humphrey, John/Sturgeon, Timothy (2005): The governance of global value chains. In: Review of International Political Economy 12 (1), 78-104.

Harvey, David (1982): The Limits to Capital. Oxford: Blackwell.

Harvey, David (2003): The New Imperialism. Oxford: Oxford University Press.

Harvey, David (2004): Die Geographie des „neuen" Imperialismus: Akkumulation durch Enteignung. In: Zeller, Christian (Hg.): Die globale Enteignungsökonomie. Münster: Westfälisches Dampfboot, 183-215.

Huffschmid, Jörg (2002): Politische Ökonomie der Finanzmärkte. Hamburg: VSA.

Husson, Michel (2004): Der Kapitalismus nach der „neuen Ökonomie". In: Zeller, Christian (Hg.): Die globale Enteignungsökonomie. Münster: Westfälisches Dampfboot, 127-159.

IMF (2006): Global Financial Stability Report. Market Developments and Issues, September 2006. Washington, DC: International Monetary Fund.

McKinsey & Company (2007): Mapping the Global Capital Market 2007. Third Annual Report, January 2007. San Francisco: McKinsey Global Institute.

Serfati, Claude (2006): La mondialisation financière. Le triomphe des rentiers. In: Jouve, Bernard/Roche, Yann (Hg.): Des flux et des territoires. Vers un monde sans États? Quebec: Presse de L'Université de Quebec, 71-104.

Sturgeon, Timothy J. (2002): Modular Production Networks: A New American Model of Industrial Organization. In: Industrial and Corporate Change 11 (3), 451-496.

UNCTAD (2002): World Investment Report 2002: Transnational Corporations and Export Competitiveness. New York/Genf: United Nations Conference on Trade and Development.

UNCTAD (2003): World Investment Report 2003. FDI Policies for Development: National and International Perspectives. New

CHRISTIAN ZELLER

York/Genf: United Nations Conference on Trade and Development.

UNCTAD (2004): World Investment Report 2004. The Shift Towards Services. New York/Genf: United Nations Conference on Trade and Development.

UNCTAD (2006a): Foreign Direct Investment Database. United Nations Conference on Trade and Development, Data base „FDI flows", http://stats.unctad.org/FDI/ReportFolders/ReportFolders.aspx, 12.2.2007.

UNCTAD (2006b): World Investment Report 2006. FDI from Developing and Transition Economies: Implications for Development. New York/Genf: United Nations Conference on Trade and Development.

UNIDO (2002): Industrial Development Report 2002/2003. Competing through Innovation and Learning. Wien: United Nations Industrial Development Organization.

Veltz, Pierre (1996): Mondialisation, Villes et Territoires. L'économie d'archipel. Paris: Presses Universitaires de France.

World Bank (2005): Global Development Finance. Mobilizing Finance and Managing Vulnerability. Washington, DC: The International Bank for Reconstruction and Development/The World Bank.

World Bank (2006): Global Development Finance. The Development Potential of Surging Capital Flows. Washington, DC: The International Bank for Reconstruction and Development/The World Bank.

Zeller, Christian (2001): Globalisierungsstrategien. Der Weg von Novartis. Berlin/New York: Springer.

Zeller, Christian (2004a): Ein neuer Kapitalismus und ein neuer Imperialismus? In: Zeller, Christian (Hg.): Die globale Enteignungsökonomie. Münster: Westfälisches Dampfboot, 61-125.

Zeller, Christian (2004b): Ungleiche Entwicklung, globale Enteignungsökonomie und Hierarchien des Imperialismus. In: Gerlach, Olaf/Kalmring, Stefan/Kumitz, Daniel/Nowak, Andreas (Hg.): Peripherie und globalisierter Kapitalismus. Zur Kritik der Entwicklungstheorie. Frankfurt a. M.: Brandes & Apsel, 324-347.

Karen Imhof, Johannes Jäger
Globale Geldordnungen und Entwicklungsprozesse in Zentrum und Peripherie

Geld und damit Finanzmärkte – auf denen mit Geld und anderen Schuldtiteln bzw. Eigentumstiteln gehandelt wird – sind zentraler Bestandteil kapitalistischer Ökonomien. Ein Blick auf die historische Entwicklung in Nord und Süd zeigt, dass die Rolle des Geldes und der Finanzmärkte erheblichen Veränderungsprozessen unterworfen ist. Die konkrete Ausformung der Organisation von Geld in nationalen Räumen steht in engem Zusammenhang mit der sich im Zeitablauf wandelnden globalen Geldordnung. Eine Geldordnung bzw. ein internationales Finanzsystem wird – mit Ausnahme stark simplifizierender neoklassischer Ansätze – gemeinhin als hierarchisch strukturiert angesehen. Der Einfluss globaler Geldordnungen betrifft die Veränderung des wirtschaftlichen und politischen Handlungsspielraums einzelner Länder. Die Durchsetzung eigenständiger nationaler Währungen in peripheren Ländern hat diesen vielfach auch ein Mehr an monetärer Autonomie und damit wirtschaftspolitischer Gestaltungsmöglichkeit gegeben. Geldordnungen sind Ergebnis internationaler Kräfteverhältnisse. Diese stehen in engem Zusammenhang mit verschiedenen Abhängigkeitsbeziehungen und somit der Rolle von dominanten Handels- oder Anlagewährungen. Gleichzeitig wirkt die globale Geldordnung bzw. das internationale monetäre Regime auf die gesamten ökonomischen Beziehungen auf globaler Ebene zurück. Eine spezifische Geldordnung ist damit ein zentraler Bestandteil des jeweilig vorherrschenden Weltwirtschaftsmodells. In diesem Artikel wird der Frage nachgegangen, wie und warum es historisch immer wieder zu Brüchen und Veränderungen des internationalen monetären Regimes gekommen ist und welche Bedeutung diese für ökonomische Entwicklungschancen – insbesondere in der Peripherie – haben.

Der Bogen spannt sich dabei von einer knappen Analyse der liberalen Geldordnung im 19. Jahrhundert über das System fixer Wechselkurse in der Bretton Woods Ordnung bis zum heutigen Regime weitgehend liberalisierter Finanzmärkte.

Theoretische Grundlagen

Theorien, die sich mit Geld, der internationalen Finanzordnung und ihrem Einfluss auf Staaten auseinandersetzen, unterscheiden sich zum Teil sehr wesentlich. Die Neoklassik, als dominante ökonomische Theorie, geht von der langfristigen Neutralität des Geldes aus. Geld wird als „Schleier" betrachtet, der über den realen wirtschaftlichen Aktivitäten liegt. Finanzmärkte werden als Institutionen angesehen, die effizient Ersparnisse in Investitionen transformieren können. Neuere Arbeiten (vgl. Mishkin 2004) betonen jedoch vor allem das Problem nicht vollkommener Märkte und asymmetrischer Information und die aus diesen Gründen abgeleitete Notwendigkeit für institutionelle Strukturen und Regulierungen. Zinsen als Preis des Geldes werden jedoch als reales Phänomen erachtet, die sich aus dem Zusammenspiel von Angebot und Nachfrage ergibt. Entsprechend wird gefolgert, dass das freie Spiel der Marktkräfte nicht behindert werden dürfe. Einzig der Staat soll stabile Rahmenbedingungen zur Verfügung stellen, wie etwa eine von den MonetaristInnen geforderte stetig leicht wachsende Geldmenge (Friedman 1969).

Im Gegensatz dazu sieht John Maynard Keynes Zinsen als monetäres Phänomen, das wesentlich durch die Politik der Zentralbank beeinflusst wird. Überdies wird in der (post-) keynesianischen Tradition betont, dass Geld kein „Schleier" sei, sondern monetäre Variablen wie Zinssätze oder Wechselkurse eine bedeutende Wirkung auf die Ökonomie haben können (Keynes 1936; Minsky 1982). Dies ist der Argumentation in marxistischer Tradition nicht unähnlich. Die Rolle des Geldes wird dabei mit der bekannten For-

Karen Imhof, Johannes Jäger

mel Geld-Ware-Geld' als Anfangs- und Endpunkt – ja Ziel – jedes Akkumulationsprozesses dargestellt. Geld ist damit konstitutiver Bestandteil kapitalistischer Ökonomien, deren Antrieb darin liegt, mehr Geld zu akkumulieren.

Dieser Zentralität des Geldes wird auch in regulationstheoretischer Perspektive Rechnung getragen. Aglietta (2000) spricht daher von einer monetären Restriktion, welcher der Akkumulationsprozess unterliegt, muss sich doch der Profit immer in Geld realisieren. Historisch zeigt sich jedoch, dass dies nicht immer sichergestellt ist und Geld zum „Flaschenhals" kapitalistischer Akkumulation werden kann. Was die wirtschaftspolitische Gestaltungsmöglichkeit dieser Geldrestriktion angeht, so ist die Regulationstheorie skeptisch. Geld und Finanzordnung werden nicht wie bei neoklassischen oder keynesianischen Zugängen als einfach durch einen allmächtigen Staat manipulierbar konzipiert. Vielmehr wird in diesem politökonomischen Zugang die Regulation von Geld als von verschiedenen ökonomischen Interessen und gesellschaftlichen AkteurInnen umkämpfter Prozess erachtet. Das Ergebnis – eine spezifische Geldrestriktion – kann jeweils bestimmten Interessen stärker entgegenkommen als anderen und muss daher nicht mit den Erfordernissen eines dynamischen Akkumulationsprozesses korrespondieren bzw. kann kontraproduktiv sein. Geldrestriktionen sind deshalb in der Regel über die Grenzen des Nationalstaates hinaus wirksam und decken sich nicht notwendigerweise mit national fokussierten Akkumulationsprozessen.

Dies bringt uns unmittelbar zur weiteren Frage des Verhältnisses zwischen globaler Geldordnung und nationalem monetärem Regime. Die Diskussion des Verhältnisses einzelner Staaten zu anderen – auch mit einem Bezug zur Frage des Geldes – wird im Rahmen der Analyse internationaler Beziehungen im Mainstream vor allem unter dem Begriff der internationalen Hegemonie diskutiert. Die internationale Hegemonie sieht eine Korrelation zwischen der hegemonialen Dominanz eines Staates und der Stabilität der globalen

Geldbeziehungen. Es wird davon ausgegangen, dass Nationalstaaten zwar ihre eigenen Geldsysteme konstruieren, sich auf globaler Ebene aber freiwillig einem hegemonialen Staat unterordnen, weil dieser als Garant für die notwendige Stabilität in der internationalen Geldordnung steht. Diesem kommen dabei im Wesentlichen die Aufgaben zu, für eine stabile Finanzordnung sowie die notwendige globale Liquidität zu sorgen, indem er als Kreditgeber letzter Instanz fungiert (Kindleberger 1986: 289). Die Dauer und Schwere der monetären Instabilität der großen Depression werden so mit dem Fehlen eines Hegemons auf globaler Ebene erklärt (Kindleberger 1986: 11, 288ff.).

VertreterInnen der liberalen Theorietradition haben diese Argumentation mit unterschiedlichen Modifikationen fortgeführt. Robert Gilpin verbindet die Ansätze der Hegemoniestabilität mit jenen der ökonomischen Effizienz, indem er argumentiert, dass die Erosion von Effizienz zwangsläufig zu einer Verringerung der Kapazität der dominanten Ökonomie führt. Bezogen auf die globale Geldordnung resultiert für ihn die Unfähigkeit eines Hegemons, die wachsenden Ausgaben zu finanzieren, längerfristig in wirtschaftlichen Abschwung und damit in Hegemonieverfall (Gilpin 2000, 2002: 165f.). Alle AutorInnen dieser Stoßrichtung gehen gemeinhin von drei zentralen Annahmen aus: Erstens ist der Ausgangspunkt ihrer Untersuchung der Staat im Kontext internationaler Wirtschaftsbeziehungen, d.h. sie definieren internationale Ökonomie als die Summe des Austauschs zwischen nationalen Gesellschaften. Zweitens bleiben Staat und Markt für sie, obwohl beide als zusammengehörig postuliert werden, einander gegenüberstehende Formen sozialer Ordnung. Damit in Zusammenhang stehend teilen sie drittens mit neoklassischen ÖkonomInnen eine auf individuelle Nutzenmaximierung ausgerichtete Argumentationsweise, indem sie davon ausgehen, dass sich Staaten freiwillig und aufgrund ihres Strebens nach maximalem Nutzen einem hegemonialen Staat unterordnen, der wiederum diese Rolle nur deshalb ausübt, weil

Karen Imhof, Johannes Jäger

ihm aus dieser Situation mehr Nutzen als Kosten erwachsen. Die je nach unterschiedlicher Ausformung des internationalen monetären Regimes ungleiche Verteilung von Kosten und Nutzen zwischen zentraler Hegemonialmacht und Peripherie bleibt in diesem Theoriestrang, vor dem Hintergrund einer neoklassischen Konzeption der Ökonomie, in der Regel ausgeblendet.

Kritische sozialwissenschaftliche AutorInnen gehen zwar ebenfalls davon aus, dass die britische Hegemonie über die globale Finanzordnung im 19. Jahrhundert und die amerikanische im 20. Jahrhundert reale und prägende Phänomene waren. Im Gegensatz zu den VertreterInnen der Hegemoniestabilität argumentieren sie aber, dass der Auf- und Abstieg der Hegemonialmächte nicht „automatisch" oder aus ökonomischen Effizienzgründen heraus passiert, sondern dass dieser über einen langen Zeitraum hinweg und aufbauend auf bestimmten sozialen, ökonomischen und politischen Kräftekonstellationen erfolgt, die es zu untersuchen gilt. In dieser Perspektive umfassen soziale Kräfte nicht nur Staaten und nationale Interessen, sondern auch globale Märkte und transnationale ökonomische Strukturen. Ökonomie und Politik werden dabei als zusammengehörig und als Teil eines gemeinsamen historischen Prozesses interpretiert (vgl. Cox 1987). Bereits 1944 schrieb der Wirtschaftshistoriker Karl Polanyi, dass die Zeit, die gemeinhin als jene der britischen Hegemonie bezeichnet wird, nicht vom englischen Staat per se kontrolliert wurde. Vielmehr basierte die dominante Stellung Englands und Londons als Knotenpunkt der globalen Finanzwelt auf einem transnationalen Netzwerk mächtiger FinanzmarktakteurInnen, dass er *haute finance* nennt und dessen soziale Basis der Goldstandard darstellte (Polanyi 2001). Diese Argumentationsweise ist für die heutige Zeit von ForscherInnen weiterentwickelt worden.

Neue theoretische Ansätze im Bereich der Internationalen Politischen Ökonomie bemühen sich, Staat und Markt mit der veränderten Organisation der globalen Finanzordnung in Beziehung zu setzen. Dabei werden neben staatlichen Institutionen insbesondere Kapitalfraktionen als prägende AkteurInnen in den globalen Finanzbeziehungen identifiziert (Sinclair 2005; Underhill/Zhang 2003; Germain 2004). Es wird argumentiert, dass die Globalisierung und Liberalisierung der Finanzmärkte nicht daher rührt, weil Märkte eine natürliche, ihnen innewohnende Tendenz haben, sich zu erweitern, sondern dass es im Interesse spezifischer Kapitalgruppen in dominanten Staaten liegt, die heute als Globalisierung und Liberalisierung beschriebenen Veränderungen auf allen Ebenen durchzusetzen (Strange 1994).

Geldordnungen und Entwicklungschancen

Im folgenden Teil wird versucht, die oben knapp angeführten kritischen staatszentrierten Zugänge zur Geldordnung mit den stärker ökonomisch basierten regulationstheoretischen Perspektiven zur Frage des Geldes zu verknüpfen. Damit soll die Diskussion der Rolle internationaler Regime und ihrer Wirkung auf periphere Räume auf eine breitere theoretische Basis gestellt werden.

Der Goldstandard (1815–1914)

Der Goldstandard bezeichnet ein System fixer Wechselkurse auf Basis von Gold. Er entstand mit dem Aufstieg Großbritanniens als Handelsnation mit London als finanziellem Zentrum. Kapitalströme aus Europa in den Süden bildeten neben den Handelsströmen eine weitere Komponente der Abhängigkeit. 1860 absorbierte Großbritannien mehr als 30 Prozent des weltweiten Handels (vor allem im Bereich Rohmaterial und Agrargüter) und war zudem der weltweit führende Exporteur von Industriegütern und Dienstleistungen. Zwischen 1860 und 1914 wurden rund 60 Prozent des Welthandels in Pfund getätigt (Eichengreen 2005: 4). Bereits seit 1870 zeigte sich, dass die industrielle Bedeutung Großbritanniens im Vergleich zu Deutschland und den USA im Abnehmen begriffen war. Die Akkumulation stützte sich daher verstärkt auf finanzielle Akkumulation (Langley 2002: 51). Besonders für die lateinamerikanischen Staaten galt, dass sie einerseits als lukrativer Anlageplatz für (mehrheitlich) britisches Kapital dienten, während sie andererseits von Kapitalzuflüssen aus den europäischen Staaten abhängig waren, um ihre Infrastruktur zu verbessern, was wiederum notwendig war, um das exportgeleitete Entwicklungsmodell aufrechtzuerhalten (Boris 2001:18f.; Halperín Donghi: 118f.).

Die Funktionsweise des Goldstandards bestand darin, den Wert der jeweiligen Währungen direkt an Gold zu binden. In dieser reinen Form erlaubte Geld als Metallgeld keine autonome Währungspolitik. Hatte ein Land ein Handelsbilanzdefizit, so konnte dies nicht durch eine Abwertung ausgeglichen werden. Vielmehr gab es im Rahmen des Goldstandards einen quasi-automatischen Anpassungsmechanismus, der über reale Größen wirkte. Konkret bedeutete dies, dass ein Handelsbilanzdefizit ohne zusätzlichen Kapitalzufluss zu einem Abfluss von Geld und damit zu einer Reduktion der monetären Basis im Land führte. Die Folge war Geldknappheit für Transaktionszwecke und damit hohe Zinsen, was wiederum zu einer Dämpfung des Wirtschaftskreislaufs führte und tendenziell zu einer Senkung der Preise und Nominallöhne beitrug. Damit sollte das Defizit in der Handelsbilanz ausgeglichen werden, da Exportgüter billiger und Importgüter relativ teurer wurden. Eine weitere Möglichkeit Importüberschüsse zu überbrücken, war Kapitalzufuhr, die durch ausländische Direktinvestitionen oder externe Verschuldung erfolgte.

In der Realität funktionierte der Goldstandard vor allem in der Peripherie nicht reibungslos. Die Schwierigkeiten, die diese Länder mit der Einhaltung der Regelungen des Goldstandards hatten, äußerten sich in der Häufigkeit, in der sie den Goldstandard verließen (Eichengreen 1996: 41). Die Beibehaltung des Goldstandards ging meistens mit politischen und sozialen Konflikten einher. Jene nationalen gesellschaftlichen Gruppierungen, die eine starke Verbindung zur internationalen Finanzwelt und den globalen Exportmärkten befürworteten, plädierten zumeist für die Einhaltung des Goldstandards (vgl. Frieden 1993). Die im Zuge des Goldstandards vergleichsweise niedrigen internationalen Zinssätze führten trotz aller geldpolitischen Einschränkungen dazu, dass sich die Länder des Südens immer wieder den Regeln des Goldstandards unterwarfen. Der Zwang, ausländisches Kapital anziehen zu müssen, um das auf industrielle Importe basierende Exportwachstum aufrechterhalten zu können, begünstigte den Verbleib beim Goldstandard (vgl. Bordo/Rockoff 1996).

Zwischenkriegszeit und Bretton-Woods-System (1914–1973)

Mit dem Ausbruch des Ersten Weltkriegs brach der klassische Goldstandard zusammen. London als globales Finanzzentrum und das Britische Pfund als Weltgeld wurden vom US-Dollar und dem Aufstieg New Yorks als neues Zentrum des globalen Finanzmarktes abgelöst. Die USA erlebte einen industriellen Aufschwung und produzierte bereits 1913 ein Drittel der weltweiten Industrieproduktion und damit nur geringfügig weniger als Deutschland, England und Frankreich gemeinsam (Langley 2002: 62). Die USA begannen besonders ab 1914 verstärkt den internationalen Handel (besonders mit Lateinamerika) sowie die kriegsbedingten Reparationszahlungen in Europa zu finanzieren. Zwischen 1924 und 1929 vergab New York bereits 6,4 Milliarden USD an weltweiten Krediten, während diese Zahl für denselben Zeitraum für London nur bei 3,3 Milliarden USD lag (Germain 1997). Diese Fragmentierung und Dezentralisierung der globalen Geldordnung ging mit erhöhter wirtschaftlicher Krisenanfälligkeit einher. Obwohl die tieferen Ursachen der Weltwirtschaftskrise nicht allein im Börsencrash vom

Oktober 1929 in New York lagen, so zeigte die Dimension der Krise doch den akuten Schwächezustand des globalen Geldsystems.

Die Übergangsphase bis zur Etablierung einer neuen stabilen Geldordnung dauerte bis Ende des Zweiten Weltkriegs. Die Basis dafür bot ein signifikanter Umschwung in der Wirtschaftspolitik der führenden Industrienationen, die mit der Weltwirtschaftskrise ihren Anfang nahm, allerdings in den meisten Ländern erst nach dem Zweiten Weltkrieg zur vollen Durchsetzung kam. Auch in den peripheren und semiperipheren Staaten kam es durch die Krise zu einem ersten Anstoß für eine auf den Binnenmarkt hin orientierte Entwicklungsstrategie. Während der internationale Handel und Kapitalverkehr weitgehend zum Erliegen gekommen waren, erfolgte in dieser Periode (oder im Rahmen der späteren Entkolonialisierung) die Herausbildung stärker binnenorientierter Akkumulationsmuster, unterstützt von eigenständigen Währungen und keynesianischen Politiken. Diese resultierten in einer flexibleren und weniger engen monetären Restriktion und wurden insbesondere durch die Nicht-Konvertibilität der Währungen, d.h. durch strenge Kapitalverkehrskontrollen in Verbindung mit politisch festgelegten – und oft unterschiedlichen – Wechselkursen für eine Währung ermöglicht und begünstigt. Damit konnte sich Wachstum fördernde Geld- und Zinspolitik auf nationale Interessen konzentrieren. Das Bretton-Woods-System bot den geldpolitischen Rahmen für diese Entwicklungen. Es stellte ein System fixer, aber im Fall von Zahlungsbilanzproblemen anpassbarer Wechselkurse dar. Die Architektur von Bretton Woods ging wesentlich auf die Vorschläge von John Maynard Keynes zurück und bedeutete eine starke Zurückdrängung und Einschränkung des durch die Krisen geschwächten Finanzkapitals.

Keynes sah bereits vor dem Zweiten Weltkrieg das Ende einer Epoche herannahen: „... the euthanasia of the rentier, of the functionless investor, will be nothing sudden, merely a gradual but prolonged continuance of what we have seen recently in Great Britain"

(1936: Kap. 24, Teil II). Allerdings fiel das Bretton-Woods-Abkommen von 1944 doch deutlich weniger radikal aus als ursprünglich von ihm vorgesehen. Anpassungsleistungen bei Zahlungsbilanzproblemen wurden zwar nunmehr international über den im Rahmen des Bretton-Woods-Abkommens gegründeten Internationalen Währungsfonds (IWF) bekämpft, die Anpassungslast verblieb jedoch strukturell beim Defizitland. Der US-Dollar als Anker und damit die zentrale Position der USA im Bretton-Woods-System bestärkte deren strukturelle hegemoniale Macht in der globalen Weltwirtschaft (Strange 1994: 25).

Liberalisierung und das Dollar-Wall-Street-Regime (seit 1973)

Die privilegierte Position des US-Dollars innerhalb des globalen Geldsystems erlaubte es den USA mehr Dollar zu drucken, aber die im Rahmen des erhöhten Finanzierungsbedarfs im Zuge des Vietnamkriegs ausgelöste Dollarschwemme machte die Gold-Dollar-Deckung zunehmend schwierig und erhöhte den Druck zur Abwertung des Dollars. 1971 mussten die USA die Gold-Dollar-Bindung aufkündigen, 1973 wurde schließlich die Wechselkursfixierung aufgehoben, wodurch das System von Bretton Woods endgültig beendet wurde. Der Kurs des US-Dollars fiel erwartungsgemäß. Dies hatte zwar maßgebliche Folgen für die Weltwirtschaft, aber auch nach dem Zusammenbruch des Bretton-Woods-Systems blieb der US-Dollar die dominante Weltwährung. Allerdings wurde der auf Konsens beruhende *embedded liberal compromise* der Bretton Woods Ära durch eine *embedded financial orthodoxy* ersetzt: Im Zuge der Abschaffung der Kapitalverkehrskontrollen lag der Schwerpunkt der Geldpolitik einzelner Staaten nunmehr weniger auf der Erreichung nationaler Politikziele, sondern vielmehr in der Stabilisierung ausländischer Kapitalflüsse (Cerny 1993). Die Art der hegemonialen Macht der USA in der internationalen Geldordnung beruhte nun

KAREN IMHOF, JOHANNES JÄGER

→ Handelsbilanzdefizit

weniger auf Konsens, sondern stärker auf Zwang, der mittels einer strengeren monetären Restriktion erfolgte (Cafruny 2003).

Dies wirkte sich vor allem auf die peripheren Staaten negativ aus. Die durch den so genannten „Volcker-Schock" – eine radikale Zinsanhebung und Aufwertung des US-Dollars – ausgelöste Schuldenkrise in den späten 1970er Jahren stärkte die Rolle internationaler Gläubiger, vor allem des IWF, und zwang die verschuldeten peripheren Staaten im Rahmen von Strukturanpassungsprogrammen zu einer radikalen Liberalisierung von Handels- und Kapitalströmen. Um Kapitalabflüsse zu vermeiden, waren periphere Länder gezwungen, ihre Zinsen anzuheben – mit entsprechend negativen Auswirkungen auf den Akkumulationsprozess (Chesnais 2003).

Auch die USA, die sich seit den späten 1970er Jahren von einer kreditgebenden zu einer Schuldnernation entwickelt hatten, waren und sind auf den Zufluss von Kapital zur Finanzierung ihrer Defizite angewiesen. Dabei zeigt sich, dass die USA insbesondere in Zeiten globaler Krisen, wie etwa der Schuldenkrise in den 1980er Jahren oder im Zuge der Finanzkrisen in den 1990er Jahren, als „sicherer Hafen" hohe Kapitalzuflüsse verzeichneten. Hohe regelmäßige Kapitalzuflüsse in die USA ermöglichen es diesen, über nunmehr mehr als zwei Jahrzehnte ein substantielles Handelsbilanzdefizit aufrechtzuerhalten (Soederberg 2006).

Im Kontext dieser liberalen globalen Ordnung konnten sich nur wenige Länder der sehr einschränkenden und wesentlich stärker von außen vorgegebenen monetären Restriktion entziehen. Teilweise geschah dies durch Kapitalverkehrskontrollen – wie etwa in China, Malaysia und Chile (Becker et al. 2002; Ocampo 2003). Wenn solche Maßnahmen politisch durchsetzbar waren, erlaubten sie eine höhere Flexibilität im Bereich der monetären Restriktion. Länder, die auf flexible Wechselkurse setzten, hatten zwar einen höheren Spielraum in der monetären Gestaltung, sahen sich aber starken Wechselkursschwankungen aufgrund spekulativer Kapitalflüsse gegenüber. Aber auch die in den 1990er Jahren in vielen Ländern der

Peripherie erfolgte Wiedereinführung fixer Wechselkurse mündete nach kurzen Boomphasen oft in verheerenden Wirtschaftskrisen (vgl. Becker et al. 2003). Ebenso stellt die im Zuge des liberalisierten Kapitalverkehrs und des Vertrauensverlustes in krisengeschüttelte Währungen prononcierte Dollarisierung, d.h. der gänzlichen oder teilweisen Verwendung der hegemonialen Währung anstelle der nationalen, eine fundamentale Untergrabung der eigenen Geld- und währungspolitischen Spielräume dar (Becker/Jäger 2005).

Neben den USA stellt einzig der Euro-Raum aufgrund seines großen ökonomischen Gewichts ein relativ eigenständiges monetäres Gravitationsfeld dar, das von spekulativen Flüssen nicht ernsthaft bedroht werden kann. Dies würde expansive Politiken im Bereich des Geldes ermöglichen, wobei diese Möglichkeiten jedoch in der EU im Vergleich zu den USA bislang bei weitem weniger ausgeschöpft werden (vgl. Huffschmid 2002: 262ff.).

Insgesamt stellt sich die liberale Periode mit der Durchsetzung eines „harten" internationalen Geldregimes, ähnlich der Periode des Goldstandards, für Entwicklungschancen – etwa gemessen in Wirtschaftswachstum – für die Peripherie in der Regel als sehr negativ heraus (vgl. Maddison 2003). Sogar der IWF räumt ein, dass positive Auswirkungen auf periphere Länder durch die Liberalisierung des Kapitalverkehrs und der Finanzmärkte nicht nachweisbar sind (Prasad et al. 2003). Die Spielräume für expansive Politik sind deutlich geringer, ebenso wird die Peripherie regelmäßig von tiefen Finanzkrisen erschüttert. Nur wenige Länder – wie etwa China – scheinen sich bislang längerfristig diesem restriktiven Dollar-Wall-Street-Regime (Gowan 1999), dessen zentraler Nutznießer bislang die USA sind, entziehen zu können. Die im Zuge der Asienkrise unter den Stichworten neue globale Finanzarchitektur und Basel II forcierten Reformen im Geiste des *Post-Washington-Consensus* stellen jedenfalls keine grundsätzliche Infragestellung der liberalen globalen Geldordnung dar, sondern bedingen zum Teil eine weitere Schlechterstellung peripherer Länder (Jäger 2005).

KAREN IMHOF, JOHANNES JÄGER

Schlussfolgerungen

Historisch zeigt sich, dass bei der Dominanz stark außenorientierter Akkumulationsmuster – wie etwa im Falle von (kolonialen) Extraktionsökonomien – die monetäre Souveränität in den entsprechenden Räumen meist sehr gering oder aufgrund der Abwesenheit einer eigenen Währung überhaupt nicht gegeben war. Mit der Hinwendung zu stärker eigenständigen Modellen im Entwicklungsstaat war in der Regel die Herausbildung einer eigenen Währung verbunden. Damit wurden Handlungsspielräume eröffnet und oft auch genützt. Diese wurden mit der Verschuldungskrise der 1980er Jahre und der damit verbundenen Liberalisierung im Finanzsektor, die häufig mit einer Dollarisierung einherging, weitgehend wieder zunichte gemacht. Diese Entwicklungen im finanziellen Bereich stehen in engem Zusammenhang mit ökonomischen Grundstrukturen, die sich in Richtung einer stärker abhängigen und außenorientierten Eingliederung peripherer Ökonomien verschoben haben. An der Verfestigung des Dollar-Wall-Street-Regimes und damit der noch stärker unilateralen Ausrichtung der globalen Geldordnung an den Interessen der USA wird sich – ohne tiefer gehende ökonomische Krise in diesem ökonomischen Zentrum – voraussichtlich keine substantielle Änderung ergeben. Ob bzw. wann diese eintritt oder ob diese gar vermeidbar ist, bleibt offen. Zwischenzeitlich können einzelne periphere Länder versuchen, eigenständige Wege und Spielräume zu nutzen. Sie können aber auch versuchen, kollektiv auf globale Regelungen Einfluss zu nehmen. Eine Infragestellung der bestehenden Geldordnung – und der zugrundeliegenden Weltwirtschaftsordnung – ist dafür eine erste Voraussetzung.

Literatur

Aglietta, Michel (2000): A Theory of Capitalist Regulation. The US Experience. London: Verso.

Becker, Joachim/Heinz, Ronald/Imhof, Karen/Küblböck, Karin/ Manzenreiter, Wolfram (2003): Geld Macht Krise. Finanzmärkte und neoliberale Herrschaft. Wien: Promedia.

Becker, Joachim/Jäger, Johannes (2005): Geld und Legitimität. Monetäre Strategien in Argentinien, Uruguay und Brasilien. In: Boris, Dieter/Schmalz, Stefan/Tittor, Anne (Hg.): Lateinamerika: Verfall neoliberaler Hegemonie? Hamburg: VSA, 87-111

Becker, Joachim/Jäger, Johannes/Musacchio, Andrés (2002): Finanzsystem und Krise in Argentinien und Chile. In: Kurswechsel 3, 32-44.

Bordo, Michael/ Rockoff, Hugh (1996): The Gold Standard as a „Good Housekeeping Seal of Approval". In: Journal of Economic History 56 (2). http://www-snde.rutgers.edu/scripts/Rutgers/wp/rutgers-searchdb.exe, 20.3.2007.

Boris, Dieter (2001): Zur Politischen Ökonomie Lateinamerikas. Der Kontinent in der Weltwirtschaft des 20. Jahrhunderts. Hamburg: VSA.

Cafruny, Alan (2003): Europe, the United States and Neoliberal (Dis)Order: Is There a Coming Crisis of the Euro? In: Cafruny, Alan/Ryner, Magnus (Hg.): A Ruined Fortress? Neoliberal Hegemony and Transformation in Europe. Lanham: Rowman & Littlefield, 285-306.

Cerny, Philip G. (1993): American Decline and the Emergence of Embedded Financial Orthodoxy. In: Cerny, Philip G. (Hg.): Finance and World Politics. Markets, Regimes and States in the Post-hegemonic Era. Aldershot: Edward Elgar, 155- 186.

Chesnais, François (2003): Das finanzbasierte Akkumulationsregime: theoretische Begründung und Reichweite. In: Zeller,

Christian (Hg.): Die Globale Enteignungsökonomie. Münster: Westfälisches Dampfboot, 217-254.

Cox, Robert (1987): Production, Power and World Order. Social Forces in the Making of History. New York: Columbia University Press.

Eichengreen, Barry (1996): Globalizing Capital. A History of the International Monetary System. Princeton: Princeton University Press.

Eichengreen, Barry (2005): Sterling's Past, Dollar's Future. Historical Perspectives on Reserve Currency Competition. Text of the Tawney Lecture delivered to the Economic History Society, Leicester, 10 April 2005. http://www.econ.berkeley.edu/~eichengr/research/tawney_lecture2apr29-05.pdf, 20.3.2007.

Frieden, Jeffry A. (1993): The Dynamics of International Monetary Systems: International and Domestic Factors in the Rise, Reign and Demise of the Classical Gold Standard. In: Snyder, Jack/Jerwis, Robert (Hg.): Coping with Complexity in the International System. Westview: Westview Press, 137-162.

Friedman, Milton (1969): The Optimum Quantitiy of Money and Other Essays. London: Macmillan.

Germain, Randall D. (1997): The International Organzation of Credit. States and Global Finance in the World-Economy. Cambridge: Cambridge University Press.

Germain, Randall D. (2004): Finance Governance and the Public Sphere. Recent Developments. In: IPEG Papers in Global Political Economy 10, May 2004. http://www.bisa.ac.uk/groups/ipeg/papers/10%20Randall%20Germain.pdf, 20.3.2007.

Gilpin, Robert (2000): The Challenge of Global Capitalism. Princeton: Princeton University Press.

Gilpin, Robert (2002): The Rise of American Hegemony. In: O'Brien, Patrick Karl/Clesse, Armand (Hg.): Two Hegemonies: Britain 1846–1914 and the United States 1941–2001. Aldershot: Ashgate.

Gowan, Peter (1999): The Global Gamble. Washington's Faustian Bid for World Dominance. London: Verso.

Halperín Donghi, Tulio (2001): The Contemporary History of Latin America. 6. Aufl. Durham/London: Duke University Press.

Huffschmid, Jörg (2002): Politische Ökonomie der Finanzmärkte. Hamburg: VSA.

Jäger, Johannes (2005): New Forms of Global Financial Regulation. Emergence and Consequences of the New Basel Capital Accord. In: Cahier de la Recherche ISC 9, 169-182.

Keynes, John Maynard (1936): The General Theory of Employment, Interest and Money. Cambridge: Macmillan.

Kindleberger, Charles (1986):The World in Depression 1929–1939. Berkeley/Los Angeles: University of California Press.

Langley, Paul (2002): World Financial Orders. An Historical International Political Economy. London/New York: Routledge.

Maddison, Angus (2003): The World Economy. Historical Statistics. Paris: OECD.

Minsky, Hyman (1982): Can ‚It‘ Happen Again? Essays on Instability and Finance. Armonk N.Y.: Sharpe.

Mishkin, Frederic, (2004): The Economics of Money, Banking and Financial Markets. Boston: Pearson.

Ocampo, José Antonio (2003): Capital-Account and Counter-Cyclical Prudential Regulations in Developing Countries. Santiago de Chile: CEPAL.

Polanyi, Karl (2001 [1944]): The Great Transformation. The Political and Economic Origins of Our Time. Boston, Massachusetts: Beacon Press.

Prasad, Eswar/Rogoff, Kenneth/Wei, Shang-Jin/Kose, M. Ayhan (2003): Effects of Financial Globalization on Developing Countries. IMF Working Paper. http://www.imf.org/external/np/res/docs/2003/031703.pdf, 20.3.2007.

Sinclair, Timothy (2005): The New Masters of Capital. American Bond Rating Agencies and the Politics of Creditworthiness. Ithaca/London: Cornell University Press.

Soederberg, Susanne (2006): Global Governance in Question. Empire, Class and the New Common Sense in Managing North-South Relations. London: Pluto Press.

Strange, Susan (1994): States and Markets. London/New York: Continuum.

Underhill, Geoffrey/Zhang, Xiaoke (2003): International Financial Governance under Stress. Global Structures versus National Imperatives. Cambridge: Cambridge University Press.

Internationale Verschuldung und (Unter-)Entwicklung

Internationale Verschuldung war schon immer Bestandteil der internationalen Ökonomie, hat aber im 20. Jahrhundert eine neue Dimension angenommen. In den 30er und den 80er Jahren gipfelte die Schuldenproblematik in Schuldenkrisen, die offiziell begannen, als Schuldnerländer ihre Zahlungsunfähigkeit erklärten und dadurch die Krisen zu einer potentiellen Bedrohung für das globale Finanzsystem wurden.

Staatsverschuldung ist in praktisch allen Ländern eine wichtige Komponente bei der Finanzierung von öffentlichen Ausgaben und kann helfen, Wachstumsschübe in Gang zu setzen bzw. antizyklische Politik zu betreiben. Besonders in Entwicklungsländern, wo Kapital knapp ist, ist die Aufnahme von Schulden im Ausland oft notwendig, um Investitionen zu finanzieren.

Ob Schulden jedoch zur Entwicklung beitragen oder ein Hemmnis dafür darstellen, hängt wesentlich von ihrer Verwendung und ihrer Einbettung in ein breiteres Entwicklungskonzept, von den Bedingungen, unter denen Schulden vergeben werden sowie von den globalen Rahmenbedingungen ab. Somit kann das Thema Verschuldung nicht isoliert betrachtet werden, sondern muss in einen breiteren politökonomischen Zusammenhang eingebettet werden, der die entwicklungspolitischen Spielräume von Entwicklungsländern, ihre Position in der internationalen Ökonomie, die Rolle, Interessen und Macht der Gläubiger sowie globale politökonomische Entwicklungen umfasst.

Darüber hinaus muss das Thema Entschuldung in einem breiteren Zusammenhang betrachtet werden. Eine nachhaltige Lösung des Schuldenproblems vieler Entwicklungsländer setzt voraus, dass nach einer erfolgten Entschuldung der externe Finanzierungsbedarf zurückgeht und nicht wieder in eine Neuauflage der Schuldenspirale führt. Bedingungen dafür sind ein ausreichend hohes Wirtschaftswachstum, welches sich auch in höheren Steuereinnahmen niederschlägt, sowie keine anhaltenden Leistungsbilanz- und Budgetdefizite.

Nach einem kurzen Überblick über unterschiedliche Schuldenarten behandelt dieser Beitrag die Entwicklung der öffentlichen Auslandsverschuldung der Entwicklungsländer – v.a. die Schuldenkrise in den 30er und 80er Jahren – und deren Auswirkungen auf Entwicklungsmöglichkeiten. Weiters wird das internationale Schuldenmanagement beleuchtet, um abschließend Wege des nachhaltigen Umgangs mit Auslandsverschuldung zu diskutieren.

Arten von Schulden

Ein Staat kann seine Ausgaben nicht immer aus eigenen Mitteln bestreiten. Regierungen von Entwicklungsländern können ihre Ausgaben über Steuern, Einnahmen aus staatlichem Eigentum, Entwicklungshilfe oder über die Aufnahme von Schulden finanzieren (Neuwirth 2003: 61f.). Steuern stellen die Haupteinnahmequelle dar. In vielen ärmeren Entwicklungsländern basieren die Steuereinnahmen stark auf Zolleinnahmen, was zu prozyklischen und stark schwankenden Steuereinnahmen führt, da bei einem geringen Wirtschaftswachstum die Importe und somit auch die Steuereinnahmen sinken. Zusätzlich wird diese Einnahmequelle durch den Abbau von Zöllen im Rahmen von Handelsliberalisierungen reduziert. Der globale Standortwettbewerb, forciert u.a. durch die Liberalisierung des Kapitalverkehrs und die Existenz von Steueroasen, führt auch in Entwicklungsländern zu einem Steuerwettlauf nach unten bei Kapital- und Unternehmenssteuern und zu einem weiteren Einnahmenentgang für Regierungen. Einnahmen aus staatlichem Eigentum sind in vielen Entwicklungsländern nicht zuletzt aufgrund weit reichender Privatisierungen rückläufig. Entwicklungshilfeleistungen in Form von Zuschüssen reichen zumeist nicht aus, um fehlende Eigenmittel zu kompensieren. Aus diesen Gründen haben Regierungen oft nur die Möglichkeit, sich im Inland oder im Ausland zu verschulden.

Öffentliche Schulden sind im Grunde nichts anderes als zukünftige Steuern. Ihre Aufnahme kann dazu dienen, die intergenerationelle Verteilungsgerechtigkeit zu verbessern, indem Investitionen, die auch zukünftigen Generationen zugutekommen, von jenen mitfinanziert werden. Schulden können weiters dazu dienen, in schlechten Konjunkturzyklen, in denen u.a. Steuereinnahmen sinken, durch öffentliche Ausgaben gegenzusteuern.

Staaten können sich im Inland z.B. über Staatsanleihen finanzieren, d.h. der Staat verschuldet sich bei privaten Geldgebern – bei Einzelpersonen oder institutionellen Anlegern wie etwa Banken oder Fonds. Daneben haben Staaten die Möglichkeit, im Ausland Kredite aufzunehmen. Hier wird zwischen multilateralen Gläubigern, wie Internationaler Währungsfonds (IWF) und Weltbankgruppe, bilateralen (staatlichen) Gläubigern sowie privaten (oder kommerziellen) Gläubigern unterschieden. Die ersten beiden Gläubigergruppen werden öffentliche Gläubiger genannt. Vor allem bei den ärmsten Entwicklungsländern machen Auslandsschulden bei öffentlichen – insbesondere multilateralen – Gläubigern den Großteil der Verschuldung aus. Die Unterscheidung in Inlands- und Auslandsverschuldung ist wesentlich, da bei Auslandsschulden der Schuldendienst meist in Devisen erfolgen muss, was, wie im Folgenden ausgeführt wird, zu Problemen führen kann.

Es gibt unterschiedliche Verschuldungsindikatoren, die die Verschuldungssituation eines Landes darstellen. Der absolute Stand der Schulden kann historische Entwicklungen und Trends aufzeigen, hat aber sonst geringen Aussagewert. Um Aussagekraft zu erlangen, muss der Verschuldungsstand mit anderen volkswirtschaftlichen Größen wie dem Bruttoinlandsprodukt (BIP), den Exporterlösen, dem Staatshaushalt, aber auch mit sozialen Indikatoren verglichen werden.

KARIN KÜBLBÖCK, CORNELIA STARITZ

Die gebräuchlichsten Verschuldungsindikatoren sind der Schuldenstand sowie der Schuldendienst (Zins- und Tilgungszahlungen), bezogen auf das BIP, die Exporterlöse sowie den Staatshaushalt. Der Schuldenstand, bezogen auf das BIP, gibt einen Einblick, wie hoch die Verschuldung im Vergleich zu der gesamten Wirtschaftsleistung eines Landes ist. Da die meisten Auslandsschulden in Fremdwährung (in der Regel USD) aufgenommen werden, werden für den Schuldendienst ausländische Währungen, also Devisen, benötigt. Die direkteste Einnahmequelle für Devisen sind Exporte, daher gibt der Indikator Schuldendienst/Exporterlöse einen wesentlichen Hinweis auf die Zahlungsfähigkeit eines Landes. Die Bedienung der Auslandsschulden erfolgt aus dem nationalen Haushalt. Zur Einschätzung der Zahlungsfähigkeit ist somit weiters das Verhältnis des Schuldendienstes zum Gesamthaushalt der Regierung wesentlich. Ein weiterer Indikator, der ebenfalls auf die Zahlungsfähigkeit eines Landes schließen lässt, ist der geleistete Schuldendienst im Verhältnis zu dem fälligen Schuldendienst.

Wie wichtig es ist, die Verschuldung in Relation mit anderen ökonomischen Indikatoren zu setzen, zeigt Tab. 1, die die Auslandsschulden der USA, aller Entwicklungsländer und der Länder südlich der Sahara in absoluten Zahlen sowie bezogen auf das BIP und die Exporterlöse im Jahr 2003 darstellt. Die USA hatten 2003 Auslandsschulden von 1.400 Milliarden US-Dollar (Economic Report of the President, 2007). Dagegen erscheinen die Schulden von allen Entwicklungsländern zusammen (2.597 Mrd. USD), aber v.a. von einzelnen Entwicklungsländern oder sogar Regionen wie z.B. der Länder südlich der Sahara (218 Mrd. USD) klein (Weltbank, 2007). Dennoch ist die Verschuldung für diese Länder ein viel größeres Problem, denn im Vergleich zur wirtschaftlichen Leistungsfähigkeit (BIP) sind die Schulden der USA nicht so hoch und problematisch wie bei ökonomisch schwächeren Ländern. Obwohl die Auslandsschulden der USA im Vergleich zu ihren jährlichen Exporterlösen hoch erscheinen, stellt dies im Vergleich zu anderen

Ländern kein großes Problem dar, da die USA mit dem US-Dollar als internationale Reservewährung das Privileg haben, dass sie ihre Auslandsschuld weitgehend in der eigenen Währung aufnehmen und begleichen können (und somit kein nennenswertes Devisenproblem haben).

Tab. 1: Auslandsschuldenstand 2003

	EDT (Mrd USD)	EDT/BIP	EDT/XGS
USA	1.400	12 %	176 %
Alle Entwicklungsländer	2.597	35 %	87 %
Länder südlich der Sahara	218	49 %	125 %

Quelle: für die USA: Economic Report of the President, 2007; für Entwicklungsländer: Weltbank, Global Development Finance, 2007

Schuldenkrisen im 20. Jahrhundert

Schuldenkrise der 30er Jahre

Im 19. Jahrhundert nahmen v.a. heutige Industrieländer (Nordamerika und Europa) und lateinamerikanische Länder sowie Länder des Britischen Commonwealth über internationale Anleihen Schulden auf. Die Mittel wurden großteils für Infrastrukturprojekte verwendet. In lateinamerikanischen Ländern führte dies zu einigen Verschuldungskrisen und Zahlungseinstellungen, beim Großteil der internationalen Schulden verlief die Tilgung aber ohne Probleme (Aldcroft 2003: 27).

In den 20er Jahren des 20. Jahrhunderts erwies sich die Verschuldungssituation vieler Länder als problematischer. So kam es etwa nach der Russischen Revolution zu Zahlungsstopps, als sich

KARIN KÜBLBÖCK, CORNELIA STARITZ

die Bolschewiki weigerten, die vom Zarenregime aufgenommenen Schulden zurückzuzahlen (Aldcroft 2003: 27). In den 20er Jahren nahm außerdem – u.a. durch sehr großzügige Kreditpraktiken verschiedener Banken – sowohl die öffentliche Verschuldung (z.B. über Anleihen) als auch die Verschuldung privater Unternehmen zu. Das Verhältnis des öffentlichen Schuldenstandes zu den Exporterlösen (siehe Tab. 2) war in vielen Ländern stark angestiegen. Die Schuldenkrise beschränkte sich dabei nicht auf Entwicklungsländer. Der in absoluten Beträgen größte Schuldner, Deutschland, hatte etwa mit hohen Reparationszahlungen zu kämpfen.

Tab. 2: Öffentlicher Auslandsschuldenstand/Exporterlöse 1931 (in %)

Länder, die den Großteil ihres Schuldendienstes einstellten („heavy defaulters")		Länder, die den Großteil ihrer Schulden weiter bedienten („light defaulters")	
Griechenland	750	Australien	684
Chile	327	Neuseeland	454
Bulgarien	288	Norwegen	165
Ungarn	251	Österreich	157
Polen	212	Japan	132
Brasilien	163	Spanien	95
Kolumbien	101	Kanada	82
Deutschland	34	Argentinien	73

Es handelt sich bei den Daten um Schulden der nationalen Regierungen
Quelle: Eichengreen/Portes 1989

Ende der 20er Jahre führte eine Reihe von Entwicklungen, die außerhalb des Einflusses der Schuldnerländer waren, zum Ausbruch der Krise: Einerseits ging die ausländische Kreditvergabe insbesondere von Seiten der USA abrupt zurück – Grund war der Boom der Wall Street, wodurch US-amerikanisches Kapital ins Inland zurückfloss. Genauso plötzlich kam es zu einem drastischen Rohstoffpreisverfall – in nur einem Jahr fiel 1929 etwa der Preis von Kaffee um 43 Prozent oder Kupfer um 26 Prozent. Der Rückgang der Exporteinnahmen durch den Verfall der *Terms of Trade* wurde durch die generelle Verminderung der Exportvolumina in der beginnenden Weltwirtschaftskrise noch verstärkt (Eichengreen/Portes 1989: 9ff.).

Die Schuldenkrise wurde offensichtlich, als 1931 die meisten südamerikanischen Länder – eine Ausnahme war Argentinien – sowie im Folgejahr Länder in Süd- und Osteuropa und schließlich 1933 Deutschland die Schuldenzahlungen aussetzten. Die Schuldenkrise führte zu einem allgemeinen Rückgang der privaten Kreditvergabe praktisch bis Ende der 60er Jahre (Eichengreen/Portes 1989: 20). Bemerkenswert ist, dass Länder, die in den 30er Jahren einen Großteil ihrer Zahlungen einstellten (z.B. Brasilien), in den folgenden Jahrzehnten keinen schlechteren Zugang zu Kreditmärkten hatten als jene, die ihre Auslandsschulden weiterhin bedienten (z.B. Argentinien). Gleichzeitig scheinen sich jene Länder, die die Zahlungen eingestellt hatten, schneller von der Wirtschaftskrise erholt zu haben (Eichengreen/Portes 1989: 18). Aufgrund der großen Anzahl und geographischen Streuung der Länder, die die Zahlungen einstellten, war der Einfluss der Gläubiger weitaus geringer als dies bei der Schuldenkrise der 80er Jahre der Fall sein sollte. Aus der Schuldenkrise – bzw. im weiteren Sinn der Wirtschaftskrise der 30er Jahre mit ihren fatalen Folgen – zog die internationale Gemeinschaft die Lehre, dass durch vermehrte internationale Wirtschaftskooperation Krisen in diesem Ausmaß vermieden werden könnten. Die Gründung der Bretton-Woods-Institutionen war eine Folge daraus.

Die Zeit nach dem Zweiten Weltkrieg war jene der Entkolonialisierung Afrikas und Asiens. In dieser Zeit nahmen die Regierungen dieser Länder massive finanzielle Unterstützungen in Anspruch, die in Form von Krediten flossen. Geld wurde häufig für große Infrastrukturprojekte wie z.B. Staudämme oder Autobahnen vergeben. Auch viele lateinamerikanische Länder, insbesondere Brasilien, Argentinien und Mexiko, nahmen in der Nachkriegszeit hohe Summen bei internationalen Geldgebern auf. Ab den 70er Jahren verschob sich die Verschuldung Lateinamerikas zunehmend von öffentlichen Gläubigern zu internationalen Banken, die durch die hohe Liquidität nach Kreditnehmern suchten.

Die Zeit nach dem Zweiten Weltkrieg war zudem politisch durch den sich zuspitzenden Kalten Krieg geprägt. In die verbündeten Länder des Westens flossen von Seiten bilateraler Gläubiger sowie von internationalen Finanzinstitutionen massive Kreditzahlungen, zum Großteil mit nur mangelnder Kontrolle über deren Verwendung. Diese Mittel wurden in der Folge allzu oft für Konsumgüter, Prestigeprojekte oder Waffen ausgegeben bzw. verschwanden direkt in den Taschen korrupter Regierungsmitglieder, wie z.B. Mobutu in Zaire (heute Demokratische Republik Kongo), der Suharto-Familie in Indonesien oder der Familie Duvalier in Haiti. Westliche Regierungen drückten nicht nur beide Augen zu, sondern finanzierten durch Kredite z.T. bewusst die staatliche Repression von Befreiungsbewegungen wie z.B. in Guatemala oder El Salvador. Ein großer Teil dieses bis Anfang der 80er Jahre akkumulierten „geopolitischen" Schuldenstandes belastet auch heute noch die Bilanzen dieser Länder.

Viele Entwicklungsländer waren bereits Anfang der 70er Jahre hoch verschuldet. Zusätzlich wurden in den 70er Jahren die Leistungsbilanzen vieler Entwicklungsländer durch globale Veränderungen mehrfach belastet: Erstens führte der Anstieg der Ölpreise von 1973 und 1979 zu einer Verschlechterung der Leistungsbilanzen der ölimportierenden Entwicklungsländer. Zweitens verschlechterte sich die wirtschaftliche Lage in den Industrieländern ab Anfang der 70er Jahre, was u.a. zu einer Verringerung ihrer Importe aus Entwicklungsländern führte. Drittens verschlechterten sich wie Ende der 20er Jahre die *Terms of Trade* für wichtige Exportprodukte der Entwicklungsländer wie Kaffee, Kakao oder Baumwolle (Küblböck 2002). Der Preisverfall bei Rohstoffen kostete lateinamerikanische und afrikanische Länder 13 bis 15 Prozent der realen Kaufkraft ihrer Exporte, ausgedrückt in Importen (Aldcroft 2003: 41).

Von der Perspektive der OPEC-Länder führte der Erdölpreisanstieg zu stark steigenden Einnahmen („Petro-Dollars") für die – über westliche Banken – nach Anlagemöglichkeiten gesucht wurde. Aufgrund der schlechten wirtschaftlichen Lage in Industrieländern wurden die Entwicklungsländer als neue Anlagemöglichkeit für private Gelder entdeckt. Kredite waren sehr billig – die Realzinsen betrugen in den 70er Jahren im Durchschnitt 2 bis 3 Prozent, waren in einigen Jahren sogar negativ – und wurden Entwicklungsländern förmlich aufgedrängt: In den Jahren 1973 bis 1979 stiegen die Auslandsschulden der Entwicklungsländer um durchschnittlich 21 Prozent pro Jahr (Küblböck 2002).

Die günstigen Kredite gehörten in den 80er Jahren jedoch der Vergangenheit an. Anfang der 80er Jahre stieg das internationale Zinsniveau vor allem durch die kreditfinanzierte Aufrüstung der USA sowie durch eine Veränderung in den wirtschaftspolitischen Zielsetzungen der Industrieländer, wodurch Inflationsbekämpfung an Bedeutung gewann, massiv (auf bis zu 20 Prozent) an. Der Schuldendienst stieg dadurch drastisch, da die meisten Kredite zu flexiblen Zinsen vergeben worden waren.

Die Schuldenkrise begann offiziell am 13. August 1982, als die mexikanische Regierung ihre Zahlungsunfähigkeit erklärte. Länder wie Brasilien, Argentinien, Venezuela und Peru folgten Mexiko.

Das internationale „Schuldenmanagement" seit den 80er Jahren

Zu Beginn der Schuldenkrise 1982 ging die internationale Gebergemeinschaft noch davon aus, dass es sich bei der Krise um eine vorübergehende Zahlungsunfähigkeit handelte. In zahlreichen Umschuldungsverhandlungen wurden Fälligkeiten verlängert und die Zinsforderungen kapitalisiert. In dieser Zeit trat auch der Internationale Währungsfonds als „Manager" der Schuldenkrise auf den Plan. Bedingung für die Umschuldungen und die Vergabe von neuen Krediten wurde die Durchführung von Strukturanpassungsprogrammen, die dazu dienen sollten, die Schuldendienstfähigkeit der Schuldnerländer wiederherzustellen. Die Strukturanpassungsprogramme griffen tief in die nationale Wirtschafts- und Sozialpolitik ein und enthielten neben der Verpflichtung zur Reduktion von Inflationsraten und Budgetdefiziten Maßnahmen zur Liberalisierung des Außenhandels sowie zur Privatisierung öffentlicher Unternehmen.

Statt die Schuldenkrise zu lösen, stieg die Verschuldung in der Zeit der Strukturanpassung weiter an. Ende der 80er Jahre mussten auch die Gläubiger einsehen, dass es sich bei der Schuldenkrise um mehr als eine vorübergehende Zahlungsunfähigkeit handelte. Seitdem wurde eine Reihe von Maßnahmen im Bereich der kommerziellen und bilateralen Schulden getroffen, die einen teilweisen Schuldenerlass vorsahen.

Keine dieser Schuldenerleichterungsmaßnahmen konnte die Schuldenkrise endgültig beilegen. Vor allem die Lage der hoch verschuldeten armen Länder (*highly indebted poor countries* – HIPCs) hat sich trotz der verschiedensten Schuldenerlässe noch weiter verschärft, was zu einer untragbaren Budgetbelastung führte: 1997 betrugen die effektiven Schuldendienstzahlungen der 41 ärmsten hoch verschuldeten Länder 30 Prozent des Gesamtbudgets, hätten sie ihre Zahlungsverpflichtungen zur Gänze erfüllt, wären dies mehr als 50 Prozent des Gesamtbudgets gewesen (Neuwirth 2003: 31).

Obwohl ein beträchtlicher Anteil der Verschuldung der ärmsten Länder gegenüber multilateralen Gläubigern besteht, schien ein multilateraler Schuldenerlass politisch fast zwei Jahrzehnte lang nicht durchsetzbar. Durch den immer größer werdenden Druck der internationalen Öffentlichkeit wurde 1996 mit der so genannten HIPC-Initiative erstmals ein umfassender Schuldenerlass in Aussicht gestellt, der auch die multilateralen Schulden umfasste.

Insgesamt sind 40 Länder für eine Teilnahme an der HIPC-Initiative vorgesehen, davon befinden sich 31 in Afrika (eine Länderliste findet sich unter www.worldbank.org/hipc). Trotz beträchtlicher Schuldenstandreduktionen konnte der HIPC-Initiative jedoch nur eine beschränkte Wirksamkeit zugeschrieben werden. Von 18 entschuldeten Ländern wiesen 2005 nur fünf ein – nach weltbankeigenen Kriterien – tragfähiges Schuldenniveau auf. Die Gründe dafür lagen vor allem in zu optimistischen Wachstumsprognosen sowie in nicht einkalkulierten exogenen Schocks wie z.B. Naturkatastrophen oder Rohstoffpreisverfall (Küblböck 2005).

2005 wurde mit dem Titel „Multilateral Debt Relief Initiative" (MDRI) ein weiter gehender Schuldenerlass für die HIPC-Länder eingeführt, bei dem jene Länder, die die HIPC-Initiative absolviert haben, einen 100-prozentigen Erlass des Schuldenstandes (nicht nur des Schuldendienstes) der wichtigsten multilateralen Gläubiger erhalten. Bis zum Februar 2007 haben sich 30 Länder für Schuldenerlässe im Rahmen von HIPC und MDRI qualifiziert. Für die HIPC-Länder bedeuten die Entschuldungen eine wesentliche Erleichterung, es bleiben jedoch noch viele andere Länder, die eine untragbare Verschuldung aufweisen, wie z.B. Indonesien oder Liberia.

Entwicklung der Auslandsverschuldung

Die folgenden Abbildungen zeigen die Entwicklung der Auslandsschulden in Entwicklungsländern seit 1970. Bis Mitte der 90er Jahre beschränkten sich die großen Schuldenprobleme auf zwei Regionen – Lateinamerika und Länder südlich der Sahara (Aldcroft 2003). Ende der 90er Jahre waren im Rahmen von Finanzkrisen auch andere Regionen von Schuldenproblemen betroffen wie z.B. Südostasien.

Anhand von Abb. 1 und 2 sowie Tab. 3 und 4 kann die Entwicklung der Auslandsverschuldung in Lateinamerika und Afrika südlich der Sahara nachvollzogen werden: In beiden Regionen ist der absolute Schuldenstand in den 70er Jahren aus oben genannten Gründen regelrecht explodiert, wobei in Lateinamerika die (nicht öffentlich garantierte) Auslandsverschuldung privater Akteure eine ungleich größere Rolle spielt. In den 80er Jahren, dem Jahrzehnt der Schuldenkrise, hat sich die Auslandsverschuldung verdoppelt (Lateinamerika) bzw. verdreifacht (Afrika südlich der Sahara). Lateinamerikanische Staaten haben aufgrund ihrer Wirtschaftsentwicklung leichteren Zugang zu privaten Kapitalmärkten, z.B. durch die Ausgabe von Staatsanleihen. Im Gegensatz dazu spielen private Gläubiger als Kreditgeber der öffentlichen Hand in Afrika südlich der Sahara eine untergeordnete Rolle. *in LA schon.*

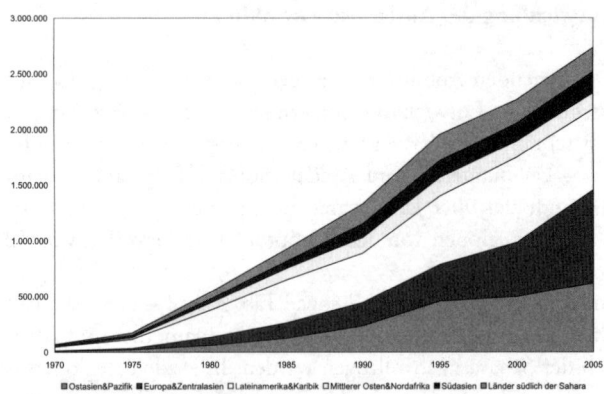

Abb. 1: Entwicklung des Auslandsschuldenstandes (in Millionen USD)

Quelle: Weltbank, Global Development Finance, 2007

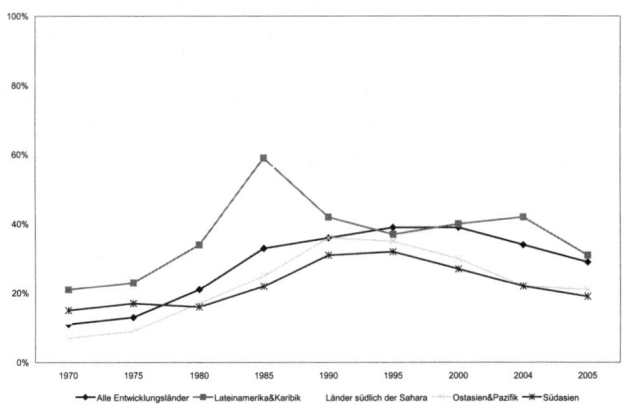

Abb. 2: Auslandsschuldenstand im Verhältnis zum BIP

Quelle: Weltbank, Global Development Finance, 2007

Tab. 3: Entwicklung der Auslandsverschuldung nach Gläubigergruppen und Arten der Schulden

Lateinamerika und Karibik	1970	1980	1990	2000	2005
Gesamtschuldenstand in Mio. USD	32.561	242.833	444.637	762.473	725.986
davon [in %]: Öffentliche und öff. garantierte Schulden	48	54	74	53	58
davon: Bilaterale Gläubiger	16	7	14	6	4
Multilaterale Gläubiger	9	6	13	12	14
private Gläubiger	23	41	46	34	39
davon: Anleihen	4	4	17	29	30
Banken	9	32	23	4	9
Private Verschuldung	36	17	6	32	28
Andere (kurzfr. Schulden etc.)	15	29	21	16	14

Quelle: Weltbank, Global Development Finance, 2007

Tab. 4: Entwicklung der Auslandsverschuldung nach Gläubigergruppen und Arten der Schulden

Sub-Sahara Afrika		1970	1980	1990	2000	2005
Gesamtschuldenstand in Mio. USD		6.922	60.844	176.568	211.213	214.818
davon [in %]: Öffentliche und öff. garantierte Schulden		83	69	82	76	76
davon:	Bilaterale Gläubiger	48	30	40	38	28
	Multilaterale Gläubiger	13	12	22	26	34
	private Gläubiger	23	27	20	12	14
	davon: Anleihen	5	1	0	4	5
	Banken	2	12	8	4	6
Private Verschuldung		4	8	3	5	6
Andere (kurzfr. Schulden etc.)		12	23	15	18	18

Quelle: Weltbank, Global Development Finance, 2007

Karin Küblböck, Cornelia Staritz

Anhand von Abb. 3 (geleisteter Schuldendienst) wird ersichtlich, dass, obwohl der Schuldenstand in Afrika südlich der Sahara stark gestiegen ist, sich der Schuldendienst nicht im selben Ausmaß erhöht hat, da die meisten Länder nicht fähig waren, den Schuldendienst zu leisten. Das Verhältnis des geleisteten Schuldendienstes zu den Exporterlösen, das im Vergleich zu z.B. Lateinamerika relativ niedrig ist, ist dafür ebenfalls ein Indikator. Dies deutet darauf hin, dass auch den Gläubigern bereits längere Zeit klar war, dass eine Rückzahlung der Schulden nicht zu erwarten war. Ein großer Teil des gestiegenen Schuldenstandes geht auf kapitalisierte Zinsrückstände zurück.

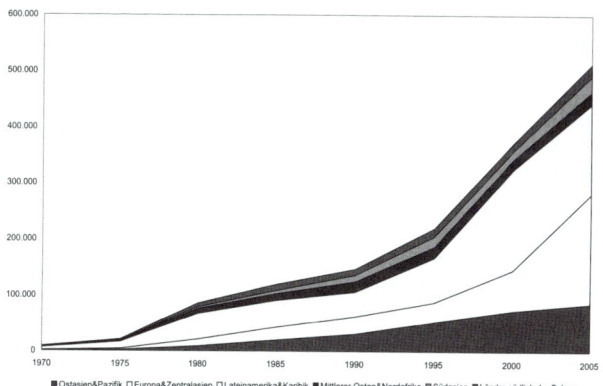

Abb. 3: Geleisteter Schuldendienst (in Mio. USD)
Quelle: Weltbank, Global Development Finance, 2007

Verschuldung und (Unter-)Entwicklung

Wenn Schuldendienstzahlungen auf Kosten von produktiven Investitionen, industrie- oder sozialpolitischen Maßnahmen gehen, können diese ein bedeutendes Entwicklungshindernis darstellen. Jedoch müssen Schulden nicht unbedingt zum Entwicklungshemmnis werden. Einige Länder konnten gerade mithilfe von ausländischen Schulden einen Wachstums- und Entwicklungsprozess in Gang setzen. Heutige Industrieländer, die im 19. Jahrhundert hoch verschuldet waren, und auch einige Länder, die in den Nachkriegsjahren im 20. Jahrhundert einen beträchtlichen Schuldenstand aufwiesen v.a. im Pazifikraum wie z.B. Südkorea, konnten sich trotz hoher Schulden entwickeln, was darauf hinweist, dass ausländische Kapitalflüsse Mittel für Entwicklung bereitstellen können. Insbesondere in Entwicklungsländern, in denen Kapital knapp ist, ist die Aufnahme von Auslandsschulden oft notwendig, um wesentliche Investitionen im Entwicklungsprozess zu finanzieren, wie z.B. den Aufbau von Infrastruktur oder von bestimmten Industriesektoren. Ob Schulden jedoch zu Entwicklung oder Unterentwicklung beitragen, hängt wesentlich von der Verwendung der Schulden und ihrer Einbettung in ein breiteres Entwicklungskonzept, von den Bedingungen, unter denen Schulden vergeben werden, und von den globalen Rahmenbedingungen ab. Anhand zweier Länderbeispiele soll dies illustriert werden.

Südkorea

In Südkorea trug Kapital in Form von ausländischen Krediten wesentlich zur Wirtschaftsentwicklung in der Nachkriegszeit bei. In den 50er Jahren war Südkorea eines der ärmsten Länder in Asien. Das Pro-Kopf-Einkommen war in den Nachkriegsjahren nicht höher als im Sudan oder in Tansania. Ein Großteil der Infrastruktur des Landes wurde während des Korea-Krieges (1950–1953) zerstört, und Südkorea war abhängig von US-amerikanischen Hilfszahlungen. 1961 kam General Park Chung Hee an die Macht, der begann, ein ambitioniertes Wirtschaftsprogramm umzusetzen, das Südkorea in eine moderne Industrienation verwandeln sollte. Dieses Programm beinhaltete insbesondere den Aufbau von

Schlüsselindustrien und die Schaffung von Arbeitsplätzen. Die Regierung kombinierte eine Importsubstitutionspolitik mit einem export-orientierten Ansatz, d.h. bestimmte Industrien wie z.B. die Elektronik- oder Automobilbranche wurden bewusst aufgebaut und für den Export vorbereitet, unter anderem indem der Import dieser Güter erschwert wurde. Da inländisches Kapital kaum vorhanden war, wurde die Industrialisierungsstrategie stark über Auslandsverschuldung finanziert, die 1985 47 Mrd. US-Dollar betrug und Südkorea unter den Entwicklungsländern zum viertgrößten Schuldnerland machte. Seit Mitte der 80er Jahre wurde die Auslandsverschuldung jedoch sukzessive reduziert. Dies war möglich, weil mittlerweile durch die gute Kaufkraftentwicklung, u.a. durch Lohnsteigerungen, die inländische Sparquote hoch genug war. Außerdem konnte durch die strategische Industrialisierungsstrategie ein Leistungsbilanzüberschuss erreicht werden (Aldcroft 2003: 29; Matles Savada/Shaw 1992).

Haiti

Am Beispiel von Haiti wird sichtbar, wie Verschuldung zu Unterentwicklung beitragen kann. Haiti war eine der reichsten Kolonien, heute ist es das ärmste Land in der westlichen Hemisphäre und eines der ärmsten Entwicklungsländer. Bereits seit 1825 ist Haiti hoch verschuldet – zu Beginn bei der Kolonialmacht Frankreich, dann bei den USA und jetzt vor allem bei multilateralen Gläubigern. Für den Schuldendienst müssen viele Mittel verwendet werden, die daher nicht zur Entwicklung des Landes beitragen können. Auch als die Schulden aufgenommen wurden, trugen sie großteils nicht zur Entwicklung bei und wurden nicht im Interesse der Bevölkerung verwendet – wie z.B. die Kredite während der Duvalier-Diktatur (1957–1986). In dieser Zeit haben sich alleine zwischen 1970 und 1985 die Auslandsschulden Haitis verzwanzigfacht (Worlbank, 2007). Ein großer Teil der von der Duvalier-Familie aufgenommenen Schulden wurde verwendet, um die Bevölkerung zu unterdrücken und um das persönliche Vermögen der Familie und ihrer Verbündeten zu erhöhen. Dies geschah im Wissen der bilateralen und multilateralen Gläubiger, die Kredite zur Zeit des Kalten Krieges vor allem aus geopolitischen Überlegungen vergaben. Das Land zahlt heute jährlich an die 70 Mio. US-Dollar an Schuldendienstzahlungen – auf Kosten von Sozial- und Infrastrukturausgaben –, obwohl der Großteil der Schulden nichts zur Entwicklung des Landes beigetragen hat. Trotz einiger Entschuldungen ist der Schuldenstand in den letzten zehn Jahren weiter gestiegen (Eurodad 2006).

Wie die beiden Beispiele zeigen, ist es entscheidend, ob die Schuldenaufnahme Teil einer umfassenden Entwicklungsstrategie ist und die aufgenommenen Kredite daher produktiv verwendet werden und ob über die dadurch getätigten Investitionen (direkt oder indirekt) genügend Ressourcen für die Rückzahlung inklusive Zinsen erwirtschaftet werden. Das betrifft sowohl die Seite des Staatshaushaltes als auch der Leistungsbilanz – also einerseits die Frage, ob genügend öffentliche Einnahmen wie z.B. Steuern oder Gebühren generiert werden, und andererseits, ob über gesteigerte Exporte oder z.B. ausländische Direktinvestitionen genug Devisen vorhanden sind, um die Schulden zu bedienen. Die unproduktive Verwendung der Kredite führt dazu, dass bereits der Schuldendienst in nationaler Währung zum Problem wird. Dazu kommt, dass die Erhöhung der Exporteinnahmen für viele Entwicklungsländer trotz Liberalisierung ausblieb.

Neben der internen Verwendung sind die Rolle und Bedingungen der Gläubiger zentral für die Auswirkungen von Schulden. Zeiten, in denen die Auslandsverschuldung von Entwicklungsländern steigt, sind meist verbunden mit rezessiven Phasen in der globalen Wirtschaft (Becker/Musacchio 2003: 75). Durch den Mangel an profitablen Anlagemöglichkeiten in Industrieländern werden neue Anlagemöglichkeiten gesucht, die in den 20er und 70er Jahren u.a. in der Kreditvergabe an Entwicklungsländer gefunden wurden. Gläubiger interessierten sich nicht primär für Entwicklungsziele, sondern für hohe Gewinne oder geopolitische Überlegungen – so blieben Kontrollen der Mittelverwendung und der wirtschaftlichen Lage der Schuldnerländer, wie oben ausgeführt, oft aus.

Auch die globalen Rahmenbedingungen sind zentral für die Auswirkungen von Schulden. Durch die starke Abhängigkeit von Entwicklungsländern von Exporteinnahmen sowie ausländischem Kapital kann eine Veränderung der globalen Rahmenbedingungen – wie z.B. die plötzliche Einschränkung von Krediten, die Verschlechterung der *Terms of Trade*, ein Anstieg der realen Zinssätze oder die Verschlechterung der globalen wirtschaftlichen Lage insgesamt – stark destabilisierende Wirkungen haben (Aldcroft 2003: 31).

Eine Vielzahl von Faktoren und Akteuren bestimmt also den Umgang und die Wirkung von Auslandsverschuldung, diese müssen bei der Lösung der Schuldenproblematik mitberücksichtigt werden.

Vorschläge für den Umgang mit Schulden

Auslandsschulden sind ein Teil der internationalen Ökonomie und Schuldenprobleme oder -krisen werden wahrscheinlich auch in Zukunft auftreten. Allerdings gibt es eine Reihe von Vorschlägen für Vorkehrungen, die die internationale Gemeinschaft treffen könnte, um die Anzahl und das Ausmaß dieser Krisen zu minimieren.

Berücksichtigung der Schuldentragfähigkeit

Das Konzept der Schuldentragfähigkeit hat seit Mitte der 90er Jahre im Schuldenmanagement an Bedeutung gewonnen. Ökonomisch sind Schulden tragfähig, wenn das Schuldnerland den Schuldendienst in vollem Umfang leisten kann, ohne dabei wirtschaftliche Entwicklung zu behindern. Die soziale Dimension besagt, dass der Staat in der Lage sein muss, soziale Dienstleistungen sowie Armuts-bekämpfungsprogramme zu finanzieren. Die ökologische Dimension besagt, dass Schuldendienst nicht auf Umweltverschmutzung und Ausbeutung natürlicher Ressourcen aufbauen darf. Tragfähig-keit sollte sich an nachhaltigen ökonomischen und sozialen Ent-wicklungserfordernissen des Landes orientieren und darf nicht auf die Sicherung der Rückzahlfähigkeit für externe Gläubiger reduziert werden (Setton 2006: 2). Entscheidend ist dabei, durch welchen politischen Prozess die Tragfähigkeit der Schulden bestimmt wird. Setton (2006) plädiert für ein unabhängiges, demokratisches Ver-fahren in Form eines internationalen Insolvenzverfahrens.

Internationales Insolvenzverfahren

Ein mittlerweile von zahlreichen Akteuren, wie u.a. der UNC-TAD, propagierter Vorschlag für den Umgang mit Schulden, der die Schuldnerländer nicht nur in die Bittstellerposition verweist, ist jener des internationalen Insolvenzverfahrens (vorgeschlagen z.B. von Raffer 2001). Dabei geht es um ein transparentes Verfahren, das alle betroffenen Parteien – sowohl Gläubiger als auch Schuld-ner (inkl. Zivilgesellschaft) – mit einbezieht. Bei dem Verfahren sollten die Interessen und die Verantwortung aller Beteiligten be-rücksichtigt werden, außerdem sollten Kläger und Richter nicht von derselben Partei sein. Bei der Bestimmung des zukünftigen Schuldendienstes muss dabei insbesondere den Entwicklungserfor-dernissen des Schuldnerlandes Rechnung getragen werden. Diese Instanz sollte zudem über die Legitimität von Schulden bestimmen. Durch solch ein Verfahren kann auch das Aufbauen von zukünf-tigen Schulden verhindert werden und mit den Entwicklungen hin-sichtlich neuer Geberländer besser umgegangen werden. Durch das Auftreten neuer Geberländer wie China, Indien und Venezuela, die

KARIN KÜBLBÖCK, CORNELIA STARITZ

Kredite zu sehr günstigen Bedingungen für arme Entwicklungsländer anbieten, veränderte sich in jüngster Zeit die Zusammensetzung der Gläubiger, die davor durch die traditionellen Industrieländer geprägt war. Durch neue Geberländer wird die Macht der traditionellen Geber verringert. Problematisch ist allerdings, dass diese neuen Kredite zu einer weiteren Runde nicht tragfähiger Verschuldung führen könnten (Hurley 2007).

Um den weiterhin bestehenden Finanzierungsbedarf vieler ärmerer Entwicklungsländer zu decken, ohne wieder eine Schuldenspirale in Gang zu setzen, werden aber auch höhere Mittel für Entwicklungsfinanzierung, wie von der internationalen Gebergemeinschaft wiederholt angekündigt, nötig sein.

Nachhaltige Lösung

Zu einer nachhaltigen Lösung des Schuldenproblems kann es jedoch nur dann kommen, wenn sich die wirtschaftliche Situation der heutigen Schuldnerländer drastisch verbessert und der externe Finanzierungsbedarf zurückgeht. Dazu wäre ein selbstbestimmter und eigenständiger Entwicklungsweg notwendig, was aber gerade durch die hohen Schuldendienstzahlungen und die Abhängigkeit von Gebern für Entwicklungsländer schwierig ist. Neben internen Reformen ist hierfür insbesondere ein Überdenken der herrschenden Wirtschafts-, Finanz- und Umweltpolitik erforderlich, da gerade durch verschiedene Abkommen der Welthandelsorganisation, durch fehlende Regulierungen der Finanzmärkte sowie durch die weiter gehende Umweltzerstörung Entwicklungsländer auf der Verliererseite stehen. In der aktuellen Situation ist die Schuldenkrise zwar gemindert, eine langfristige Lösung ist bisher allerdings nicht in Sicht.

Literatur

Aldcroft, Derek H. (2003): Das Problem der Auslandsschuld in historischer Perspektive. In: Becker, Joachim/Heinz, Ronald/ Imhof, Karen/Küblböck, Karin/Manzenreiter, Wolfram (Hg.): Geld Macht Krise. Finanzmärkte und neoliberale Herrschaft. Wien: Promedia, 27-48.

Becker, Joachim/Musacchio, Andrés (2003): Argentinien: Wiederholung der Verschuldungsgeschichte, In: Becker, Joachim/ Heinz, Ronald/Imhof, Karen/Küblböck, Karin/Manzenreiter, Wolfram (Hg.): Geld Macht Krise. Finanzmärkte und neoliberale Herrschaft. Wien: Promedia, 75-88.

Economic Report of the President: 2007 Report Spreadsheet Tables, Government Finance, Table B-87 – U.S Treasury securities outstanding by kind of obligation, 1969-2006. http://www. gpoaccess.gov/eop/tables07.html, 2.3.2007

Eichengreen, Barry/Portes, Richard (1989): Dealing with Debt: The 1930s and the 1980s. NBER Working Paper No. W2867. http://www.nber.org/papers/w2867.v5.pdf, 2.3.2007.

Eurodad (2006): The time for debt cancellation is now! Haiti: Fact Sheet on Illegitimate Debt. http://www.eurodad.org/uploadstore/cms/docs/Haitiillegitimatedebtsheet.pdf, 2.3.2007.

Hurley, Gail (2007): Die neue Geographie der Geber: Im Fadenkreuz der Weltbank. In: Informationsbrief Weltwirtschaft & Entwicklung 2/2007, 1-2.

Küblböck, Karin (2002): Entschuldung: Entstehung, Trends und neue Fakten. In:. Fischer, Karin/Hanak, Irmtraut/Parnreiter, Christof (Hg.): Internationale Entwicklung. Eine Einführung in Probleme, Mechanismen und Theorien. Frankfurt a. M./ Wien: Brandes & Apsel/Südwind, 128-137.

Küblböck, Karin (2005): HIPC and beyond: Entschuldungsinitiativen und -vorschläge auf dem Prüfstand. http://www.oefse.at/ Downloads/publikationen/entschuldungst.pdf, 2.3.2007.

Matles Savada, Andrea/Shaw, William (1992): South Korea: a country study. http://lcweb2.loc.gov/frd/cs/krtoc.html, 2.3.2007.

Neuwirth, Martina (2003): Fluss ohne Wiederkehr. Finanzmärkte und Verschuldung. In: Becker, Joachim/Heinz, Ronald/Imhof, Karen/Küblböck, Karin/Manzenreiter, Wolfram (Hg.): Geld Macht Krise. Finanzmärkte und neoliberale Herrschaft. Wien: Promedia, 61-74.

Raffer, Kunibert (2001): Debt Relief for Low Income Countries: Arbitration as the Alternative to Present Unsuccessful Debt Strategies. http://www.wider.unu.edu/conference/conference-2001-2/parallel%20papers/4_1_raffer.pdf, 20.2.2007.

Setton, Daniela (2006): Dimensionen von Schuldentragfähigkeit. In: Erlassjahr (Hg.): Schulden müssen tragbar sein! Handbuch: Schuldentragfähigkeit. http://www.weed-online.org/themen/schulden/102953.html, 2.3.2007.

Weltbank, Global Development Finance Datenbank, 2007. http://publications.worldbank.org/subscriptions/GDF-trial/old-default.asp?app=gf, 2.3.2007.

Özlem Onaran
Die Auswirkung von neoliberaler Globalisierung und von Krisen auf die Lohnquote in Entwicklungsländern[1]

Seit den 1980er Jahren wird die Weltwirtschaft von neoliberaler Wirtschaftspolitik, wie der Öffnung der Märkte für Handel, ausländische Direktinvestitionen und Kapitalflüsse, sowie dem Abbau staatlicher Regulierungen im Bereich der Finanz-, Güter- und Arbeitsmärkte geprägt. Diese Politiken schränken die Rolle wirtschaftspolitischer Interventionen auf makroökonomischer Ebene mit der Behauptung ein, der Kapitalismus des freien Marktes würde die Effizienz und das wirtschaftliche Wachstum erhöhen und eine gerechte Verteilung sicherstellen, bei der alle Produktionsfaktoren nach ihrer Grenzproduktivität entlohnt werden. Allerdings ist nach zwei Jahrzehnten neoliberaler Wirtschaftspolitik das durchschnittliche Wirtschaftswachstum gesunken, hat sich das Problem der Arbeitslosigkeit als hartnäckig erwiesen und die Einkommensverteilung verändert sich – sowohl in entwickelten als auch in Entwicklungsländern – zu Lasten der abhängig Beschäftigten (Crotty/ Dymski 2000; Pollin 2002; Easterly 2001; Went 2000).

Das Ziel dieses Beitrages ist es, die Ergebnisse der neoliberalen Globalisierung aus der Perspektive der ArbeiterInnenschaft (im Original: labor, d.Ü.) zu analysieren, wobei der Schwerpunkt auf den Krisen liegen soll, die den umfassenden Kapitalbilanzliberalisierungen in den 1990er Jahre folgten. Das Augenmerk liegt hierbei auf den wichtigsten Entwicklungsländern in Lateinamerika und Asien (Argentinien, Brasilien, Chile, Mexiko, Indonesien, Malaysia, die Philippinen, Thailand und die Türkei), die alle – wenngleich zeitlich unterschiedlich (beginnend mit den frühen 1980er Jahren für Lateinamerika und die Türkei bis zu den späten 1980er Jahren im Fall Asiens) – einen tief greifenden Liberalisierungsprozess auf der nationalen und der internationalen Ebene durchlaufen haben.

Diese Länder haben einen bedeutenden Anteil am Welthandel, verkörpern unter den Schwellenländern eine Vielzahl an unterschiedlichen Entwicklungswegen und werden vom Internationalen Währungsfonds (IWF) als Beispiele erfolgreicher Weltmarktintegration dargestellt. Trotz der Unterschiede in ihren früheren Entwicklungswegen und in den Liberalisierungsprozessen selbst teilen sie das gemeinsame Schicksal der Finanzkrisen in den 1990er Jahren (die Türkei 1994, Mexiko 1994–95, Asien 1997–98, Brasilien 1998) und 2000er Jahren (Türkei und Argentinien 2001), die der Liberalisierung des Kapitalverkehrs folgten. Chile ist Teil der analysierten Länder, obwohl es von keiner Finanzkrise betroffen war, da sich seine wirtschaftliche Entwicklung seit 1998 verschlechterte und nicht zuletzt weil es noch immer als lateinamerikanische Erfolgsgeschichte präsentiert wird.

Das Thema Einkommensverteilung und Globalisierung wurde in einer Vielzahl von Untersuchungen beleuchtet und zog die Aufmerksamkeit von Institutionen wie IWF, Weltbank, ILO (*International Labour Organization*) und der UNO auf sich. Die ILO gründete die *World Commission on the Social Dimension of Globalization* und publizierte den Bericht *A Fair Globalization: Creating Opportunities for all* (2004). Die Weltbank, die zwei Jahrzehnte lang Handelsliberalisierung propagierte, hat im *World Development Report 2005* festgestellt, dass die aggregierten Auswirkungen der Handelsreform auf die Einkommensverteilung nicht immer klar sind und dass es dabei sowohl GewinnerInnen als auch VerliererInnen gibt (World Bank 2005). Dennoch ist ihr Politikkonzept unverändert geblieben und konzentriert sich weiterhin vorrangig auf die Bereiche Arbeitsmarktflexibilisierung, Infrastruktur und Wettbewerbsfähigkeit.

Das Interesse an dem Zusammenhang zwischen Globalisierung und Einkommensverteilung hat die Entwicklung dreier Forschungsstränge nach sich gezogen. Der erste stützt sich vorrangig auf die individuelle Einkommensverteilung und besteht aus zwei gegensätzlichen Positionen: Auf der einen Seite stehen jene WissenschafterInnen, die argumentieren, dass ein Fortführen der wirtschaftlichen Liberalisierung sowohl auf nationaler als auch auf internationaler Ebene zu einer Umkehrung der negativen Ergebnisse führen wird (z.B. Dollar/Kraay 2004). Auf der anderen Seite stehen jene, welche die nach dem *Washington Consensus* ausgerichteten Politiken als Grund für die Zunahme der Ungleichheit in den letzten zwei Jahrzehnten sehen (z.B. Cornia 2004). Der zweite Forschungsstrang konzentriert sich auf Lohnungleichheiten und hebt die negativen Effekte von Kapitalmobilität und technologischem Wandel auf die ungelernten ArbeiterInnen sowohl in entwickelten als auch in Entwicklungsländern hervor (z.B. Feenstra/Hanson 1997; Harrison/Hanson 1999). Der dritte Strang argumentiert, dass nicht nur die individuelle Einkommensungleichheit oder die Lohnungleichheit steigt, sondern dass die Seite der abhängig Beschäftigten insgesamt gegenüber der Kapitalseite verliert, und zwar in kapitalreichen entwickelten Ländern ebenso wie in arbeitsreichen Entwicklungsländern (Lee/Jayadev 2005; Harrison 2002; Diwan 2001; Rodrik 1998; Haque 2004; UNCTAD 1997).

Um diese nachteilige Entwicklung zu erklären, konzentriert sich der politökonomische Ansatz auf die Asymmetrie der Ausweichmöglichkeiten von Kapital und Arbeit. Diese entsteht durch die erhöhte Mobilität des Kapitals, der daraus folgenden Erhöhung der Elastizität der Arbeitsnachfrage und der Androhung von Produktionsverlagerungen und Ausgliederungen seitens des Kapitals, wodurch die Verhandlungsmacht der ArbeiterInnenschaft unter Druck gerät und eine Schieflage in der Verteilung als Resultat von Globalisierung und Krisen entsteht (Rodrik 1998; Burke/Epstein 2001; Crotty et al. 1998). Während die Seite der abhängig Beschäftigten verstärkter Konkurrenz um die Anziehung von Kapital ausgesetzt ist, führt der internationale Wettbewerbsdruck dazu, dass Kapital immer weniger bereit ist, den Lohnforderungen der ArbeiterInnen nachzukommen – beide Aspekte führen zu einem Wettrennen nach unten.

Özlem Onaran

Die verstärkte Kapitalmobilität geht einher mit der Stagnation der aggregierten Nachfrage. Diese führt zu höherer Arbeitslosigkeit und verringert wiederum die Verhandlungsmacht der ArbeiterInnenschaft gegenüber dem Kapital. Mittlerweile hat die Erhöhung der Kapitalmobilität über erhöhte Finanzialisierung und Spekulation auch die dem kapitalistischen System innewohnende Instabilität gesteigert. Dies kann in Verbindung mit restriktiver Fiskal- und Geldpolitik sowie einer Verringerung der Massenkaufkraft aufgrund der niedrigeren Löhne und Gehälter als die Grundbedingung für den Teufelskreis aus unzureichender Gesamtnachfrage, niedrigem Wachstum, geringer Beschäftigung und einer krisenanfälligen Globalwirtschaft gesehen werden. Die Zahlen in Tabelle 1 zeigen die Auswirkungen der neoliberalen Globalisierung auf die Lohnabhängigen.

In weiterer Folge konzentriert sich die Analyse in diesem Beitrag auf drei Schwerpunkte: erstens auf die Entwicklung des Wirtschaftswachstums und der Lohnquote sowie den Auswirkungen der Krisenperioden; zweitens auf die Auswirkungen der Wirtschaftspolitik auf nationaler (Geld- und Fiskalpolitik) und internationaler (Handel und ausländische Direktinvestitionen) Ebene auf Verteilung; drittens auf die Entwicklung der Arbeitslosigkeit.

Neoliberale Globalisierung, Krisen und die ArbeiterInnenschaft

Daten über Verteilung und die Situation am Arbeitsmarkt sind sowohl für Entwicklungsländer als auch für OECD-Staaten besonders schwer zu erhalten. Trotz Problemen in der Berichterstattung und hoher Kosten der Datenerhebung im Bereich der Einkommen ist die mangelhafte Datenlage im Bereich der funktionalen Einkommensverteilung auffällig – besonders wenn man diese mit der Datenqualität im Bereich des Finanzsektors und der internationalen Handels- und Kapitalflüsse vergleicht2. Aufgrund der begrenzt vorliegenden Daten stützt sich dieser Beitrag auf Daten für die verarbeitende Industrie und nicht auf die gesamte nationale Einkommensverteilung. In Übereinstimmung mit der Wahl der Lohnquote in der verarbeitenden Industrie als Verteilungsindikator werden aus Gründen der Konsistenz das Wachstum der Wertschöpfung in der verarbeitenden Industrie und der Anteil der Exporte und Importe an der Wertschöpfung der verarbeitenden Industrie analysiert. Das hat gleichzeitig den Vorteil, dass der Fokus auf der verarbeitenden Industrie liegt, welche die Wachstumslokomotive in Entwicklungsländern ist und auch als Antriebsmotor für den Exportboom im Zusammenhang mit den Strukturanpassungsprogrammen angesehen wird.

Wachstum und Verteilung

Zu Beginn möchte ich einen vergleichenden Überblick über die Wachstumsentwicklung in den 1970er und post-1980er Jahren geben. Verglichen mit den 1970er Jahren ist in den Jahren seit 1980 in allen Ländern außer Chile das durchschnittliche jährliche BIP-Wachstum niedriger und volatiler. Die Finanzkrisen in den 1990er und 2000er Jahren wirkten sich hierbei besonders stark aus. Dieser Wandel war – mit einem Rückgang der durchschnittlichen Wachstumsrate zwischen den zwei Perioden von mehr als zwei Prozentpunkten – besonders tief greifend in Argentinien, Brasilien, Mexiko, Indonesien, Korea, den Philippinen, Thailand und der Türkei. In all diesen Ländern waren die Ökonomien in den 1970er Jahren besonders schnell gewachsen. Während in Brasilien, Mexiko, Indonesien, Korea, Philippinen, Thailand und der Türkei die Verschlechterung des Wachstums beständig war und die Wachstumsraten somit in den 1990er Jahren noch niedriger waren als in den 1980er Jahren, trat in Argentinien und Mexiko in den 1990er Jahren eine Verbesserung ein – zumindest verglichen mit den 1980er Jahren, wobei jedoch die durchschnittlichen Wachs-

Özlem Onaran

tumsraten für beide Länder immer noch unter jenen der 1970er Jahre lagen. Der erste Absatz der Tabelle 1 zeigt die durchschnittlichen Wachstumsraten per Periode in der verarbeitenden Industrie, wobei das Muster der Entwicklung des BIPs gleicht.

Der zweite Absatz der Tabelle 1 zeigt die Lohnquote, bezogen auf die Wertschöpfung der verarbeitenden Industrie für die jeweiligen Subperioden. Abbildung 1 zeigt zusätzlich die Entwicklungen von den 1970er Jahren bis 2003 für jedes der Länder. Die Lohnquote ist, verglichen mit den 1970er Jahren, für alle Länder in den post-1980er Jahren deutlich niedriger mit der Ausnahme von Korea, den Philippinen und Thailand. In sechs der zehn untersuchten Länder (Brasilien, Indonesien, Malaysia, Mexiko, Thailand und der Türkei) hat sich die Volatilität der Lohnquote erhöht. Ihr Verfall ist besonders dramatisch in Argentinien, Chile, Mexiko, Indonesien und der Türkei mit einem Rückgang von 14,4 Prozent bis 38,3 Prozent zwischen den beiden Zeitperioden. In Argentinien, Brasilien, Indonesien, Malaysia, Mexiko und der Türkei war die Lohnquote in den 1990er Jahren ebenfalls niedriger als in den 1980er Jahren.

Unterschiede in der Wirtschaftspolitik spiegeln sich in der Verteilungssituation wider. Die lateinamerikanischen Länder und die Türkei, die ihre internationale Wettbewerbsfähigkeit in der Zeit der Liberalisierung auf niedrigen Löhnen aufbauten, erfuhren einen signifikanten Rückgang der Lohnquote in der verarbeitenden Industrie. Demgegenüber verzeichneten einige asiatische Ökonomien (besonders Korea), die sich in den frühen 1980er Jahren nicht den orthodoxen Strukturanpassungsprogrammen unterworfen hatten, sondern sich wirtschaftspolitisch auf einen Nexus von Industriepolitik–Investitionen–Wachstum stützen, einen Zuwachs in der Lohnquote.

Dennoch hatten die Krisen, die auf die Liberalisierung der Kapitalflüsse folgten, sehr ähnliche Auswirkungen auf alle Länder, nämlich einen deutlichen und langfristigen Rückgang der Lohnquote. In den meisten Fällen erhöhte sich die Lohnquote nicht,

Auswirkungen der neoliberalen Globalisierung auf die Lohnabhängigen

Tab.1: „Stylized Facts" zu den Krisenländern

		ARG	BRA	CHL	MEX	TUR	IDN	KOR	MYS	PHI	THA
Wachstum der Wertschöpfung in der verarbeitenden Industrie (%)											
1970-1979	Mittelwert	1,91	9,55	1,37	6,44	6,11	12,82	17,92	11,43	6,55	11,46
	Volatilität	3,32	0,47	8,22	0,45	0,93	0,34	0,32	0,49	0,50	0,35
1980-2003	Mittelwert	0,23	0,96	3,58	2,81	5,34	9,50	8,82	9,13	2,15	8,23
	Volatilität	35,06	6,20	1,77	1,82	1,15	0,77	0,75	0,87	2,04	0,81
Lohnquote, bezogen auf die Wertschöpfung in der verarbeitenden Industrie (%)											
1970-1979	Mittelwert	25,07	30,49	42,85	55,22	30,71	24,28	34,91	27,51	11,44	20,27
1980-2003	Mittelwert	16,54	29,47	34,59	34,06	20,29	20,79	41,83	26,94	13,32	31,16
Exporte/Wertschöpfung in der verarbeitenden Industrie (%)											
1970-1979	Mittelwert	4,74	5,33	5,11	6,10	7,70	3,07	24,95	31,79	8,15	12,02
1980-2003	Mittelwert	12,39	20,92	17,18	58,78	47,43	43,75	35,16	164,21	67,24	69,53
Importe/Wertschöpfung in der verarbeitenden Industrie (%)											
1970-1979	Mittelwert	12,37	17,59	39,22	24,34	45,11	97,19	31,09	128,21	48,44	72,45
1980-2003	Mittelwert	27,67	22,44	93,58	75,39	70,49	63,47	34,11	202,31	85,45	92,49

ÖZLEM ONARAN

		ARG	BRA	CHL	MEX	TUR	IDN	KOR	MYS	PHI	THA
Nominale Abwertung (prozentuelle Erhöhung des Wechselkurses, gemessen in der lokalen Währung/US Dollar) (%)											
1970-1979	Mittelwert	130,43	21,45	210,49	7,08	14,07	7,27	5,53	-3,17	7,44	-0,18
1980-2003	Mittelwert	370,35	438,83	13,90	35,78	60,35	16,80	4,53	2,63	9,38	3,35
ADI/BIP (Nettozuflüsse aus dem Ausland) (%)											
1970-1979	Mittelwert	0,26	1,13	-0,19	0,80	0,17	0,77	-	2,96	0,30	0,61
1980-2003	Mittelwert	1,60	1,58	3,77	1,87	0,44	0,33	0,51	4,21	1,22	1,82
Realzinssatz für Kredite (Satz, den Banken für Vergabe von Krediten an Kunden bester Bonität verrechnen, inflationsbereinigt mit BIP-Deflator) (%)											
1970-1979	Mittelwert	-13,55	-7,39	19,06	-5,30	-15,52	-3,64	-0,44	0,48	2,14	4,00
1980-2003	Mittelwert	21,35	76,46	12,88	1,45	13,35	7,74	3,81	5,50	5,56	8,07
Zinszahlungen/Budgetausgaben (%)											
1970-1979	Mittelwert	-	-	4,87	9,40	2,79	3,13	1,54	10,47	4,48	7,66
1980-2003	Mittelwert	12,47	30,36	4,62	26,37	19,83	11,29	2,19	15,78	22,73	8,37
Öffentliche Endkonsumausgaben/BIP (%)											
1970-1979	Mittelwert	14,82	10,33	14,45	9,57	10,84	9,01	9,93	15,79	9,96	10,79
1980-2003	Mittelwert	13,42	15,30	11,49	10,06	10,99	8,84	10,52	13,59	10,30	11,12

Anmerkungen zu Tab. 1:

- Volatilität ist der Variationskoeffizient, d.h. Standardabweichung/Mittelwert
- ADI-Daten für Korea: 1980-2003. Daten zu öffentlichen Ausgaben für Argentinien: 1978-2003
- Daten zu Zinszahlungen für Argentinien: 1981-2003; Brasilien: 1980-2003; Chile: 1974-2003; Malaysia, Mexiko, Philippinen, Thailand: 1972-2003
- Daten zu Zinssätzen für Argentinien: 1977-2003; Chile: 1977-2003; Mexiko: 1975-2003; Philippinen, Thailand: 1976-2003; Türkei: 1973-2003
- Wenn der Kreditzinssatz nicht erhältlich ist, so ist der reale Zinssatz der höchste der Interbank- oder Einlagezinssätze
- Verwendete Länderkürzel: ARG - Argentinien, BRA - Brasilien, CHL - Chile, MEX - Mexico, TUR - Türkei, IDN - Indonesien, KOR - Korea, MYS - Malaysia, PHI - Philippinen, THA - Thailand

wenn die Wirtschaft wuchs, aber in allen Fällen reagierte sie stark auf eine Krise. Der prozentuelle Rückgang der Lohnquote überstieg das Ausmaß des Produktionsrückgangs während der Krise in allen Ländern deutlich. Nach einer Krise zwingen Arbeitgeber die Gewerkschaften, drastische Lohnsenkungen oder freiwillig unbezahlte Freistellungen in Kauf zu nehmen, um Arbeitsplatzverluste zu verhindern. Doch obwohl die Profite schließlich wiederhergestellt werden konnten, ist es auch lange nach Ablauf der Krise die ArbeiterInnenschaft, welche die Last der Anpassung zu tragen hatte und hat. Zudem erzeugen Krisen einen Hysteresis-Effekt, der die Verhandlungsmacht der ArbeiterInnen noch lange nach der Krise zerstört. Diwan (2001) definiert Krisen als Perioden von Verteilungskämpfen, die „Narben in der Verteilung" hinterlassen. In allen Ländern trat eine substantielle wirtschaftliche Erholung schon bald nach der Krise ein und die Produktion erreichte innerhalb eines Jahres wieder das Niveau vor der Krise. Die Reduktion der Lohnquote erwies sich jedoch als beständiger. Während der Kri-

       ÖZLEM ONARAN

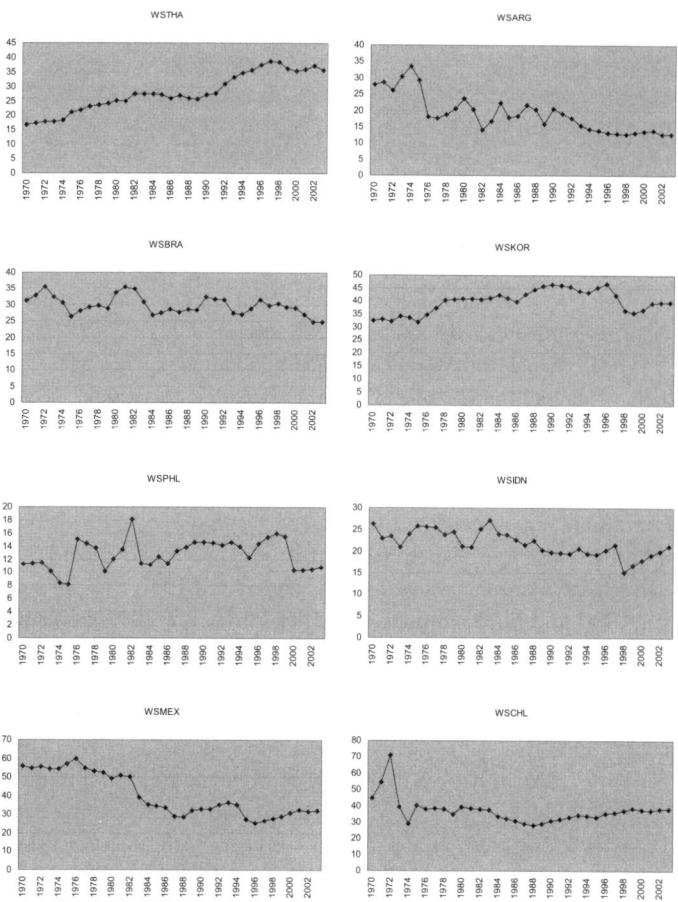

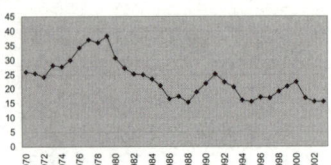
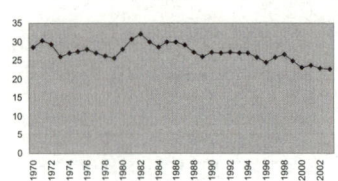

Abb.1: Löhne/Wertschöpfung in der verarbeitenden Industrie (WS)

Anm.: Siehe Text für detaillierte Beschreibung der Daten. Die Länderabkürzungen sind nach der Abkürzung WS angegeben.

Quelle: World Bank World Development Indicators, Economist Intelligence Unit und United Nations National Accounting Datenbank.

sen von 1994 und 2001 in der Türkei, 1995 in Mexiko, 1997/98 in Ostasien, 1998 in Brasilien und 2001 in Argentinien sank die Lohnquote zumeist auch während der nächsten zwei oder drei Jahre nach der Krise und manchmal sogar länger. In Mexiko befand sie sich seit 1994, in allen ostasiatischen Ländern seit 1997, in Brasilien seit 1998 und in Argentinien sowie der Türkei seit 2001 stets auf einem niedrigeren Niveau als vor der Krise (zumindest bis 2003). In Mexiko, das 1994/95 relativ früh in die Krise schlitterte, sank die Lohnquote zwischen 1993 und 1996 um 29,5 Prozent und erreichte auch zehn Jahre nach der Krise noch nicht das Niveau vor der Krise. Zudem hat die nach 2001 einsetzende Rezession in der verarbeitenden Industrie in Mexiko einen erneuten Rückgang der Lohnquote ausgelöst. In der Türkei betrug der kumulierte Rückgang der Lohnquote nach den Krisen von 1994 und 2001 24,8 Prozent bzw. 30,2 Prozent und hielt noch zwei bzw. drei Jahre nach der Krise an. Der langsame Anstieg der Lohnquote in der Türkei nach der Krise von 1994 kehrte sich 2001 wieder um, und 2003 war sie sogar auf einem niedrigeren Niveau als 1994. In Korea fiel die Lohnquote seit der Krise von 1997 kontinuierlich über einen

Özlem Onaran

Zeitraum von drei Jahren und war 1999 um 21,6 Prozent niedriger als 1996. Auch in Korea hat sich die Lohnquote noch sieben Jahre nach der Krise nicht auf das Niveau vor der Krise zurückbewegt. In dieser Hinsicht näherte sich die koreanische Situation durch die Umkehr des ansteigenden Trends der Lohnquote den lateinamerikanischen Verhältnissen an. Crotty und Lee (2002) sowie Crotty und Dymski (2000) unterstreichen die Bedeutung, welche die asiatische Krise bei der Förderung einer radikalen Umstrukturierung zu Gunsten des Kapitals hatte, die mittels eines demokratischen Prozesses und unter normalen wirtschaftlichen Bedingungen so nicht stattgefunden hätte.

Ein weiterer Faktor, der zur Schlechterstellung der Lohnabhängigen in den 1980er Jahren und besonders während der Krisen beigetragen hat, ist die Entwicklung der Wechselkurse (siehe Tabelle 1). Auch wenn man von den Krisenperioden absieht, war die Außenöffnung der hier behandelten Ökonomien (mit der Ausnahme von Chile und Korea) begleitet von einer massiven Abwertung der heimischen Währungen mit dem Ziel, eine größere internationale Wettbewerbsfähigkeit zu erreichen. Später gingen dann die Krisenperioden mit einem drastischen Wertverfall der heimischen Währungen einher, der durch den Abfluss spekulativen Kapitals bedingt war. Unabhängig davon, ob es sich um offizielle Abwertungen in den frühen Phasen der Liberalisierung handelt oder um marktbedingte Abwertungen nach den Finanzkrisen, die den auf einem nominellen Anker basierenden, antiinflationären Stabilisierungsprogrammen folgten, so lässt sich so lässt sich ein klarer negativer Zusammenhang zwischen Währungsabwertung und Lohnquote feststellen. Da Entwicklungsländer importabhängig sind, führt eine Währungsabwertung, die eine Verteuerung der Importgüterpreise zur Folge hat, zu einem erheblichen Anstieg der gesamten Inputkosten. Abhängig von den jeweiligen Machtverhältnissen versuchen die Unternehmen in einem solchen Fall den Anstieg der Inputkosten mit fallenden Lohnkosten zu kompensieren. Ebenso gilt das Umgekehrte für Perioden mit Kapitalzuflüssen und einer Aufwertung der Währung, in denen Arbeitgeber entgegenkommender auf Lohnforderungen reagieren. Allerdings wurden diese Perioden früher oder später durch steigende Leistungsbilanzdefizite und wirtschaftliche Fragilität, die Währungskrisen zur Folge hatten, unterbrochen. Die negativen Effekte der Abwertung hängen schließlich vom Ausmaß der Dollarisierung einer Wirtschaft ab, das die zerstörerischen Dimensionen einer Währungskrise bestimmt.

Schließlich verdecken Zahlen über die Reallöhne – inflationsbereinigt und basierend auf einem allgemeinen Konsumentenpreisindex – wichtige Informationen darüber, in welchem Ausmaß die unterschiedlichen Einkommensgruppen vom Anstieg der Inflation nach der Krise betroffen sind. Angesichts der Tatsache, dass die Ausgaben für Lebensmittel einen signifikanten Anteil an dem gesamten Konsumbudget eines Arbeiterklassehaushaltes ausmachen, kann davon ausgegangen werden, dass diese Einkommensgruppe von einem Anstieg der Lebensmittelpreise stärker betroffen ist als andere Gruppen und dass ihre Realeinkommen noch stärker sinken als bei reiner Betrachtung der durchschnittlichen Inflationsraten der Verbraucherpreise. Die Inflationsrate der Lebensmittelpreise hat die durchschnittliche Inflationsrate der Verbraucherpreise in der Türkei 1994 und 1995 um 3,7 bzw. 9 Prozentpunkte überstiegen, in Mexiko 1995 und 1996 um 4,2 bzw. 7,2 Prozentpunkte, in Indonesien von 1997 bis 1999 um Werte, die zwischen 2,1 und 34,7 Prozentpunkten lagen, in Korea 1998 und 1999 um 1,2 bzw. 2 Prozentpunkte, in Malaysia zwischen 1997 und 1999 um Werte, die zwischen 1,5 und 3,6 Prozentpunkten lagen, und in Argentinien 2002 um 8,8 Prozentpunkte. Diese Verzerrung wurde in Mexiko seit 1994, in Korea, Indonesien und Malaysia seit 1997 nicht berichtet.

ÖZLEM ONARAN

Ein für die ArchitektInnen und VertreterInnen eines liberalen Modells schwierig zu erklärender Aspekt dieser Entwicklungen ist, dass alle Länder ihre Ökonomien umfangreich geöffnet haben und einen sprichwörtlichen Exportboom bei Industriegütern bezogen auf die Wertschöpfung in der verarbeitenden Industrie verzeichnet haben, wie der dritte Teil der Tabelle 1 zeigt. Allerdings ist der Anstieg der Exporte, mit der Ausnahme von Indonesien, begleitet von einem Anstieg des Verhältnisses der Importe zur Wertschöpfung aufgrund der Zollreduktionen in den post-1980er Jahren (siehe Tabelle 1). Im Allgemeinen waren zwar das Ausmaß der Öffnung dieser Ökonomien und besonders der Exportboom in der verarbeitenden Industrie beeindruckend. Allerdings wurden die Erwartungen der orthodoxen Strukturanpassungsprogramme im Hinblick auf die positiven Effekte der Außenöffnung auf die Lohnquote nicht realisiert. Ökonometrische Analysen zeigen, dass die Öffnung entweder keine oder negative Auswirkungen auf die Lohnquote hat (Onaran 2007). Die Exporte bringen die erwarteten positiven Effekte nicht einmal in den ostasiatischen Ländern, die eine starke Industriepolitik verfolgten.

In den 1990er Jahren stiegen zudem die ausländischen Direktinvestitionen in bedeutendem Ausmaß, was in Teil 6 der Tabelle 1 zu sehen ist. Das einzige Land, das eine Reduktion der ausländischen Direktinvestitionen verzeichnete, war Indonesien, wobei in diesem Fall der Einfluss der Asienkrise dominiert. Es ist wichtig, auch hier darauf hinzuweisen, dass der Zufluss an ausländischen Direktinvestitionen über ein Jahrzehnt hinweg nicht dazu geführt hat, eine Verbesserung der Lohnquote herbeizuführen.

Schließlich zeigen die letzten drei Teile der Tabelle 1 die Entwicklungen der inländischen Geld- und Fiskalpolitik, nämlich die Entwicklung des Realzinssatzes und jene der Lohn- und Zinsausgaben. Der Realzinssatz für Kredite (jener Satz, der von Banken für die Vergabe von Krediten an KundInnen bester Bonität verrechnet wird, inflationsbereinigt mit dem BIP-Deflator), der in den 1970er Jahren entweder negativ oder sehr niedrig war, ist in allen Ländern außer Chile seit der Liberalisierung der Kapitalflüsse in den 1980er Jahren drastisch angestiegen. Besonders die Währungskrisen haben zu einem Anstieg der realen Zinssätze geführt, die sich im Regelfall über längere Zeit hinweg nicht mehr auf ihren Ausgangsstand zurückbewegten – in einigen Fällen passierte dies erst sechs bis sieben Jahre später. Der Anstieg der Zinssätze wirkte über Ansteckungseffekte auch auf andere Länder. Sogar wenn eine Krise keine direkten Auswirkungen auf ein Land hatte, wie im Fall Chiles, Mexikos und der Türkei während der Asienkrise, stiegen die Zinssätze dennoch für einige Zeit an. In diesem Zusammenhang verdeutlicht die Zusammensetzung der Staatsausgaben, wie der Staat in den Prozess der Einkommensverteilung in der Ära der neoliberalen Globalisierung eingebunden ist. Der Anteil der Löhne an den Staatsausgaben zeigt in Chile und Korea seit den 1980er Jahren, in Brasilien, Mexiko und der Türkei seit den frühen 1980er Jahren und dann wieder in den 1990er Jahren (nach einer Periode relativen Anstiegs) und in Argentinien, Indonesien, Malaysia und Thailand seit den späten 1980er bzw. den frühen 1990er Jahren eine generell fallende Tendenz. Die Krisenperioden in Mexiko, der Türkei, Indonesien und Thailand markieren weitere drastische Reduktionen. Mit dem Schrumpfen des Lohnanteils an den Staatsausgaben ging in den meisten Fällen ein Anstieg der Zinszahlungen einher. Während den Forderungen der internationalen und nationalen Schuldner nachgekommen wird, wird der Anteil an Löhnen, Sozialausgaben und Investitionen am Budget gekürzt. Direkt nach der Krise werden im Regelfall die Auflagen des IWF akzeptiert und der damit verbundene Kredit, der den internationalen Firmen aus ihrer bedrängten Lage hilft, trifft ein. Die öffentlichen Schulden steigen, da der Staat Bürgschaften für das Finanzsystem und große Unternehmen einlöst, und die Erzielung eines Budgetüberschusses wird zur zentralen

Pflicht des Nationalstaates. Privatisierungen, großteils in Form eines billigen Ausverkaufs staatlicher Unternehmen an ausländisches Kapital, stellen zusätzliche Ressourcen zur Verfügung, um die wachsenden Schulden zurückzuzahlen. Der ideologische Diskurs über die so genannte Ineffizienz des Staates unterstützt diesen Prozess und hemmt zusätzlich die Sozialausgaben und die staatlichen Investitionen. Nachdem die Staaten sich entweder selbst entscheiden oder gezwungen werden, die Steuern nicht zu erhöhen oder gegenüber ihren Kreditgebern nicht allzu sehr in Verzug zu geraten, wird die öffentliche Verschuldung schlussendlich von den abhängig Beschäftigten getragen, indem die öffentlichen Löhne gedrückt werden. Mit der steigenden Angst vor Arbeitslosigkeit durch mögliche Personalkürzungen oder Bankrotte folgt dann auch der Verfall der Löhne im Privatsektor. Schließlich wird das Wachstumspotential der Ökonomien durch die steigende Fragilität, die höheren Zinssätze, die Volatilität und die niedrigen Investitionen zerstört, was erneut negative Folgen für die ArbeiterInnenschaft hat.

In einer Studie für die OECD-Länder haben Epstein und Power (2003) festgestellt, dass in der Türkei, Mexiko und Korea der Rentiersanteil, gemessen am nationalen Einkommen, nach den Perioden der finanziellen Liberalisierung zugenommen hat, jedoch nicht zu Lasten der Gewinnanteile der nicht-finanziellen Unternehmen. Dieses Ergebnis hängt offensichtlich mit dem Rückgang der Lohnquote zusammen, die den Anstieg der finanziellen Kosten für Industrieunternehmen ausgleicht. Die Ergebnisse weisen auch darauf hin, dass Industrieunternehmen zunehmend die Möglichkeit ergreifen, ihre Einnahmen aus Finanzgeschäften zu erhöhen.

Zusätzlich zu den direkten Auswirkungen von restriktiver Fiskalpolitik in Form einer Nachfragereduktion, hat sie weitere negative Auswirkungen auf Löhne. Staatliche Ausgaben in den Bereichen Gesundheitswesen und Bildung reduzieren die Kosten des Konsumbündels der Lohnabhängigen in dem Ausmaß, in dem diese Dienstleistungen entweder frei oder zu niedrigen Preisen bereitgestellt werden. Mit den Budgetkürzungen in der neoliberalen Ära gerieten die meisten dieser Ausgaben unter Beschuss, wodurch die Verhandlungsmacht der ArbeiterInnenschaft durch ihre erhöhte Abhängigkeit vom Lohneinkommen zur Erhaltung des Lebensstandards zusätzlich geschwächt wurde. Obwohl es anscheinend kaum Änderungen in den Staatsausgaben vor und nach den 1980er Jahren gab, wenn man die Durchschnittswerte in den jeweiligen Perioden betrachtet (letzter Absatz in Tabelle 1), so nahmen doch deren Schwankungen in den 1980er Jahren zu. Besonders interessant ist, dass die Staatsausgaben keine antizyklische Rolle während der Krisenjahre spielten und in einigen Fällen auch noch zwei Jahre oder länger nach der Krise schrumpften.

Arbeitslosigkeit

Abbildung 2 zeigt die Entwicklung der Arbeitslosigkeit. Feststellbar ist eine steigende Arbeitslosigkeit in Argentinien, Brasilien, Indonesien und den Philippinen, die nach der Krise von 1997 noch von zusätzlichen Schocks mit langfristigen Auswirkungen getroffen wurden. In der Türkei war die Arbeitslosenrate gleich bleibend hoch – wobei es in der Zeit der Liberalisierungen zu keiner Verbesserung kam – und sie stieg seit der letzten Krise von 2001 beträchtlich an. In Mexiko fiel die Arbeitslosenrate nach einem gewaltigen Anstieg nach der Krise von 1994 erst nach fünf Jahren wieder auf ihr Vorkrisenniveau, wobei sie seit 2000 wieder ansteigt. In Korea und Malaysia fiel die Arbeitslosenrate in den post-1980er Jahren aufgrund der starken Fähigkeit der Ökonomie zur Schaffung von Arbeitsplätzen auf ein relativ niedriges Niveau (in Korea seit 1980 und in Malaysia seit 1987), was bis zur Krise im Jahr 1997 anhielt. Nach der Krise stieg sie aber dramatisch und erreichte nicht mehr das vor der Krise gehaltene Niveau. Den schwerwiegendsten Schock nach der Krise unter den ostasiatischen Ländern verzeichnete Korea, wo die Arbeitslosenrate von 2,6 Prozent (1997) auf 7 Prozent

(1998) anstieg. Der gleiche Trend war in Chile zu beobachten, wo seit 1994, aber besonders seit 1998 die Arbeitslosigkeit ansteigt, nachdem in den 1980er Jahren und zu Beginn der 1990er Jahre ein kontinuierlicher Rückgang festzustellen war. In den meisten Ländern stieg die Arbeitslosigkeit noch zwei Jahre, in der Türkei drei und in den Philippinen, Malaysia und Indonesien noch sechs Jahre nach der Krise an und dieser Anstieg hält bis heute an. Seit den Krisen von 1997 und 2000 haben sich die Arbeitslosenraten bis heute in keinem Land wieder auf das vor den Krisen festgestellte Niveau zurückbewegt.

Die Tatsache, dass die Arbeitslosenrate in Ländern, in denen die Lohnquote sank, anstieg, deutet auf die Schwäche der Nachfrageseite des Arbeitsmarktes hin, neue Stellen einfach durch Lohnkürzungen zu schaffen. Die exportorientierte Entwicklungsstrategie konnte ihr Versprechen eines Beschäftigungswachstums bislang nicht erfüllen. Obwohl der Anteil der Industriegüterexporte aus Entwicklungsländern drastisch anstieg, war das industrielle Beschäftigungswachstum in einigen führenden Exportnationen wie Brasilien, Mexiko, der Türkei, Korea, Malaysia und den Philippinen rückläufig. In Argentinien ging die Beschäftigung sogar in absoluten Zahlen zurück. Wenn alle Entwicklungsländer versuchen, dieselbe exportorientierte Entwicklungsstrategie anzuwenden, ist es aufgrund der Begrenztheit der Weltmärkte unmöglich, dass jedes Land zu den Gewinnern zählt. Mit steigendem Wettbewerb steigt entweder die Kapitalintensität der Produktion durch neue Investitionen, wie in vielen ostasiatischen Ländern, oder es entwickelt sich, wie in einigen lateinamerikanischen Ländern, ein allgemeiner Trend zum Arbeitskräfteabbau. In einer Situation verstärkten Wettbewerbs genügen niedrige Reallöhne nicht, um neue Arbeitsplätze in der Exportindustrie zu schaffen. Indem die hohen Arbeitslosenraten einen Anstieg der Reallöhne unterdrücken, verstärkt die Reduktion der Lohneinkommen den Mangel an aggregierter Nachfrage, was die Möglichkeit, Arbeitsplätze zu schaffen, verschlechtert. Eine

Analyse der Bekleidungsindustrie, welche die Hauptexportindustrie
für Entwicklungsländer darstellt, zeigt für 45 OECD- und Nicht-

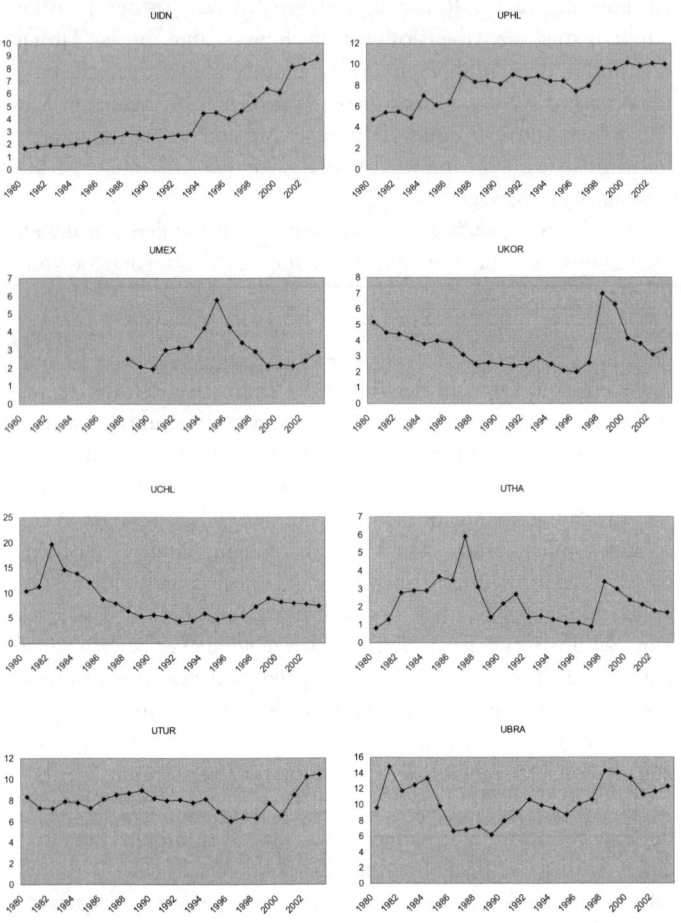

ÖZLEM ONARAN

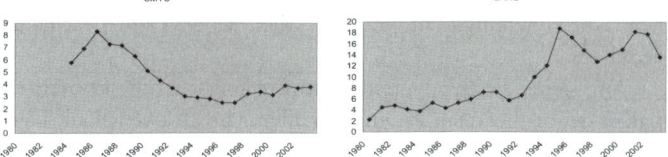

Abb.2: Arbeitslosenrate (U)

Anm.: Siehe Text für detaillierte Beschreibung der Daten. Die Länderabkürzungen sind nach der Abkürzung U angegeben.

Quelle: World Bank World Development Indicators, Economist Intelligence Unit und United Nations National Accounting Datenbank.

OECD-Länder, dass es keine statistisch relevante Beziehung zwischen Reallohnentwicklung und Arbeitsplatzwachstum gibt (Pollin et al. 2004). In aggregierter Form zeigt Onaran (2007), dass eine Veränderung der Lohnquote keine signifikanten Effekte auf die Arbeitslosenrate in zehn wichtigen Entwicklungsländern hat. Im Gegensatz zu den Aussagen der neoklassischen Theorie hat die niedrige Lohnquote statistisch einen sehr geringen Effekt auf die Arbeitslosigkeit – diese hängt hauptsächlich von den Bedingungen am Gütermarkt ab.

Zusammenfassung

Neoliberale Globalisierung hat sich als unfähig erwiesen, Arbeitsplätze zu schaffen und den Lohnabhängigen eine faire Entgeltung zu sichern. Die Erwartungen der orthodoxen Strukturanpassungsprogramme in Bezug auf die positiven Auswirkungen der Öffnung und Liberalisierung auf die Lohnquote haben sich nicht erfüllt. Ganz im Gegenteil – die erhöhte Krisenfrequenz hat in den 1990er und 2000er Jahren negativen Druck auf die Lohnabhängigen ausgeübt. Die restriktive Fiskalpolitik und die Finanzialisierung haben die Verteilungskonflikte in der Mehrheit der Länder ebenfalls verschärft.

Angesichts dieser unvorteilhaften Ergebnisse ist die Dauerhaftigkeit des neoliberalen Paradigmas offensichtlich zweifelhaft. Der Slogan TINA (*there is no alternative*) hat sich abgenutzt. Menschen aus dem Norden und Süden oder dem Westen und Osten erkennen immer mehr, dass ihr gemeinsames Interesse in internationaler Solidarität liegt und nicht in einem „race to the bottom", das von Märkten und multinationalen Unternehmen aufgezwungen wird. Die folgenden Jahrzehnte werden eine verstärkte Suche nach einem alternativen wirtschaftspolitischen Rahmen für Menschen und nicht für Profite zeigen. Dieser alternative Rahmen wird Politiken beinhalten, die von Finanzmarktregulierungen auf nationaler und internationaler Ebene bis zu Arbeitsmarktregulierungen, Industriepolitik, einem Handelsregime, das auf Entwicklungsprioritäten ausgerichtet ist, und einer fundamentalen Restrukturierung oder Streichung der Schulden der Entwicklungsländer reichen.

Übersetzung aus dem Englischen: Karen Imhof, Cornelia Staritz

Literatur

Burke, James/Epstein, Gerald (2001): Threat effects and the internationalization of production. http://www.peri.umass.edu/fileadmin/pdf/working_papers/working_papers_1-50/WP15.pdf, 9.10.2006.

Cornia, Giovanni A. (2004): Inequality, growth, and poverty: An overview of changes over the last two decades. In: Cornia, Giovanni A. (Hg.): Inequality, Growth, and Poverty in an Era of Liberalization and Globalization. Oxford: Oxford University Publication, 3-25.

Crotty, James/Epstein, Gerald/Kelly, Patricia. (1998): Multinational corporations in the neoliberal regime, In: Baker, Dean/Epstein, Gerald/Pollin, Robert (Hg.): Globalization and Progressive Economic Policy, Cambridge: Cambridge University Press, 117-143.

Crotty, James/Dymski, Gary (2000): Can the global neoliberal regime survive victory in Asia? The political economy of the Asian crisis. http://www.peri.umass.edu/fileadmin/pdf/published_study/PS5.pdf, 9.10.2006.

Crotty, James/Lee, Kang-Kook (2002): A political-economic analysis of the failure of neo-liberal restructuring in post-crisis Korea. In: Cambridge Journal of Economics 26 (5), 667-678.

Diwan, Ishac (2001): Debt as sweat: Labor, financial crises, and the globalization of capital. http://info.worldbank.org/etools/docs/voddocs/150/332/diwan.pdf, 9.10.2006.

Dollar, David/Kray, Aart (2004): Trade, growth and poverty. In: Economic-Journal 114 (493), 22-49.

Easterly, William (2001): The lost decades: Developing countries' stagnation in spite of policy reform 1980–98. In: Journal of Economic Growth 6 (2), 135-57.

Epstein, Gerald/Power, Dorothy (2003): Rentier incomes and financial crises: an empirical examination of trends and cycles in some OECD countries, http://www.peri.umass.edu/fileadmin/pdf/working_papers/working_papers_51-100/WP57.pdf, 9.10.2006.

Feenstra, Robert C./Hanson, Gordon H. (1997): Foreign direct investment and relative wages: Evidence from Mexico's maquiladoras. In: Journal of International Economics 42 (3), 371-393.

Haque, Irfan ul (2004): Globalization, neoliberalism, and labour. In: UNCTAD Discussion Papers 173, http://www.unctad.org/en/docs/osgdp20047_en.pdf, 9.10.2006.

Harrison, Ann E. (2002): Has globalization eroded labor's share? Some cross-country evidence. Mimeo, UC Berkeley.

Harrison, Ann E./Hanson, Gordon (1999): Who gains from trade reform? Some remaining puzzles. In: Journal of Development Economics 59 (1), 125-154.

International Labour Office (2004): A fair globalization: Creating opportunities for all, World Commission on the Social Dimension of Globalization, Geneva: ILO.

Lee, Kang-kook/Jayadev, Arjun (2005): The effects of capital account liberalization on growth and the labor share of income: Reviewing and extending the cross-country evidence.In: Epstein, Gerald (Hg.): Capital Flight and Capital Controls in Developing Countries. Cheltenham: Edward Elgar, 15-57.

Onaran, Özlem (2007): Life after crisis for labor and capital. In: Yeldan, Erinç/Köse, Ahmet/Şenses, Fikret (Hg.): Neoliberal Globalization as New Imperialism: Case Studies on Reconstruction of the Periphery. New York: Nova Scientific Publishers (i.E.).

Pollin, Robert (2002): Globalization and the Transition to Egalitarian Development. http://www.peri.umass.edu/fileadmin/pdf/working_papers/working_papers_1-50/WP42.pdf, 9.10.2006.

Pollin, Robert/Burns, Justine/Heintz, James (2004): Global apparel production and sweatshop labour: can raising retail process finance living wages? In: Cambridge Journal of Economics 28 (2), 153-171.

Rodrik, Dani (1998): Capital mobility and labor. Mimeo, Havard University.

UNCTAD (1997): Trade and Development Report 1997. Genf: United Nations.

Went, Robert (2000): Globalization. Neoliberal Challenge, Radical Responses. Amsterdam: Pluto Press.

World Bank (2005): World Development Report 2006: Equity and Development, New York: Oxford University Press.

ÖZLEM ONARAN

1   Die Forschung für diesen Beitrag wurde durch den Dr.-Heinz-Kienzl-Preis gefördert.

2   Daten zur Lohnquote existieren in der *World-Development-Indicators*-Datenbank(WDI) der Weltbank für den Anteil der Löhne an der Wertschöpfung der verarbeitenden Industrie bis 1993. Danach endet die Veröffentlichung dieser Daten. Es ist möglich, die Lohnquote im Industriesektor, basierend auf Lohn- und Produktivitätsdaten aus der *Economist Intelligence Unit* (EIU) zu berechnen, aber die Lohndaten beginnen für einige Länder in den 1980er Jahren und für die meisten anderen in den 1990er Jahren. Die *National-Accounts*-Datenbank der Vereinten Nationen veröffentlicht Verteilungsdaten. Doch werden Daten über die Kompensation von ArbeitnehmerInnen – national und im Industriesektor – leider nur für einen Teil der Länder, die in dieser Studie analysiert werden, veröffentlicht. Weiters stellt diese Datenbank für die meisten Länder nur Informationen seit den 1990er Jahren bereit. Ein weiteres Problem betrifft die Qualität von landesweiten Daten. Aus diesem Grund wurden Lohnquotendaten für den Industriesektor gewählt, da diese verlässlicher sind und längere Zeitreihen für eine größere Ländergruppe existieren. Ein weiterer Vorteil der Verwendung von Daten für den Industriesektor ist, dass von strukturellen Veränderungen und Industrialisierung abstrahiert werden kann, die zu einer Reduktion von selbständigen Einkommen führen können, was – unter der Voraussetzung, dass alle anderen Variablen unverändert bleiben – zu einer Erhöhung der Lohnquote führen würde. Die Lohnquotendaten im Industriesektor der Türkei, Mexikos und Koreas sind von der STAN-Datenbank der OECD und von nationalen Quellen. Für Brasilien, Chile, die Philippinen und Thailand werden die Daten der Vereinten Nationen in Verbindung mit Daten aus der EIU-Datenbank verwendet. Arbeitslosendaten sind von der EIU. Die Quellen zu den anderen Variablen sind Weltbank, EIU und die *International Financial Statistics* (IFS) vom IWF. Daten zu Arbeitslosenraten existieren für fast alle Länder erst seit den 1980er Jahren.

Arbeitsbeziehungen in der globalen Wirtschaft: Das Zusammenspiel von Formalisierung und Informalisierung

Deregulierung, Flexibilisierung, Informalisierung stellen an der Wende vom 20. zum 21. Jahrhundert zentrale Leitbegriffe zur Beschreibung und Bewertung von Arbeitsverhältnissen dar, um die Modernisierungs- und Konkurrenzfähigkeit von Unternehmen und Standorten zu verbessern. Sie gelten als Wundermittel, die Schutzgesetze, Arbeitsordnungen, Mindestlöhne, Tarifverträge und Versicherungspflichten abbauen helfen und den Weg in eine Welt frei machen, in der reine Marktkräfte Löhne, Beschäftigungsquoten, soziale Differenz und Qualitätsstandards bestimmen. Was aus Kapitalperspektive glorifiziert wird, bedeutet aus ArbeiterInnenperspektive, dass in sozialen Kämpfen erworbene und vom Staat garantierte Arbeitsgesetze und soziale Rechte, die die Lohnabhängigen gegenüber dem ungebremsten Zugriff der KapitaleignerInnen und den Schwankungen der Konjunktur abgesichert haben, verloren gehen. Deregulierung, Flexibilisierung und Informalisierung gelten daher bei den Interessenvertretungen der ArbeiterInnen nicht als Fortschritt, sondern als Rückschritt.

In dem Maße, wie klassische lohnabhängige Beschäftigungsverhältnisse zugunsten von WerkvertragsnehmerInnen, neuen Selbständigen und Ich-AGs zurückgehen, gerät der ArbeiterInnenstandpunkt jedoch gesellschaftlich ins Abseits. Wenn die alte ArbeiterInnenklasse und ihre Interessenorganisationen gegen die Deregulierung ankämpfen, wird ihnen vorgeworfen, sie verteidigten alte Privilegien. Die unvergleichbar größeren Vorteile, die sich aus Kapitalbesitz ergeben, werden nicht in diesen Zusammenhang gestellt. Der Privilegien-Vorwurf ist dennoch partiell berechtigt, solange die so genannten atypischen Arbeitsverhältnisse nicht in sozialpolitische und gewerkschaftliche Strategien einbezogen werden. Die alten Industriegewerkschaften und die FunktionärInnen der SozialpartnerInnen wollen davon oft nichts wissen; sie werden aber zunehmend von Arbeitsloseninitiativen unter Druck gesetzt, das neue Prekariat in ihre Aktivität einzubeziehen (Angerler 1999). Die flexibilisierten AnbieterInnen von Arbeitskraft hingegen machen ein kollektives Auftreten gegen das Flexibilisierungsdumping nicht leicht; sie glauben sich am Markt nur behaupten zu können, wenn sie die erzwungenen „Freiheiten" zu ihren eigenen machen (Verwoert 2003).

Damit steht erneut das Verhältnis zwischen Regulierung und Deregulierung, zwischen Formalisierung und Informalisierung zur Debatte. Als Formalisierung werden Bestrebungen betrachtet, die das Vertragsverhältnis zwischen Kapital und Arbeitskraft einem gesetzlichen Schutz unterstellen, der Arbeitsbedingungen, Sicherheit am Arbeitsplatz, Entlohnungsschemata und soziale Absicherung regelt. Unter Informalisierung werden demgegenüber die Lockerung bzw. der Abbau regulierender staatlicher oder sozialpartnerschaftlicher Eingriffe begriffen. Da Schutzbestimmungen, Sozialleistungen und Lohnzugeständnisse den UnternehmerInnen Geld kosten, bedeutet Informalisierung Kosteneinsparung. Umgekehrt erhöhen mehr Lohn und soziale Sicherheit sowohl die Arbeitsleistung als auch die Kaufkraft, sodass Regulierungen auch betriebs- und volkswirtschaftlich positiv zu Buche schlagen können. Was ist der Grund, dass einander in der Geschichte des Kapitalismus Phasen der Formalisierung und der Informalisierung ablösten? Spiegelt diese Auseinandersetzung den Gegensatz zwischen Kapital und Arbeit wider? Welche Rolle spielen dabei die Ungleichzeitigkeit zwischen Zentren und Peripherien und die Machtverhältnisse zwischen den Geschlechtern?

Theoretische Debatten um den informellen Sektor

Der Begriff des informellen Sektors wurde in den 1970er Jahren geprägt, als EntwicklungstheoretikerInnen eingestehen mussten, dass die weltweite Durchsetzung geregelter Erwerbsverhältnisse nach dem Muster der entwickelten Industrieländer, die die Modelle der ModernisierungstheoretikerInnen in Aussicht gestellt hatten, nicht vorankam (Komlosy et al. 1997: 9–11). Stattdessen breiteten sich in den Peripherien der Weltwirtschaft ungesicherte, prekäre Arbeitsformen aus, in denen ungeregelte und unterbezahlte Arbeitsverhältnisse vorherrschten. Diese wurden von der Internationalen Arbeitsorganisation (ILO) als „informell" bezeichnet und als Ausdruck von Rückständigkeit und mangelnder Modernisierung betrachtet (ILO 1972). Entwicklungsmaßnahmen sollten diese Sektoren an die modernen Wachstumspole heranführen. Besonders forciert wurden solche Maßnahmen von DependenztheoretikerInnen, die die Spaltung peripherer Gesellschaften in Wachstumspole und Hinterländer als Folge der kolonialen Ausbeutung und Deformierung wahrnahmen. Diese Kluft konnte nur geschlossen werden, so die entwicklungspolitische Schlussfolgerung, wenn alte Abhängigkeiten aufgebrochen und eigenständige Entwicklung in Gang gesetzt würde. Das Ziel bestand darin, informelle Arbeitsverhältnisse zu überwinden, indem man sie an die formellen Sektoren heranführte (Komlosy et al. 1997: 14).

Einen ganz anderen Zugang vertraten neoliberale Ansätze. Sie stellten die herkömmlichen Entwicklungstheorien auf den Kopf und propagierten Informalisierung als einen Weg der Entwicklung. Nicht die informellen Sektoren sollten formalisiert, sondern staatliche Strukturen und Regelungen, die als bürokratisch, korrupt und schwerfällig galten, abgebaut werden (vgl. De Soto 1992). Auch alternative, basisdemokratische Ansätze betrachteten den informellen Sektor unter dem Aspekt von Selbstorganisation und Überlebenssicherung (vgl. Ehlers 2004). AnthropologInnen beschäftigten sich mit den Beziehungsstrukturen in der informellen Ökonomie und entdeckten sie als Quelle für Widerständigkeit und Eigeninitiative.

Alle genannten Interpretationsvarianten klammern aus, dass der informelle Sektor nicht isoliert gesehen werden kann. Er ist weder als Defizit noch als Allheilmittel begreifbar, sondern nur in seiner Verschränkung und Kombination mit anderen Arbeitsverhältnissen. Dies erfordert eine weltsystemische Erweiterung des Kapitalismusbegriffs (Wallerstein 1984; vgl. auch Komlosy et al. 1997: 20–26). Kapitalismus zeichnet sich demnach nicht, wie bürgerliche und marxistische AutorInnen einträchtig behaupteten und behaupten, durch Proletarisierung, Verallgemeinerung freier Lohnarbeit und die Einführung des Fabriksystems aus, sondern durch die ungleiche und asymmetrische Verzahnung bezahlter, unterbezahlter und unbezahlter, freier, abhängiger und erzwungener, mehr oder weniger gesetzlich geregelter und formalisierter Arbeitsverhältnisse. Die Abfolge der wirtschaftlichen Entwicklung in den westlichen Industrieländern – von einer vorindustriellen über proto-, früh- und hochindustrielle Phasen – lässt sich als weltweit gültiges Modell nachholender Entwicklung nicht verallgemeinern. Informell und formell können nicht als Stufen auf einer Leiter gesellschaftlicher Modernisierung, als Messlatte für Fortschritt und Entwicklung angesehen werden, sondern stellen unterschiedliche Ausprägungen des Kapitalverhältnisses zu einem gegebenen Zeitpunkt dar. Man kann das zeitliche Zusammentreffen ungleich remunerierter und regulierter Arbeitsverhältnisse in Anlehnung an Ernst Bloch auch als „Gleichzeitigkeit des Ungleichzeitigen" fassen (Bloch 1962 [1935]).

Idealtypisch betrachtet, zeichnet sich dies durch das Zusammenspiel eines formellen Kerns geregelter und gut bezahlter Arbeit mit einem informellen Umfeld aus, das seinerseits in die unbezahlten und unbezahlbaren Auffangbecken der Subsistenz eingebettet ist. Keines dieser Arbeitsverhältnisse kann ohne die anderen überleben. Allerdings ist das Mischungsverhältnis je nach Zeitpunkt und Region ein anderes. Generell gilt, dass im Zentrum formelle Sektoren gegenüber dem informellen Sektor und der Subsistenzarbeit überwiegen; in der Peripherie hingegen kommen dem informellen Sektor und dem Subsistenzbereich größere Bedeutung zu als dem formellen Sektor. Die Formalisierung in den Zentren der Weltwirtschaft vollzog sich im Zeitraum zwischen der Einführung von Arbeits- und Sozialgesetzen am Ende des 19. Jahrhunderts und der Deregulierungsoffensive am Ende des 20. Jahrhunderts. Peripherien der Weltwirtschaft waren demgegenüber viel stärker von informellen Verhältnissen dominiert. Zwischen 1930 und 1970 kann jedoch auch hier in vielen Fällen eine Zunahme von formellen Arbeitsverhältnissen beobachtet werden, allerdings integriert in ein breiteres Umfeld von informellen und Subsistenzsektoren. Je nach Bedeutung von Formalisierung, Regulierung und sozialer Absicherung kamen dem Subsistenzsektor unterschiedliche Aufgaben zu. In Aufschwung- und Expansionsphasen weitete sich der formelle Sektor regelmäßig auf Kosten des informellen und der Subsistenz aus; Rezessionen und die von diesen ausgelösten Umstrukturierungsphasen brachten die Ausweitung informeller Sektoren auf Kosten von formellen mit sich, ohne dass deshalb automatisch der Subsistenzsektor ansteigen muss. In einer solchen Phase der Umstrukturierung befindet sich die Weltwirtschaft an der Wende vom 20. zum 21. Jahrhundert: Die Kommodifizierung ist stark vorangeschritten und der Subsistenzsektor meist bereits so stark deformiert und ausgelaugt, dass er keine zusätzlichen Funktionen als soziales und materielles Auffangbecken mehr auf sich nehmen kann.

Es handelt sich bei der Kombination formeller, informeller und Subsistenzsektoren um kein gleichberechtigtes Miteinander, sondern um eine abgestufte Hierarchie von Wertschöpfungsketten, die innerhalb jeder Region den Werttransfer von den un- und unterbezahlten zu den höher bezahlten Sektoren garantiert, während die unterschiedliche Zusammensetzung von Subsistenz, Informalität und Formalität zwischen Weltregionen die Voraussetzung für die

Kapitalakkumulation in den (jeweiligen) Zentren der Weltwirtschaft gewährleistet. Einen Ausweg aus dem Dilemma der Interpretation bietet also nur eine Zugangsweise, die historische Perspektive und Ungleichheit und Ungleichzeitigkeit im Weltsystem miteinander verbindet. Der informelle Sektor muss nicht nur vom besser bezahlten formellen unterschieden werden, sondern darüber hinaus von unbezahlten Tätigkeiten, die als Haus- und Subsistenzarbeiten für das direkte Überleben geleistet werden (Jacobi/Nieß 1980).

Das Verhältnis „formell – informell – Subsistenz" spiegelt geschlechtsspezifische Aufgabenverteilung und die Rolle von Frauen und Männern im Erwerbsleben wider. Durch die primäre und überwiegende Zuständigkeit von Frauen für Überlebensarbeit kann der Subsistenzsektor als ein überwiegend weiblicher angesehen werden. Fehlen in einer Gesellschaft Beschäftigungs- und Einkommensmöglichkeiten im bezahlten Bereich der Wirtschaft, sind Männer verstärkt in diesem Sektor tätig – dieser ist daher umso männlicher besetzt, je größer der Peripheriestatus einer Region und je krisenhafter die Wirtschaftslage ist (Bennholdt-Thomsen et al. 1983). Beim Zugang zu bezahlten Arbeitsplätzen spielt Geschlecht eine zentrale Rolle. Aufgrund der Zuschreibung der Versorgungsarbeit in der bürgerlichen Familienideologie wird Berufstätigkeit von Frauen als Zusatztätigkeit, der Lohn als Einkommensergänzung angesehen. Frauen verdienen daher für gleichwertige Tätigkeit stets weniger, ihr Zugang zu höher bezahlten Bereichen des Arbeitsmarktes ist erschwert. Es ist darum anzunehmen, dass Frauen im informellen Sektor überrepräsentiert und von Informalisierungsstrategien stärker betroffen sind als Männer. Innerhalb des informellen Sektors werden Männern und Frauen je spezifische Arbeitsbereiche zugewiesen. Wenn die Arbeiterbewegung in der Tradition der Formalisierung steht, so gilt dies in verstärktem Maße für Arbeiterinnen: Formalisierung bietet Schutz gegen informelle Ausbeutung und Druckausübung. Deregulierung und Flexibilisierung sind daher Instrumente, die insbesondere Frauen in schlecht bezahlte und unge-schützte Bereiche des Arbeitsmarktes abdrängen (Musiolek 1999).

Formalisierung und Informalisierung in historischer Perspektive

Die Entdeckung und Thematisierung des informellen Sektors in den 1970er Jahren legen nahe, dass es sich hierbei um ein neues Phänomen handelt. Neu ist hingegen vor allem, dass die Annahme von der Verallgemeinerung der geregelten und abgesicherten Lohnarbeit im Prozess der Ausbreitung modernen Wirtschaftswachstums nach dem Muster der westlichen Industrieländer nicht mehr unhinterfragt übernommen, sondern dem informellen Sektor entwicklungspolitische Beachtung geschenkt wurde. Dies hatte zur Folge, dass in der Theoriebildung der Existenz unterschiedlicher Arbeitsverhältnisse verstärkte Aufmerksamkeit geschenkt wurde (Komlosy et al. 1997: 22).

Tatsächlich sind unterschiedliche Rechtsverhältnisse, Entlohnungs- und Regulierungsdifferenzen uralte Fragen, die von ZeitgenossInnen mit ganz unterschiedlichen Begriffen diskutiert wurden. Als Ausgangspunkt für den Blick auf den Gesamtzusammenhang wurde meist der regulierte Sektor herangezogen, während alles andere als Relikte, Abweichungen oder Defizite gefasst wurde. Freilich gilt diese Beobachtung vor allem für jene BeobachterInnen, die selbst in den Zentren der Weltwirtschaft angesiedelt waren und die Debatte durch ihre eurozentrische Perspektive maßgeblich prägten. Wer sich aus peripherer Perspektive daran beteiligte, war stets gezwungen, die Situation in der eigenen Region im Verhältnis zu den vom Westen vorgegebenen Norm- und Modellvorstellungen zu definieren.

Auch wenn damals das Begriffspaar „formell – informell" unbekannt war, kann die Herausbildung dieses Unterschieds mit der Ausweitung und Durchsetzung „freier" Lohnarbeit angesetzt wer-

ANDREA KOMLOSY

den. Dies begann mit der Zurückdrängung herrschaftlicher Verfügungsgewalt über die Untertanen im Zuge der Reformen des aufgeklärten Absolutismus in der zweiten Hälfte des 18. Jahrhunderts. Die Regulierung und soziale Absicherung von Arbeitsverhältnissen – nach jeweiligen zeitgenössischen Standards – sollte sich erst mit den massenhaften Proletarisierungen und dem Zusammenbruch familiärer und dörflicher Sozialsysteme im Lauf des 19. Jahrhunderts entwickeln. Mit der ersten Welle von staatlichen Arbeits- und Sozialgesetzen, die in den westeuropäischen Staaten in den 1880er Jahren einsetzte, war das Modell für den heute als „formell" bezeichneten Sektor geschaffen. Alles, was davon abwich, konnte als rückständig – „informell" – kategorisiert werden. Alle Entwicklungsanstrengungen richteten sich auf dessen Ausmerzung, Überwindung und Anpassung an die allgemeine Norm.

Das Begriffspaar „formell – informell" lässt sich aber auch in einem ganz anderen Sinn für die Beschreibung des Übergangs von traditionellen Systemen der Regulierung auf moderne kapitalistische Formen der gewerblichen Produktion heranziehen. Das zünftische System, die Herrschaftsökonomie mit ihrem Zugriff auf Untertanen, aber ebenso die auf Stadtrechten beruhenden städtischen Gewerbe, die eine Vorrangökonomie des Lokalen ermöglichten, können als formeller Sektor angesehen werden, der die frühneuzeitliche Ökonomie stärker prägte als andere existierende Arbeitsformen. Demgegenüber stellte die Einführung und Ausweitung der „freien" Lohnarbeit, die in West- und Zentraleuropa zwischen 1750 und 1850 stattfand, eine Einschränkung zünftischer, herrschaftlicher und kommunal-lokalwirtschaftlicher Regulierungsformen dar und war mithin ein Prozess der Informalisierung (Komlosy 1997: 68).

Ganz konkret ermöglichte diese Informalisierung die Etablierung des Verlagssystems in der gewerblichen Warenproduktion, die es UnternehmerInnen erlaubte, Zunft- und lokale Vorrangregeln zu umgehen und arbeitsintensive Fertigungsschritte als Heimarbeit in die Haushalte ländlicher Familien auszulagern. Die Parallelen mit den Verlagerungs- und Informalisierungsstrategien heutiger Beklei-dungskonzerne springen ins Auge. Solange die HeimarbeiterInnen-familien ein landwirtschaftliches Standbein hatten und sich selbst mit Nahrungsmitteln versorgten, verfügten sie über eine soziale Absicherung. Als die Mechanisierung des Fabriksystems die Wan-derung in Städte und Industriedörfer mit sich brachte, entstand ein ungesicherter, wilder, nach der englischen Fabrikstadt „Man-chester" genannter Kapitalismus. Der Verschleiß der Arbeitskräfte war so groß, dass auch von UnternehmerInnenseite Interesse an ar-beitsrechtlichen und sozialpolitischen Regulierungen entstand, die seit den 1880er Jahren einen formalisierten Sektor entstehen ließen. Die Umwandlung der lokalen Vorrangökonomie in eine moderne, in überregionale Märkte eingebundene Wachstumsökonomie in der zweiten Hälfte des 18. Jahrhunderts kam aber überhaupt nur in Gang, weil vorindustrielle, vorkapitalistische Regelwerke durch De-regulierung und Informalisierung ausgehebelt wurden. Der Forma-lisierungsprozess setzte erst um 1880 ein und währte rund ein Jahr-hundert. Auslösender Faktor für die nun einsetzende Arbeits- und Sozialgesetzgebung war die Weltwirtschaftskrise 1873 (vgl. Silver 2005). Sowohl die Kapitalseite als auch die sich in diesem Prozess formierende ArbeiterInnenbewegung erkannten die Notwendigkeit sozialer Absicherung.

Ein zweiter Regulierungsschub erfolgte in den 1920er Jahren, als die Russische Revolution und verschiedene sozialrevolutionäre Bewegungen die europäischen Industriestaaten unter sozialpoli-tischen Zugzwang setzten. Ihren Höhepunkt erreicht die sozial- und arbeitsrechtliche Formalisierung im Wiederaufbauzyklus nach dem Zweiten Weltkrieg. Die damalige Verbreiterung von Massen-beschäftigung und Massenkaufkraft stärkte die Annahme von einer Verallgemeinerung der Formalisierungstendenzen. In dieser Phase griff die Formalisierung verstärkt auf Lateinamerika, Asien und Afri-ka über. Unter anderem hatten die Erfolge der nachholenden Ent-wicklung unter dem Banner des realen Sozialismus die rasche Proletarisierung der ländlichen Bevölkerung und deren sozialpolitische Absicherung vorangetrieben. Das Entstehen wachstumsorientierter Kernbereiche in Ländern der „Dritten Welt" nährte auch in den dortigen Eliten die Vorstellung, die weltweite Umsetzung des wohlfahrtsstaatlichen Industrialismus – in seiner kapitalistischen oder in seiner sozialistischen Variante – sei nur eine Frage des Willens und der Zeit. Verdrängt wurde, dass in den Entwicklungsländern die Formalisierung der Arbeitsverhältnisse auf kleine Wachstumsinseln beschränkt blieb, die – angesichts der voranschreitenden Zerstörung traditioneller Lebensverhältnisse durch Agrobusiness und Grüne Revolution – das Anwachsen informeller Sektoren nach sich zog. Auch in den Zentren der Weltwirtschaft war die Eingliederung in formelle Beschäftigungsverhältnisse selbst in Zeiten der Vollbeschäftigung niemals komplett. Unbezahlte Arbeit beschränkte sich jedoch zunehmend auf jene Tätigkeiten, die im Haushalt als Versorgungs- und Beziehungsarbeit geleistet wurden, von der Öffentlichkeit aber immer weniger als gesellschaftlich notwendige Arbeit anerkannt wurden (Bennholdt-Thomsen et al. 1983).

Das Jahrhundert der Formalisierung von Arbeitsverhältnissen zwischen den 1880er und 1980er Jahren gehört heute der Vergangenheit an. Neuerdings ist eine Rückkehr der Informalität in den Zentren zu beobachten, die sich unter dem Motto von Flexibilisierung und Deregulierung in Form von ungesicherten Arbeitsverhältnissen, Teilzeitjobs, Leih- und Kontraktarbeit ausbreitet. In seinen Bemühungen um Kosteneinsparungen setzt das Kapital dabei auf die Dynamik des informellen Sektors. Die Staaten passen ihre Wirtschafts- und Sozialpolitik den geänderten Verhältnissen an und transformieren sich vom Wohlfahrts- zum Wettbewerbsstaat (Hirsch 1995). In Umkehrung der developmentalistischen Vorhersage von Karl Marx, „das entwickeltere Land zeigt dem minder entwickelten nur das Bild der eigenen Zukunft" (Marx 1977 [1864]: 12), geht der Anpassungsdruck heute von jenen Staaten aus, die

die größte Bereitschaft zu Deregulierung und Flexibilisierung im Dienste optimaler Kapitalverwertungsverhältnisse aufweisen.

Erscheinungsformen des Informellen heute

Hinter dem teilweise heftig umstrittenen Begriff des informellen Sektors versammelt sich eine bunte Mischung sozialer Phänomene (vgl. Tab. 1). In Entwicklungsländern tritt informelle Tätigkeit in Form von Wander- und Gelegenheitsarbeit, Straßenhandel, unterschiedlichen Dienstleistungen, wie z.B. im Transportwesen, in verschiedenen (oft nicht bestellten) Darbietungen und Leistungen, z.B. Straßenakrobatik, Garküchen oder Scheibenputzen, aber auch in der industriellen Produktion, die über SubunternehmerInnen verteilt wird, auf. In den Industrieländern sind neben den traditionellen Bereichen der Schwarz- und Schattenarbeit im Zuge der Deregulierungen der letzten zwei Jahrzehnte zahlreiche neue Bereiche prekärer Beschäftigungsverhältnisse entstanden, etwa durch die Auslagerung von Konzernproduktionen an Zulieferer, Formen neuer Selbständigkeit, geringfügige Beschäftigungen, Leih- oder neue Heimarbeit. Ein breites Anschauungsfeld für informelle Tätigkeiten bietet Osteuropa. Der informelle Sektor ist hier besonders weit verbreitet, weil die Auflösung der alten staatlichen Regulierungen ein Vakuum hinterlassen hat, das über weite Strecken regellos ist (Ehlers 2004; Hofbauer 2003; Musiolek 1999, 2002).

Es herrscht weitgehend Konsens darüber, dass heute informelle Sektoren gegenüber formellen im Vormarsch sind. Je nach Weltregion gehen die Schätzungen von 10 Prozent in den westlichen Ländern bis hin zu 70–80 Prozent in ländlichen Peripherien und Krisengebieten, in denen offizielle Strukturen der Wirtschaft zusammengebrochen sind (vgl. die unterschiedlichen Berechungsmodelle bei Christie/Holzner 2004). Da sich informelle Sektoren der Erfassung entziehen, sind solche Zahlen letztendlich schwer überprüfbar. Zudem hängen sie davon ab, welche Arbeitsverhältnisse

ANDREA KOMLOSY

Tab. 1: Bezahlung und Regulierung von Arbeit im formellen, informellen und Subsistenzsektor im weltregionalen Vergleich

	Art der Bezahlung	„Erste Welt"	„Dritte Welt"	„Zweite Welt" der Nachwendezeit	Art der Regulierung
Formell	**„angemessen bezahlt"** d.h. Bezahlung, die ein angemessenes Leben mit gesellschaftlichen Partizipationsmöglichkeiten erlaubt	Gesetzlich und tarifvertraglich regulierte, sozial abgesicherte Erwerbsarbeit als Regelfall (1880–1980); seit den 1980er Jahren zunehmend flexible, deregulierte Arbeitsformen	Bezahlte Erwerbsarbeit nur in Kernbereichen für eine Minderheit; geringe Verbindlichkeit von Arbeits- und Sozialgesetzen, geringe Bedeutung von Gewerkschaften	Regulierungen und soziale Sicherheiten des Sozialismus im Abbau; Sinken der Löhne unter das Existenzmin. sodass zusätzliche, meist deregulierte Arbeiten aufgenommen werden müssen	**„geregelt und gesichert"** d.h. Arbeitsformen, die durch Arbeits- und Sozialgesetze sowie Vereinbarungen zwischen Sozialpartnern reguliert sind
Informell	**„unterbezahlt"** d.h. Bezahlung geringer als in geregelten und abgesicherten Arbeitsverhältnissen;	Heimarbeit; Arbeit in Subunternehmen und Zulieferbetrieben, insb. in der Bauwirtschaft, Landwirtschaft, Gastronomie,	Hauspersonal, Wander- und Gelegenheitsarbeit (häufig als ArbeitsmigrantInnen in der „Ersten Welt"); prekäre Selbstän-	Nach Zusammenbruch der Regelsysteme des Sozialismus wurden ungeregelte und flexible Arbeitsverhältnisse zur Regel;	**„ungeregelt und ungesichert"** in Bezug auf Arbeitsschutz, Arbeitsbedingungen, Bezahlung, soziale

	Kosteneinsparungen gegenüber geregelten Beschäftigungsformen	Reinigung und in Sweatshops; haushaltsnahe Dienstleistungen; prekäre Arbeitsverhältnisse (Arbeit auf Zeit, Saisonarbeit, Leiharbeit, geringfügige Beschäftigung, Neue Selbstständige)	digkeit in der Slumökonomie (Verkauf selbst zubereiteter Speisen, Handel, Kleinproduktion, Transport, etc.); Sweatshops; Arbeit in Subunternehmen und Zulieferbetrieben großer Konzerne	daneben Überlebensökonomie durch prekäre Selbständigkeit in Handel (Kioskkapitalismus), Kleinproduktion und Dienstleistungen sowie durch Arbeitsmigration in die „Erste Welt"	Absicherung, Wettbewerbsregeln, volkswirtschaftliche Einbindung; Fehlen von gesetzlichen Regelungen oder Abbau (Deregulierung) früherer Regelungen und sozialer Sicherheiten
Subsistenz	**„unbezahlt und unbezahlbar"** d.h. Arbeit für den unmittelbaren Bedarf und für das unmittelbare Überleben ohne Markt und Geldäquivalent	Hausarbeiten (Haushalt, Erziehung, Pflege, Reparaturen), Nachbarschaftshilfe	Subsistenzarbeiten in der Selbstversorgungslandwirtschaft und in der Versorgungsökonomie des Haushalts	Hausarbeiten, expandierende Subsistenzsektoren als Ersatz für Marktkonsum und als Auffangbecken für fehlende Arbeitsplätze und niedrige Erwerbseinkommen	**„ungeregelt"** d.h. die Arbeiten entziehen sich gesetzlichen Regulierungen der Erwerbsarbeit

Andrea Komlosy

	„(un)geregelt"	„illegal"
„überbezahlt"	„Überbezahlung" ist eine Konsequenz der Einkommensdifferenzierung; sie geht über den durch Qualifikationsunterschiede begründeten Rahmen hinaus und tritt sowohl im formellen als auch im informellen Sektor bei UnternehmerInnen, Spitzenkräften, KünstlerInnen, diversen Lobbys auf; sie ist nicht zwingend mit Ungeregeltheit und Ungesichertheit gekoppelt.	
„legal"	Formalität und Informalität von Arbeitsverhältnissen wird durch Intensität und Zielsetzung gesetzlicher Regulierungen beeinflusst. Umgehung, Missbrauch und Bruch von Gesetzen existiert in beiden Bereichen. Eine zwangsläufige Nähe zwischen Illegalität und Informalität ergibt sich lediglich in Geschäftsbereichen, die gesetzlich verboten sind (Fälschung, Schmuggel, Herstellung und Handel mit verbotenen Gütern) sowie als Folge von Beschränkungen der AusländerInnenbeschäftigung.	

Quelle: eigene Darstellung

Anmerkungen zur Tabelle:

- Die Kategorisierung in „drei Welten" stellt eine Vereinfachung dar, die zeitlicher und räumlicher Konkretisierung bedarf. Sämtliche Arbeitsverhältnisse sind in allen „Welten" vertreten, allerdings je nach Region und Betrachtungszeitraum in unterschiedlichen Erscheinungsformen und Zusammensetzungen. Die Begriffe „Erste", „Zweite" und „Dritte Welt" haben im letzten Viertel des 20. Jahrhunderts durch die Vervielfältigung und Ausdifferenzierung von Zentrum-Peripherie-Verhältnissen vielfach ihre geographische Zuordnung verloren und sind durchlässiger geworden. Die räumliche Zuordnung von Zentren zur „Ersten" und Peripherien zur „Dritten Welt" (sowie der Identifizierung des realen Sozialismus als „Zweite Welt") ist einer Abhängigkeitshierarchie gewichen, in der Zentrum-Peripherie-Verhältnisse in sämtlichen Weltregionen und auf allen räumlichen Ebenen existieren. Aufgrund des allgemeinen Abbaus von Ausgleichs- und Umverteilungsmechanismen wird die Zugehörigkeit zum Zentrum oder zur Peripherie immer entscheidender für die Verteilung von Überlebens-, Einkommens- und Entwicklungsmöglichkeiten, unabhängig davon, in welcher Weltregion sich diese befinden.
- Als „Zweite Welt" wurden in der Zeit der Blockkonfrontation die planwirtschaftlichen Länder des realen Sozialismus bezeichnet. Obwohl viele mit dem Ende des Sozialismus einen Aufstieg zur „Ersten Welt" erhofften, erfolgte im Gegenteil – mit wenigen Ausnahmen – eine Annäherung an Verhältnisse der „Dritten Welt". Das Erbe und der plötzliche Wegfall der staatssozialistischen Regulierungen und Sicherheiten in den Nachfolgestaaten der Sowjetunion und ihrer osteuropäischen Verbündeten begründeten jedoch eine spezifische Ausprägung des Informellen: Der informelle Sektor entsteht hier aus dem Rückbau formaler Strukturen, die Informalisierung wird zum Vorreiter der Transformation und setzt, ausgehend von der (ehemaligen) „Zweiten" auch die „Erste Welt" dem Deregulierungsdruck aus.
- Obwohl sie für die/den Einzelne/n oft unüberwindbare Barrieren darstellen können, sind die Übergänge zwischen formellen, informellen und Subsistenzbereichen durchlässig. Haushalte sind durch ihre Angehörigen in der Regel in mehreren Bereichen verankert, um durch die Kombination Versorgung, Einkommen und soziale Sicherheit zu erhalten. Selbst einzelne Personen können in mehreren Bereichen zugleich tätig sein. Für UnternehmerInnen erlaubt die Kombination formeller und informeller Arbeitsverhältnisse sowie ihre Ergänzung aus Subsistenzarbeit Flexibilität und Kosteneinsparung. Erst durch ihr Zusammenwirken werden die Ungleichheit und Ungleichzeitigkeit der Wertschöpfung, der Werttransfer aus den Peripherien und die Kapitalakkumulation in die Zentren der Wertschöpfungskette möglich und erklärbar.

dabei überhaupt in den Blick genommen werden. Viel interessanter als die quantitative Zuordnung zum Informellen zu einem gegebenen Zeitpunkt ist der Prozess der Informalisierung. Seit dem weltwirtschaftlichen Strukturbruch der 1970er und 1980er Jahre, der das wohlfahrtsstaatliche Modell in der „Ersten" und „Zweiten Welt" und das Entwicklungsmodell in der „Dritten Welt" durch neue Formen globaler Wertschöpfungsketten ersetzte (Fröbel et al. 1977), lassen sich drei große Tendenzen der Informalisierung betrachten (Komlosy et al. 1997: 22f; Portes et al. 1989; Altvater/ Mahnkopf 2002).

Zum ersten entsteht Informalisierung durch Auslagerung bestimmter Tätigkeiten aus geregelten und gesicherten in ungeregelte und ungesicherte Bereiche, wie dies beim *Subcontracting* an Zulieferbetriebe oder Leiharbeitsfirmen der Fall ist. Die Auslagerung bietet den Vorteil, dass Gepflogenheiten und verbriefte Rechte, die im Kernbereich und bei der Kernbelegschaft eines Unternehmens üblich sind, nicht angetastet zu werden brauchen. Zuliefernde und Leiharbeitsfirmen kommen nur zum Zug, wenn sie kostengünstigere Lösungen bieten können. Dabei entsteht zwischen diesen Unternehmen ein ruinöser Wettbewerb um die lukrativsten Aufträge. Am erfolgreichsten ist diese Strategie (aus der Perspektive des Kernunternehmens), wenn die Auslagerung in Staaten erfolgt, deren Arbeits- und Sozialgesetze geringere Schutzbestimmungen enthalten. Im Bereich der industriellen Massenfertigung gibt es heute kaum ein größeres Unternehmen, das sich nicht am Verlagerungswettbewerb der passiven Lohnveredelung beteiligt, die als Direktinvestition, als Joint Venture, als Auftragsfertigung oder als Zukauf von Leistungen und Produkten lokaler AnbieterInnen erfolgen kann. Auch kleinere Unternehmen setzen auf diese Globalisierungsstrategien, um im Wettbewerb bestehen zu können. Die Arbeitsverhältnisse in Ländern mit niedrigen Lohn- und Sozialniveaus werden zur neuen Messlatte für Wettbewerbsfähigkeit.

Informalisierung als Überlebensstrategie, die zweite große Tendenz der Informalisierung, besteht in der Unternehmensgründung durch Menschen, die keinen Zugang zu geregelter und gesicherter Lohnarbeit des formellen Sektors fanden. In der Regel handelt es sich um Klein- und Kleinstunternehmen im Handel und im Dienstleistungsbereich, aber auch in der Kleinproduktion. Sehr häufig bedienen solche Unternehmen lokale und regionale Märkte, es kann jedoch auch vorkommen, dass sie in Form von ZulieferInnen als letztes Glied an überregionalen Wertschöpfungsketten beteiligt sind. Das Bild der informellen Selbständigen ist bunt und reicht von (für touristische BetrachterInnen) malerischen Straßenszenen mit einem breiten Angebot an selbst verfertigten Produkten bis hin zu schwer durchschaubaren Klientelbeziehungen, die Tätigkeiten und Einkommensverteilung der grauen Ökonomie informellen Macht-, Kontroll- und Abhängigkeitsverhältnissen unterwerfen.

Die größten Veränderungen bewirkt Informalisierung drittens als Flexibilisierungsstrategie, die Druck auf bestehende gesetzliche, sozialpartnerschaftliche und betriebliche Regulierungsformen ausübt. Die Vorbildwirkung geht von jenen Staaten aus, die dem Kapital diesbezüglich die größte Flexibilität ermöglichen. Solange formelle Verhältnisse die Regel darstellen, fallen informelle Regelungen unter Ausnahmen und (sanktionierte und nicht-sanktionierte) Rechtsbrüche. Sobald der rechtliche Rahmen geändert und ehemals informelle Verhältnisse zur Regel werden, haben sie ihren informellen Charakter abgelegt. Ein breites Feld von Arbeitsmarktregulierungen – von Arbeitsgesetzen über Qualifikationserfordernisse bis zur Zulassung von AusländerInnen – ist im Zuge des postfordistisch-neoliberalen Paradigmenwechsels in Bewegung geraten. In anderen Worten: Wir beobachten Informalisierungstendenzen auf dem Weg zur Regelform, zur neuen Norm. Ein Beispiel sind die Arbeitsverhältnisse, die Gewerkschaften bis vor kurzem als „atypisch" definiert haben (Angerler 1999): Sobald neue Selbständigkeit, die Prekarität von Leiharbeit, Geringfügigkeit und Befristung gesellschaftliche Normalität geworden sind, verkehrt sich das Verhältnis von „typisch" und „atypisch" in sein Gegenteil. Wer von der Norm abweicht, kommt in Erklärungsnotstand: So verwandeln sich ehemalige soziale Rechte in der gesellschaftlichen Wahrnehmung in „Privilegien".

Literatur

Altvater, Elmar/Mahnkopf, Birgit (2002): Globalisierung der Unsicherheit. Arbeit im Schatten, schmutziges Geld und informelle Politik. Münster: Westfälisches Dampfboot.

Angerler, Eva (1999): Flexibilisierung und atypische Arbeitsverhältnisse in Österreich. In: Beiträge zur historischen Sozialkunde 29 (4), 113-120.

Bennholdt-Thomsen, Veronika/Mies, Maria/Werlhof, Claudia von (1983): Frauen, die letzte Kolonie. Reinbek bei Hamburg: Rowohlt.

Bloch, Ernst (1962 [1935]): Erbschaft dieser Zeit. Frankfurt/Main: Suhrkamp.

Christie, Edward/Holzner, Mario (2004): Household Tax Compliance and the Shadow Economy in Central and Southeastern Europe. Wien: Wiener Institut für Internationale Wirtschaftsvergleiche (WIIW).

De Soto, Hernando (1992): Marktwirtschaft von unten. Die unsichtbare Revolution in Entwicklungsländern. Zürich: Orell Füssli.

Ehlers, Kai (2004): Erotik des Informellen. Impulse für eine andere Globalisierung aus der russischen Welt jenseits des Kapitalismus. Zürich: Edition 8.

Fröbel, Volker/Heinrichs, Jürgen/Kreye, Otto (1977): Die neue internationale Arbeitsteilung. Reinbek bei Hamburg: Rowohlt.

Hirsch, Joachim (1995): Der nationale Wettbewerbsstaat. Staat, Demokratie und Politik im globalen Kapitalismus. Berlin/Amsterdam: Edition ID-Archiv.

Hofbauer, Hannes (2003): Osterweiterung. Vom Drang nach Osten zur peripheren EU-Integration. Wien: Promedia.

Singer, Hans/Jolly, Richard (1972): Employment, Incomes and Equality: A Strategy for Increasing Productive Employment in Kenya. Genf: ILO.

Jacobi, Carola/Nieß, Thomas (1980): Hausfrauen, Bauern, Marginalisierte: Überlebensproduktion in „Dritter" und „Erster" Welt. Saarbrücken/Fort Lauderdale: Breitenbach.

Komlosy, Andrea (1997): Textiles Verlagswesen, Hausindustrie und Heimarbeit. Prototypen des informellen Sektors im 18. und 19. Jahrhundert. In: Komlosy, Andrea/Parnreiter, Christof/Stacher, Irene/Zimmermann, Susan (Hg., 1997): Ungeregelt und unterbezahlt. Der informelle Sektor in der Weltwirtschaft. Frankfurt/Main: Brandes & Apsel, 63-86.

Komlosy, Andrea/Parnreiter, Christof/Stacher, Irene/Zimmermann, Susan (Hg., 1997): Ungeregelt und unterbezahlt. Der informelle Sektor in der Weltwirtschaft. Frankfurt/Main: Brandes & Apsel.

Marx, Karl (1977 [1864]): Das Kapital. Bd. 1. Berlin: Dietz.

Musiolek, Bettina (1999): Die Informalisierung der Textil- und Bekleidungserzeugung am osteuropäischen Beispiel. In: Prokla 117, 29 (4), 579-602.

Musiolek, Bettina (2002): Made in ... Osteuropa. Die neuen ‚fashion Kolonien'. Berlin: Terre des Femmes.

Portes, Alejandro/Castells, Manuel/Benton, Lauren (Hg., 1989): The Informal Economy. Studies in Advanced and Less Developed Countries. Baltimore: Johns Hopkins University Press.

Silver, Beverly J. (2005): Forces of Labour. Arbeiterbewegung und Globalisierung seit 1870. Berlin/Hamburg: Assoziation A.

Verwoert, Jan (Hg., 2003): Die Ich-Ressource. Zur Kultur der Selbstverwertung. München: Volk.

Wallerstein, Immanuel (1984): Der historische Kapitalismus. Berlin: Argument.

ANDREAS NOVY
Regionalökonomische Aspekte wirtschaftlicher Entwicklung

Regionalökonomie ist eine Teildisziplin der Wirtschaftswissenschaften, die sich mit Regionen beschäftigt, worunter Räume verstanden werden, die keine Nation sind. Sie grenzt sich so von der Nationalökonomie ab, ein vor allem im deutschen Sprachraum gebräuchlicher Begriff für die Wirtschaftswissenschaften, der im 19. Jahrhundert im Zuge der Nationsbildungen entstand. Die Nation schuf einen Binnenmarkt, der gleichsam als ein Behälter definiert wurde, an dessen Grenzen der Handel mit Geld durch Kapitalverkehrskontrollen und die Wanderung von Arbeitskräften durch Grenzkontrollen geregelt wurde. Maier et al. (2006: 13) unterscheiden heute sub-nationale, supra-nationale und trans-nationale Räume. Wissenschaftsorganisatorisch kommt es zu einer Arbeitsteilung: Regionalökonomie beschäftigt sich mit subnationalen Räumen, wie z.B. Bundesländern, Nationalökonomie mit der Nation und Außenhandelstheorie mit internationalen Wirtschaftsbeziehungen.

Ausgleich oder Polarisation?

Neoklassische Theorie des Ausgleichs

Die Neoklassik ist eine Theorie, in der Gleichgewicht durch Preisänderungen hergestellt wird. Auf den Raum angewendet sieht die Neoklassik die unsichtbare Hand des Marktes mittels der Faktorwanderung von Arbeit und Kapital am Werk: Kapital fließt so lange in Regionen niedriger Löhne, in denen es einen Mangel an Kapital gibt, bis sich Lohnniveau und Profitrate ausgleichen (Maier et al. 2006: 62ff.). Dies geschieht durch Spezialisierung auf die Produktionsbereiche, mit denen eine Region gegenwärtig verhältnismäßig gut ausgestattet ist. Das Ziel neoklassischer Regionalpolitik ist es, statische komparative Kostenvorteile auszunützen, um im Wettbewerb zu bestehen. Periphere Räume, wie der Großteil der ehemaligen Kolonien, haben in niedrigen Lohnkosten und der natürlichen Ausstattung mit Ressourcen ihren wesentlichen Standortvorteil, auf den sie sich in einer verfestigten internationalen Arbeitsteilung spezialisieren sollen.

Keynesianische Polarisationstheorien

In den 1930er Jahren war die Strategie der Nicht-Intervention für die größte Krise kapitalistischer Marktwirtschaften verantwortlich. Keynes (1964), ein Verteidiger einer liberalen Sozialordnung, kritisiert das Gleichgewichtskonzept und sieht es als staatliche Aufgabe, durch eine Steuerung der Nachfrage und vor allem der Investitionen, die Wirtschaftsabläufe zu stabilisieren. Die Regionalökonomie als Disziplin und Problemfeld entstand als Antwort auf die Ereignisse der 1930er Jahre, als eine „entfesselte" Marktgesellschaft sozialräumlich destruktiv wirkte (Polanyi 1978: 19). Da ganze Nachbarschaften und Regionen in der Krise verödeten, war eine Politik des Laisser-faire diskreditiert. François Perroux (1991) liefert in den 1950er Jahren eines der ersten Konzepte regionaler und sektoraler Polarisation, wobei er den ökonomischen Verflechtungsraum als ein Kräftefeld versteht, ohne zwischen Polarisation als einem sektoralen und räumlichen Prozess zu unterscheiden (Schilling-Kaletsch 1976: 25). Durch die Dominanz großer Unternehmungen wird die Entstehung von Monopolen genauso möglich wie räumliche Zentralisierung. Während an Wachstumspolen eine Entwicklungsdynamik in Gang gesetzt wird, sind unterentwickelte Regionen vom Zentrum abhängig. Zusammen bilden Zentrum und Peripherie einen integrierten Raum von Akkumulation und Regulation (Becker 2002: 206-209). Gunnar Myrdal (1974) konzipiert Polarisation als kumulativ-zirkuläre Prozesse, die zu sich selbst verstärkenden Veränderungen führen. Das Bild der Spirale wird dem des Gleichgewichts entgegengestellt. Der Keynesianische Multiplikator ist ein Beispiel kumulativ-zirkulärer Prozesse, der Teufelskreis der Armut ein anderer. Myrdal beschreibt die Entzugseffekte anhand der Schließung einer Fabrik und dem damit verbundenen Verlust an Kaufkraft. Arbeitskräfte wandern ab und die Menschen werden ärmer. So wird es dem lokalen Handel und Gewerbe unmöglich, ihr Beschäftigungsniveau zu halten. Weitergehende Verelendung ist die Folge. Um einer Spirale zum Schlechteren entgegenzuwirken, sieht Myrdal (1974: 50) staatliche Intervention als einziges Heilmittel. Der Staat als neutraler Schiedsrichter hat mit den Mitteln der Planung und der Sozialtechnik das Allgemeinwohl herzustellen.

Albert Hirschman versteht Entwicklung als eine Kette von Ungleichgewichten, Trickle-down- oder Sickereffekten, die vom Norden ausgehen und für den Süden günstig sind und das Entwicklungsniveau des Nordens im Süden verbreiten. Dazu zählen nördliche Käufe von Primärgütern genauso wie Direktinvestitionen im Süden, die Arbeitsplätze schaffen. Es gibt jedoch in der Beziehung von Nord und Süd auch Polarisationseffekte, wie sie Myrdal untersuchte. Staatliche Politik soll Trickle-down-Effekte gezielt verstärken (Schilling-Kaletsch 1976: 37). Hirschman (1958: 7) sieht das zentrale Problem in der Organisation von Entwicklung, in der Ermöglichung unternehmerischer Eigeninitiative. Seine Entwicklungsvorstellung hat Ähnlichkeiten mit der von Schumpeter (1947: 83), der von Prozessen „kreativer Zerstörung" spricht, um durch Innovationen einen Vorsprung gegenüber anderen Anbietern zu erzielen und Monopolrenten abschöpfen zu können.

Region als Wettbewerbsgemeinschaft

Mit der neoliberalen Gegenrevolution in den 1980er Jahren wurden keynesianische Ideen und Verteilungsfragen marginalisiert. An die Stelle der Auseinandersetzung zwischen Ausgleich und Polarisation traten in der Regionalökonomie Konzepte endogener Entwicklung, die auf das Stärken der Stärken setzten. Betonten diese Ansätze anfangs kulturelle und politische Eigenständigkeit und eine selektive regionale Abkopplung zur Stärkung wirtschaftlicher Eigenständigkeit, so wurden sie zusehends in ein liberales Theoriegebäude eingebettet. Ein Beispiel hierfür ist die Glokalisierung, derzufolge Globalisierung und Lokalisierung als ein verbundener Prozess des Wettbewerbens verstanden werden (Swyngedouw 1992). Jeder Ort steht mit allen anderen Orten im weltweiten Wettbewerb und hat sich gleichsam als Ware für das mobile Kapital anzubieten. Raum wird als Netzwerk und als Verflechtung von Warenströmen und Geldbeziehungen konzipiert. Alle Orte der Welt sind verdammt, nach der Pfeife des Wettbewerbs zu tanzen und ihre Attraktivität für Unternehmen zu erhöhen. Gleichwertige Lebenschancen im Raum zu schaffen wurde damit als politisches Ziel zugunsten unternehmerischer Freiheit aufgegeben. Das Augenmerk galt fortan mehr den GewinnerInnen kapitalistischer Entwicklung, d.h. tendenziell Zentralräumen.

Die Neue Wachstumstheorie verbindet mit verbessertem mathematischem Werkzeug die neoklassische Methodik mit der Theorie polarisierender Entwicklung (Fujita et al. 1999: 346). Die Ballung von Aktivitäten in Großunternehmen erfolgt aufgrund der Skalenvorteile, die Ballung von Aktivitäten im Raum aufgrund der Agglomerationsvorteile. Weil sich die Vorteile der Infrastruktur, des Informationszugangs und der Verfügbarkeit qualifizierter Arbeitskräfte in den reichen Räumen konzentrieren, siedeln Firmen trotz hoher Kosten oftmals nicht ab. So kommt die Neue Wachstumstheorie zum gleichen Ergebnis wie die Polarisationstheorie: Kumulative Wachstumsmechanismen können langfristig Entwicklungsunterschiede zementieren. Ebenfalls identisch ist die wirtschaftspolitische Schlussfolgerung: „Damit fällt aber auch die Basis für den – naiven – Glauben an die ‚heilende' Wirkung des Marktmechanismus weg" (Maier et al. 2006: 104). Desgleichen lehnen

ANDREAS NOVY

Theorien regionaler Innovationssysteme theoretisch die Neoklassik und politisch eine Minimalstaatsideologie ab. Wissen und Innovation sind für die Regionalentwicklung von großer Bedeutung. Implizites und stillschweigendes Wissen (*tacit knowledge*) setzt vertrauensbasierte Kontakte voraus, die durch räumliche Nähe zwischen den AkteurInnen erleichtert werden (Maier et al. 2006: 116). Enge Lieferverflechtungen vor Ort und lokale Bildungseinrichtungen sind wichtig, um Wissen in Regionen zu erwerben und zu halten. Explizites und kodifiziertes Wissen hingegen wird an Universitäten und Forschungseinrichtungen systematisch erforscht und ist daher räumlich sowie bezogen auf die Eigentumsverhältnisse stärker konzentriert als stillschweigendes Wissen (Cooke et al. 2007).

Regionalwirtschaftliche Entwicklung in Brasilien

Perroux, Myrdal und Hirschman zählen zu einer Generation, die von der Weltwirtschaftskrise geprägt war und ein Naheverhältnis zu Keynesianismus und Planung aufwies. In Lateinamerika entstand im Umfeld der CEPAL, der UN-Kommission für die wirtschaftliche Entwicklung Lateinamerikas, der Strukturalismus als eine eigenständige Theorie. Das Standardwerk von Celso Furtado über *Die wirtschaftliche Entwicklung Brasiliens* (Original: 1959; deutsch: 1975) ist gleichzeitig eine historische und geographische Analyse des Wechselspiels von national und international, von außen und innen, denn Regionalökonomien sind nur unter Einbezug ihrer Geschichte und Geographie verstehbar. Die ökonomische Analyse ist immer auch eine Untersuchung von Zentrum-Peripherie-Beziehungen, sei dies im kontinentalen Maßstab oder in Bezug auf subnationale Räume.

Intern schufen in Brasilien Boomphasen jeweils unterschiedliche räumliche Ordnungen. Portugal organisierte seine Kolonialwirtschaft als an der Küste befindliche Enklaven für den Export (Becker/Egler 1992: 20). Bis ins 17. Jahrhundert blieb der Raum-

Macht-Komplex in Form von Zuckerrohr-Zuckergut-Nordosten bestimmend (Furtado 1975: 47). Die Zuckerwirtschaft als eine bestimmte Form wirtschaftlicher Macht ging mit der Dominanz eines spezifischen Raumes, des Nordostens, einher. Der Verfall der Zuckerpreise beendete diesen Zyklus und führte zum regionalen Niedergang. Mit dem Goldboom in der Minenregion wurde der Südosten zum nationalen Zentrum, bis auch hier eine Phase des Niedergangs einsetzte. Ohne lokalen Markt und integriertes lokales Produktionssystem war keine dynamische regionale Entwicklung möglich. „Der wirtschaftliche Mechanismus, der keine direkte Verbindung zwischen Produktion und Konsum erlaubte, verhinderte die Nutzung des demographischen Wachstums als dynamisches Element für die wirtschaftliche Entwicklung", es kam zu einem „Wachstum ohne größere Veränderungen der Wirtschaftsstruktur" (Furtado 1975: 55). Einzig auf den Export ausgerichtete Enklavenökonomien ermöglichten keine regionale Integration. Diese setzte erst mit dem nächsten Boom ein, durch den Brasilien zu einer modernen kapitalistischen Ökonomie wurde.

Mit São Paulo rückte gegen Ende des 19. Jahrhunderts erstmals eine Stadt, die nicht an der Küste liegt, ins Machtzentrum Brasiliens. Der entstehende lokale Wachstumspol rund um die Kaffeeplantagen basierte vermehrt auf Lohnarbeit und erforderte verstärkt Investitionen in die Infrastruktur. Entgegen liberaler Rhetorik begann der Staat die Standortvoraussetzungen zu verbessern, allen voran durch die Subventionierung der Migration, die Stützkäufe für Kaffee und den Bau von Eisenbahnen. São Paulo wurde wegen seiner rasanten Industrialisierung zum nationalen Zentrum eines „peripheren Fordismus" (Lipietz 1998: 132f.). Diese Wachstumsdynamik des Südostens, zu dem neben São Paulo auch Rio de Janeiro, Minas Gerais und Espirito Santo gehören, verstärkten die regionalen Unterschiede, weshalb der Fortschritt im Südosten und die Stagnation im Nordosten zusehends eine integrierte, die gesamte Nation umfassende Entwicklung behinderten (Cano 1998:

ANDREAS NOVY

318). Soziale Hilfsprogramme, wie z.B. die Ad-hoc-Bekämpfung von Dürre und Hunger, die die Macht der Oligarchien vor Ort stärkten, wurden in den 1960er Jahren durch regionale Entwicklungsplanung ersetzt (Oliveira 1987). Die *Sudene*, die Regionalentwicklungsbehörde für den Nordosten, förderte Ausbreitungseffekte und versuchte Entzugseffekte zu minimieren. Es kam zur Verlagerung von Produktionsstätten großer Unternehmungen, die ihre Gewinne steuerbegünstigt reinvestierten (Cano 1998: 242). Weiters wurden staatlich geförderte Grundstoffindustrien und Energieerzeuger angesiedelt, die in einer Vielzahl an Wachstumspolen, wie dem petrochemischen Pol in Camaçari und dem Bergwerks- und Stahlkomplex in Carajás, resultierten (Araújo 1995). Aus einer Reihe von Regionalökonomien wurde damit eine Nationalökonomie, die in verschiedenen Teilen des Landes lokalisiert und funktional integriert war. Parallel dazu wurde die Binnenorientierung durch die Errichtung einer neuen Hauptstadt, Brasilia, vorangetrieben, was die zentrale Rolle staatlicher Entwicklungsplanung unterstreicht.

Nach 1970 setzte eine Polarisationsumkehr ein, ein Prozess der „konzentrierten Dekonzentration" (Pacheco 1998: 208ff.), bei dem vor allem der Süden von Ausbreitungseffekten profitierte. In der Industrie sank der Anteil des Südostens zwischen 1985 und 2000 von 71,2 Prozent auf 66,1 Prozent (vgl. Tabelle 1). Ebenso deutlich zeigt Tabelle 2 den Aufholprozess der Peripherie, deren Wachstumsraten pro Kopf seit den 1960er Jahren fast immer über denjenigen des Südostens lagen. Daneben verringerten sich auch innerhalb der Bundesstaaten und Regionen die Ungleichheiten, obwohl obwohl sich diese Tendenz seit 1985 in abgeschwächter Form zeigt (Neto 2006: 11).

Tab. 1: Regionaler Anteil an der industriellen Wertschöpfung, 1985–2000

BIP gesamt	1985	1996	2000
Norden	2,8	4,5	4,5
Nordosten	10,0	7,7	8,9
Südosten	71,2	68,2	66,1
Süden	14,8	17,4	18,3
Zentrum-West	1,2	2,2	2,2
Brasilien	100	100	100

Quelle: Diniz Filho 2005: 77

Tab. 2: Jährliche Wachstumsraten des BIP, pro Kopf, 1960–2002

BIP gesamt	1960–1989	1990–2002
Norden	4,60	0,02
Nordosten	3,47	1,76
Südosten	3,46	1,04
Süden	4,20	1,21
Zentrum-West	4,00	3,11
Brasilien	3,64	1,29

Quelle: Neto 2006: 16

Aufgrund von Ausbreitungseffekten nutzte die keynesianische, wachstumsorientierte Politik ebenso der Peripherie. Trotzdem kam es durch die Fiskalkrise des Staates zur Abkehr von der keynesianischen, auf Kaufkraft- und Investitionsförderung ausgerichteten Politik. Furtado (1999) sieht die nationale Integration seit den 1980er Jahren durch die liberale Wirtschaftspolitik und die Außenorientierung unterbrochen. Ein liberales, außenorientiertes

ANDREAS NOVY

Entwicklungsmodell hat die Tendenz, das nationale Territorium zu fragmentieren und nach weltwirtschaftlichen Interessen auszurichten, wie zum Beispiel bis Anfang des 20. Jahrhunderts in den Enklavenökonomien. Die fiskalische Krise des Nationalstaates und die Schwächung der Planungsinstitutionen lassen dies auch gegenwärtig befürchten (Cano 1998: 349ff.; Neto 2006: 46). Tatsächlich haben große Konzerne wie Petrobras, CVRD und die Agrokonzerne eigene Logistikstrukturen, von Eisenbahnen bis Pipelines, aufgebaut, die exportorientiert sind und die Häfen erneut an Bedeutung gewinnen lassen (Becker et al. 2006a). Die Produktion hochtechnologischer Produkte ballt sich ebenso im Südosten und Süden wie die Patentierungen (Diniz/Gonçalves 2005). Gleichzeitig unterstützt der Nationalstaat die Dekonzentration, indem er das Steuerdumping zwischen den Regionen stimuliert (Diniz Filho 2005: 78ff.). Dies verschärft die Budgetkrise der Bundesstaaten, da sie massive Ansiedlungssubventionen an multinationale Konzerne, insbesondere Automobilkonzerne, bereitstellen. Dazu kommen Standortverlagerungen, um Lohnkosten zu senken und Agglomerationskosten, wie steigende Bodenpreise, Staus, Umweltverschmutzung, zu vermeiden. So entstehen an der Peripherie Inseln der Modernisierung. Qualifizierte Produktionsfaktoren, wie Humankapital, sind aber nur für einen Teil der Produktion bedeutsam. Niedrige Faktorkosten bleiben ein Aspekt bei Standortentscheidungen.

Darüber hinaus sind im Zuge der politischen Demokratisierung durch Druck von unten Schritte in Richtung Wohlfahrtsstaat gesetzt worden, die auf das nationale Territorium homogenisierend wirken. Zwar ist die Universalisierung sozialer Rechte oftmals nicht umgesetzt worden, doch allein die ländliche Mindestpension, die neun Millionen Menschen betrifft, von denen 80 Prozent keinen versicherungsmathematischen Anspruch hätten, hat eine große Breitenwirkung. Weiters hat sich der reale Mindestlohn seit den 1990er Jahren nach Jahrzehnten des Sinkens erhöht (Mercadante 2006: 129). Bis 2010 ist vereinbart, dass er um die Inflationsrate zuzüglich des Wirtschaftswachstums steigen soll. Darüber hinaus erhalten 11 Millionen Haushalte eine Familienbeihilfe für schulpflichtige Kinder. Diese drei Maßnahmen tragen dazu bei, dass über das nationale Territorium hinweg einheitliche Mindestlebensbedingungen entstehen. Die nationale Wirtschaftspolitik ist liberal und orientiert sich seit 1990 an den Interessen des Finanzkapitals, was Zinserträge gegenüber Lohneinkommen begünstigt. Jedoch wurde nicht nur die regionale Ungleichheit des Pro-Kopf-Einkommens verringert, sondern auch die mit dem Gini-Index gemessene soziale Ungleichheit der Einkommen ist von 0,63 (1989) auf 0,57 (2004) gesunken (Barros et al. 2006: 11). Die Rate der extremen Armut fiel von 19,1 Prozent (1990) auf 12,3 Prozent (2004) (Mercadante 2006: 120).

Die regionalwirtschaftliche Entwicklung Brasiliens ist ein widersprüchlicher Prozess nationaler Integration, der Inbesitznahme eines riesigen Territoriums, was bedeutsame ökologische Auswirkungen hat (Altvater 1987). Nur drei Länder der Welt zählen in Bezug auf Einkommen, Bevölkerung und Fläche jeweils zu den zehn größten: USA, China und Brasilien (Guimaraes 2005: 262). Von einer Küstenzivilisation, vollkommen ausgerichtet auf Europa, verlagerte sich die territoriale Dynamik über São Paulo nach Brasilia. 2000 betrug der Urbanisierungsgrad über 81 Prozent, in 12 Großräumen wohnten 33,6 Prozent der Bevölkerung (Monte-Mór 2005: 436). Doch auch im Amazonasgebiet, das 60 Prozent des brasilianischen Territoriums umfasst, lebten 1996 schon 61 Prozent der Bevölkerung in Städten. Dieser massive Urbanisierungsprozess ist eine Form der inneren Landnahme. Das regionale Zentrum des Amazonas ist nicht mehr die Küstenstadt Belém, sondern das im Landesinneren gelegene Manaus. Mit der intensiveren Nutzung des Amazonas, des geographischen Zentrums des Kontinents, schreitet die kontinentale Integration voran. Das ökologische Potential sowie die Energie- und Wasserressourcen eröffnet Entwicklungsperspektiven, die gegenwärtig mit Bolivien und Venezuela in Bezug

ANDREAS NOVY

auf Energie und Infrastruktur umgesetzt werden. Doch müsste die regionale Integration für eine breit angelegte gemeinsame Entwicklungsstrategie genutzt werden, von der Industrie- und Technologiepolitik angefangen bis hin zur sozioökonomischen Entwicklung im umfassenden Sinn (Guimaraes 2005: 369).

Dialektik von Territorium und Verflechtungsraum

Die regionalwirtschaftliche Entwicklung Brasiliens kann mit herkömmlichen ökonomischen Theorien nur teilweise erfasst werden, denn sie ist ein widersprüchlicher Prozess vielfältiger, nicht nur ökonomischer Einflussfaktoren. Es gibt allerdings keine regionalökonomischen Theorien und Konzepte, um die sich gerade in letzter Zeit rasant vollziehenden Umwälzungen von Räumen, Wirtschaft und Gesellschaft zu erfassen. Die Polarisationstheorien und der lateinamerikanische Strukturalismus liefern Ansatzpunkte, um ungleiche Entwicklung und regionale Dynamiken zu verstehen. Aber erst mit einer systematischen Integration kritischer Theorien zu Raum, Macht und Staat kann die Regionalentwicklung in kapitalistischen Marktwirtschaften begriffen werden. Gefragt ist deshalb eine interdisziplinäre Theorie, die Dialektik als Methode und Macht als analytische Kategorie ins Zentrum stellt. Anschließend an Überlegungen der radikalen Geographie (Gregory/Urry 1985) möchte ich abschließend Regionen als widersprüchliche Einheiten konzeptualisieren, die politisch und ökonomisch, das heißt gesellschaftlich produziert sind. Geographisch abgegrenzte Räume können durch soziale und politische Bewegungen ein Bewusstsein ihrer selbst erlangen und Entwicklung gestalten (Lipietz 1998: 160). Furtado sah Lateinamerika nicht nur als ein geographisches Gebiet, sondern als eine spezifische sozioökonomische Struktur. Diese durch wirtschaftliche und politische Prozesse produzierten Strukturen belasten als „harter Zement" die gegenwärtige Entwicklung. Zu dieser „Last der Geschichte" zählte Furtado Kolonialismus und Sklaverei, aber auch die Land-, Vermögens- und Einkommensverteilung (Furtado 1997: 50). Diese Strukturen ändern sich zwar, haben aber gerade an der Peripherie eine große Beharrungskraft. Brasilien wandelte sich im 20. Jahrhundert mit einer nationalstaatszentrierten Entwicklungsweise von einem Agrar- zu einem Industrieland. 1980 war die brasilianische Produktionsstruktur fast komplett. Es gab eine integrierte nationale Grundstoff-, Konsumgüter- und Investitionsgüterindustrie, die zwar durch Privatisierung und Liberalisierung geschwächt, nicht aber zerstört wurde. Gegenwärtig ist die Landwirtschaft mit ihren prekären Arbeitsstrukturen erneut hauptverantwortlich für den brasilianischen Exportboom. Trotz der genau 100 Jahre nach der Abschaffung der Sklaverei 1988 beschlossenen Bürgerverfassung mit ihren demokratischen uns sozialen Rechten kommt es heute noch zu Fällen von Sklaverei

Ein Territorium ist ein abgegrenzter Raum mit eigenen sozioökonomischen und politischen Beziehungen und Regeln. Viele dieser Regeln werden vom Staat festgelegt. Mit der Regulation von Geld und Recht konstituiert er den Machtraum wesentlich. Keynesianische Nachfragepolitik betonte das nationale Territorium als Behälterraum und war Kernelement fordistischer Regulation. Ein Verflechtungsraum ist hingegen ein Beziehungsraum, der Netzwerke schafft und Räume überbrückt. Marktbeziehungen und Kapitalverflechtungen sind tendenziell grenzenlos und untergraben die Stabilisierung von Machträumen. Liberale Theorien der Globalisierung betonen den Verflechtungsraum. Regionalwirtschaftliche Entwicklung kann jedoch nur als Wechselwirkung zwischen Territorium und Verflechtungsraum untersucht werden. Während der Staat zur Territorialisierung tendiert, streben Unternehmen nach unbegrenzten Verflechtungsräumen. Andererseits verfolgen Staaten auch geoökonomische und geopolitische Strategien über ihre Nation hinaus und Unternehmen sind an der investitionsfreundlichen Gestaltung von Territorien interessiert. Territorium und Verflechtungsraum bilden als eine widersprüchliche Einheit das räumliche

Moment von Entwicklung. Eine einfache Auflösung des einen zulasten des anderen ist unmöglich (Novy 2001: 19ff.).

Die Theorie produzierter Räume zeigt schließlich, dass eine
strikte Trennung von Nation und Region, wie sie wissenschaftsorganisatorisch bis heute besteht, nicht haltbar ist, denn aus Regionen
können Nationen werden, wie Jugoslawien und die Sowjetunion
zeigen. Die Europäische Union wiederum zieht nationalökono-
mische Kompetenzen wie Geld- und Handelspolitik an sich und
degradiert die Mitgliedsländer ökonomisch gesehen zu Regionen.
Das regionale Integrationsprojekt *Mercosur* (*Mercado Común del
Sur*), der südamerikanische gemeinsame Markt, treibt die kommerzielle und produktive Integration des Kontinents voran. Seit
2003 kommen verstärkt Schritte zur politischen Integration hinzu
(Schmalz 2005). So ist es eines der Merkmale gegenwärtiger Entwicklung, dass neue Räume entstehen, die Elemente von Regionen
und Nationen vereinen (Becker et al. 2006b).

Literatur

Altvater, Elmar (1987): Sachzwang Weltmarkt. Hamburg: VSA.

Araújo, Tania Bacelar de (1995): Nordeste, Nordestes: Que Nordes-
te? In: Affonso, Rui de Britto Álvares/Silva, Pedro Luiz Barros
(Hg.): Desigualdades Regionais e Desenvolvimento. São Paulo:
FUNDAP&Editora UNESP, 125-156.

Barros, Ricardo Paes de/Carvalho, Mirela de/Franco, Samuel/Men-
donça, Rosane (2006): Conseqüências e causas imediatas da
queda recente da desigualdade de renda brasileira. Rio de Janeiro: IPEA – Instituto de Pesquisa Econômica Aplicada.

Becker, Bertha/Egler, Claudio (1992): Brazil: a new regional power in the world-economy. A Regional Geography. Cambridge:
Cambridge University Press.

Becker, Bertha K./Figueiredo, Adma Hamam de /Stenner, Cláudio/ Miranda, Mariana H. S. P. de (2006a): Logística e Ordenamento do Território. Brasilia: Ministério de Integração Nacional.

Becker, Joachim (2002): Akkumulation, Regulation, Territorium. Zur kritischen Rekonstruktion der französischen Regulationstheorie. Marburg: Metropolis.

Becker, Joachim/Imhof, Karen/Schwank, Oliver (2006b): Editorial. In: Journal für Entwicklungspolitik XXII (2), 4-10.

Cano, Wilson (1998): Desequilíbrios regionais e concentração industrial no Brasil, 1930–1995. 2. Aufl. Campinas: Universidade de Campinas,

Cooke, Philip/DeLaurentis, Carla/Tödtling, Franz/Trippl, Michaela (2007): Regional Knowledge Economies. Cheltenham: Edward Elgar.

Diniz, Clélio Campolina/Gonçalves, Eduardo (2005): Economia do conhecimento e desenvolvimento regional no Brasil. In: Diniz, Clélio Campolina/Lemos, Mauro Borges (Hg.): Economia e Território. Belo Horizonte: Editora UFMG, 131-170.

Diniz Filho, Luis Lopes (2005): Para onde irão as indústrias? In: Albuquerque, Edu Silvestre de (Hg.): Que pais é esse?: Pensando o Brasil contemporâneo. São Paulo: Globo, 63-97.

Fujita, Masahisa/Krugman, Paul/Venables, Anthony J. (1999): The Spatial Economy. Cities, Regions, and International Trade. Cambridge: MIT Press.

Furtado, Celso (1975): Die wirtschaftliche Entwicklung Brasiliens. München: Wilhelm Fink.

Furtado, Celso (1997): Obra Autobiográfica. Bd. 2. São Paulo: Paz e Terra.

Furtado, Celso (1999): O longo amanhecer. Reflexões sobre a Formação do Brasil. São Paulo: Paz e Terra.

Gregory, Derek/Urry, John (1985): Social Relations and Spatial Structures. London: MacMillan.

ANDREAS NOVY

Guimaraes, Samuel Pinheiro (2005): Desafios Brasileiros na Era dos Gigantes. Rio de Janeiro: Contraponto.

Hirschman, Albert O. (1958): The Strategy of Economic Development. New Haven: Yale.

Keynes, John M. (1964): The General Theory of Employment, Interest, and Money. San Diego: Harcourt.

Lipietz, Alain (1998): Nach dem Ende des „Goldenen Zeitalters". Regulation und Transformation kapitalistischer Gesellschaften. Berlin/Hamburg: Argument.

Maier, Gunther/Tödtling, Franz/Trippl, Michaela (2006): Regional- und Stadtökonomik. Bd. 2. Wien: Springer.

Mercadante, Aloizio (2006): Brasil: Primeiro Tempo. Análise comparativa do governo Lula. São Paulo: Planeta.

Monte-Mór, Roberto Luís (2005): A questão urbana e o planejamento urbano-regional no Brasil comtemporâneo. In: Diniz, Clélio Campolina/Lemos, Mauro Borges (Hg.): Economia e Território. Belo Horizonte: UFMG: 429 -446

Myrdal, Gunnar (1974): Ökonomische Theorie und unterentwickelte Regionen. Frankfurt a. M.: Fischer.

Neto, Aristides Monteiro (2006): Intervenção Estatal e Desigualdades Regionais no Brasil: Contribuições ao Debate Contemporâneo. Rio de Janeiro: IPEA – Instituto de Pesquisa Econômica Aplicada.

Novy, Andreas (2001): Brasilien: Die Unordnung der Peripherie. Von der Sklavenhaltergesellschaft zur Diktatur des Geldes. Wien: Promedia.

Oliveira, Francisco de (1987): Elegia para uma Re(li)giao. 5. Aufl. Rio de Janeiro: Paz e Terra.

Pacheco, Carlos Américo (1998): Fragmentação da Nação. Campinas: Universidade Federal de Campinas.

Perroux, François (1991): Oevres complètes. Bd. V: L'économie du XXe siècle. Grenoble: PUG.

Polanyi, Karl (1978): The Great Transformation. Politische und ökonomische Ursprünge von Gesellschaften und Wirtschaftssystemen. Frankfurt a. M.: Suhrkamp.

Schilling-Kaletsch, Ingrid (1976): Wachstumspole und Wachstumszentren. Untersuchungen zu einer Theorie sektoral und regional polarisierter Entwicklung. Hamburg: Wirtschaftsgeographische Abteilung des Instituts für Geographie der Universität Hamburg.

Schmalz, Stefan (2005): Südamerika zwischen regionaler Integration und imperialer Einflussnahme. Der Mercosur als Keimzelle eines neuen politischen Regionalblocks? In: Boris, Dieter/ Schmalz, Stefan/Tittor, Anne (Hg.): Lateinamerika: Verfall neoliberaler Hegemonie? Hamburg: VSA, 112-135.

Schumpeter, Joseph A. (1947): Capitalism, Socialism, and Democracy. New York/London: Harper & Brothers Publishers.

Swyngedouw, Erik (1992): The Mammon quest. ‚Glocalisation‘, interspation competition and the monetary order: the construction of new scales. In: Dunford, Mick/Kafkalas, Grigoris (Hg.): Cities and regions in the new Europe: the global-local interplay and spatial development strategies. London: Belhaven Press, 39-67.

Empirische Informationen zur aktuellen Entwicklung, so nicht extra ausgewiesen, finden sich unter http://agenciacartamaior.uol.com.br

Staaten in der Peripherie – Das Beispiel Lateinamerika

Staaten, vorläufig begriffen als konzentrierte Ausdrucksformen gesellschaftlicher Machtverhältnisse und zugleich als relativ homogene Handlungsinstanzen nach innen und außen, besitzen eine sehr unterschiedliche Geschichte und Wirkungskraft; diese werden maßgeblich von den jeweiligen internationalen und nationalen Entstehungsbedingungen zentraler Staatlichkeit bestimmt.

Das Problem der Spezifik von Staaten in Ländern der Peripherie wird seit über 50 Jahren in der entwicklungstheoretischen und -politischen Debatte mit besonderer Aufmerksamkeit behandelt. Immer wieder wurde problematisiert, ob Staaten in Entwicklungsländern eher als Katalysatoren und Dirigenten von Entwicklungsprozessen figurieren (oder fungieren können) oder ob sie vielmehr überwiegend als zusätzliche Blockaden einer (nachholenden) ökonomischen und gesellschaftlichen Entwicklung in Erscheinung treten.

Angesichts der extremen Spannbreite von historischer und aktueller Staatlichkeit im Bereich der sogenannten peripheren Gesellschaften (man vgl. z.B. die Volksrepublik China mit Tschad oder der Zentralafrikanischen Republik) empfiehlt es sich, das Thema zunächst auf eine durch ähnliche Geschichte und Kultur geprägte Region zu beschränken. Die aus solcher Analyse gewonnenen Einsichten könnten für forschungsleitende Fragestellungen und Hypothesen bezüglich anderer Entwicklungsregionen genutzt werden.

Nach einer kurzen Reflexion der wesentlichen Unterschiede der Staatsbildung in den Metropolen und den Peripherien sind die wichtigsten einzelnen Phasen der Staatsentwicklung in Lateinamerika zu umreißen. Am Ende wird kurz auf Perspektiven von Staatlichkeit in der Peripherie unter den Bedingungen neoliberaler Globalisierung sowie auf Ansätze der Korrektur der Formen des „Minimalstaats" in den letzten Jahren eingegangen.

Die hier gewählte Region Lateinamerika weist gegenüber anderen Gesellschaften/Staaten in Afrika und Asien insofern eine Spezifik auf, als hier formell unabhängige Nationalstaaten seit den Unabhängigkeitskämpfen um 1820/25 entstanden sind, während viele Gesellschaften Afrikas und Asiens erst im Laufe des 19. Jahrhunderts unter das koloniale Joch gezwungen wurden und schließlich erst nach dem Zweiten Weltkrieg, besonders in den 50er und 60er Jahren des 20. Jahrhunderts, in die formelle politische Unabhängigkeit entlassen wurden.

Die Hauptphasen der Entfaltung von Staatlichkeit in Lateinamerika entsprechen zugleich den wichtigsten wirtschaftlichen Etappen. Sie können wie folgt grob und länderübergreifend (und damit im Einzelfall unzutreffend) charakterisiert werden:

- Entstehungsphase nach der Unabhängigkeit (ca. 1825–1850/60)
- Exportorientierte Phase (ca. 1860/70–1930)
- Binnenmarktorientierte Phase der Importsubstituierenden Industrialisierung (ca. 1930–1980/85)
- Neoliberale Phase (1985/90–2000)
- Post-neoliberale Periode (seit 2000)

Bevor versucht wird, die Hauptmomente der jeweiligen Etappen von ökonomisch-politischer Entwicklung und damit von Staatlichkeit zu identifizieren, können zunächst allgemeine Unterschiede in der Staatsentstehung zwischen den Metropolen der kapitalistischen Entwicklung und den abhängig-peripheren Ländern/Regionen – wenigstens grob und typisierend – festgehalten werden:

- In den Metropolen findet sich eine Kombination interner und externer Zwänge bei der Staatsentstehung. Demgegenüber kamen die Hauptimpulse zur zentralen Nationalstaatsbildung in der Peripherie in der Regel und überwiegend von außen.
- In den Metropolen standen während der langen Periode der Herausbildung zentraler politischer Instanzen Gesellschaft und Staat in einem wechselseitigen Determinationsverhältnis; im

Fall der Peripherien hat die entstehende Staatlichkeit einseitig die gesellschaftlichen Verhältnisse zu beeinflussen versucht.

- Im Unterschied zu den Verhältnissen in den Metropolen kamen und kommen die Ressourcen des Staates in der Peripherie eher von außen bzw. über den Außenverkehr als von innen.

- Demzufolge sind die Kompetenzen und Funktionen des Staates in der Peripherie für den Binnenraum beschränkter als in den Metropolen.

Die unterschiedlichen Akzente in der Staatsentstehung im Vergleich von Metropolen und Peripherien sind letztlich auf den unterschiedlichen Übergang von vorkapitalistischen Produktionsweisen und den damit verbundenen Unterschied im Niveau der Binnenmarktbeziehungen zurückzuführen. Während der Staat in der bürgerlich-kapitalistischen Gesellschaft am Ende einer langen Entwicklung vor allem die Rahmenbedingungen des gesellschaftlichen und ökonomischen Verkehrs (das Rechtswesen, insbesondere das Vertragsrecht, die Sanktionen bei Verletzungen desselben, die Infrastrukturen, die Maße und Gewichte etc.) zu garantieren hatte und damit zu einem wesentlichen Teil auf Kompetenzen gegenüber dem Innenraum konzentriert war, waren die Staaten der Peripherie von vornherein in viel höherem Umfang auf die Vermittlung zwischen „innen" und „außen", zwischen entstehendem nationalen Territorium und dem Weltmarkt bzw. den metropolitanen Mächten festgelegt. Dies bedeutet keineswegs, dass der entstehende Staat der bürgerlich-kapitalistischen Gesellschaft nicht auch erhebliche Funktionen gegenüber dem Außenraum, dem Weltmarkt und in den internationalen Beziehungen zu spielen hatte. Natürlich war der Schutz des Territoriums gegenüber den Außenmächten mittels eines bewaffneten Arms und einer Flotte, mittels völkerrechtlicher Verträge und Diplomatie etc. kein gering zu schätzendes Funktionserfordernis des modernen, souveränen Staates in den Metropolen. Aber bei diesen war die Außen- und Innenfunktion in allen Phasen der Entwicklung im Großen und Ganzen in einem Gleichgewicht, während in den Peripherien aufgrund der Eigentümlichkeiten der Entstehung von Staatlichkeit in diesem Raum die Funktion der Vermittlung äußerer Zwänge „nach innen" von Beginn an eine übergeordnete Bedeutung erlangte.

Unabhängigkeit und Entstehungsphase der nationalen Staaten

Die langwierigen Unabhängigkeitskämpfe, die um 1825 zur Erlangung der politischen Unabhängigkeit von der einstigen Kolonialmacht Spanien führten (Brasilien transformierte sich zunächst in ein Kaiserreich unter portugiesischem Einfluss und wurde erst 1889 voll unabhängig als Republik), hatten nicht nur mehr oder minder schwere Zerstörungen der Ökonomie nach sich gezogen, sondern auch ein Vakuum im politischen System hinterlassen. Der koloniale Staatsapparat war weitgehend zerschlagen, und die neuen Staatsgebilde (Republiken) waren nach internen Verwaltungsgrenzen des spanischen Kolonialreichs entstanden; dabei waren die Kräfteverhältnisse zwischen den verschiedenen sozialen Gruppen, insbesondere den ländlichen Großgrundeigentümern und den städtischen Handelskapitalen sowie zwischen überwiegend intern oder vor allem extern orientierten Gruppen nicht geklärt. Anerkannte, nationalweite Zentralgewalten bildeten sich nur zögernd und schwach heraus, da die regulären Armeen des Unabhängigkeitskrieges und die Milizen in den einzelnen Regionen, die von Grundeigentümern und/oder *Caudillos* (lokale Militärführer) kontrolliert wurden, in Bürgerkriege und Regionalkonflikte verstrickt waren. Diese Periode wird auch als Zeit des „Chaos" und der „Anarchie", des Auftretens der *Caudillo*-Herrschaften (*caudillismo*) in der Geschichtsschreibung bezeichnet. Obwohl ideologisch alles andere als klar profiliert, beginnt schon in dieser Phase der Kampf zwischen konservativ-klerikalen Kräften und liberal-laizistischen Strömungen – es entsteht somit eine Frontlinie, die sich z.T. mit der Auseinandersetzung zwischen den sogenannten Föderalisten und Unitariern überschneidet. Schließlich handelte sich auch um einen Kampf, der um die Frage einer stärkeren oder schwächeren Weltmarkteinbindung geführt wurde. Durch die Unabhängigkeitskriege allerdings und ihre partielle Fortsetzung in der Nach-Unabhängigkeitsphase in Gestalt von bürgerkriegsähnlichen Regionalkonflikten wurde die Ökonomie vieler Länder schwer in Mitleidenschaft gezogen; vielfach trat eine regelrechte Re-Agrarisierung ein, d.h. die Bedeutung städtischer Zentren nahm zugunsten der Hacienda- und Latifundienwirtschaft ab, was nicht zuletzt mit dem Abzug des klassischen kolonialen Herrschaftsapparats zu tun hatte. Manche Länder, wie z.B. Mexiko und in gewissem Umfang auch Peru, hatten 1850 nach wie vor nicht das wirtschaftliche Niveau der Kolonialzeit erreicht (Cardoso/Faletto 1976: 53). In anderen Ländern, insbesondere Venezuela, aber ebenso Argentinien, begann bereits in den 30er und 40er Jahren des 19. Jahrhunderts ein neuer ökonomischer Wachstumsprozess, der nicht selten auf der Dominanz eines nationalweit agierenden Diktators beruhte.

Insgesamt kann für diese Periode festgehalten werden, dass eine Formierung eines anerkannten Nationalstaats weitgehend abstraktes Leitbild und Zielvorstellung blieb und die außenwirtschaftlichen Beziehungen der jungen Republiken in ihrer geringen Intensität keinen Impuls für die Realisierung dieses Wunsches boten. „In ökonomischer Hinsicht herrschte in Hispanoamerika eine scheinbar unüberwindliche Stagnation. Fast überall lag der Umfang des internationalen Handels im Jahre 1850 nur geringfügig über dem des Jahres 1825; dieser Indikator, ein sensibler Seismograph für Veränderungen im Kontakt mit dem Rest der Welt, sagt so gut wie alles aus [...]. In der Mitte des 19. Jahrhunderts hatte die Unabhängigkeit noch immer nicht den gewünschten Erfolg gezeigt. Politische Stabilität war nur in den einstmals marginalen Regionen des spanischen Reiches und in Brasilien eingekehrt." (Halperin Donghi 1991: 181, 239).

Die Formierungs- und Konsolidierungsphase des Staates (1860/70–1930)

Im letzten Drittel des 19. Jahrhunderts beschleunigte sich in fast allen Staaten Lateinamerikas der Wachstumsprozess, am deutlichsten stiegen die Exporte und entsprechend die Importe aus Europa und den USA. Dieses rapide sich steigernde Exportwachstum von wenig verarbeiteten Rohstoffen und des Imports von Industriewaren war die Grundlage dafür, dass diese Periode als die des „Export-Import-Systems" in Lateinamerika in die Wirtschaftsgeschichtsschreibung einging.

Angestoßen und maßgeblich getragen wurde diese neuartige Entwicklung vor allem von Europa und später von den USA. Der Wunsch oder der Zwang, im außereuropäischen Raum industrielle Waren absetzen zu können, die Möglichkeit bzw. die wachsende Notwendigkeit, Rohstoffe für den industriellen Prozess importieren zu können, waren auf realwirtschaftlicher Ebene zweifellos die bedeutendsten Antriebsfaktoren dieses – in solchem Ausmaß – neuen Austauschverhältnisses. Die Geldkapitalströme in Form von Anleihen und Krediten, Direktinvestitionen, Aktienerwerb etc. von Europa nach Lateinamerika bildeten eine weitere wichtige Dimension der neuen Beziehungen. Dadurch wurden einerseits aus europäischer Sicht die Anlagemöglichkeiten von Geldkapital bedeutend und lukrativ erweitert, andererseits konnten die Regierungen in Lateinamerika mit diesen Kapitalzuflüssen das Infrastrukturnetz (vor allem Eisenbahn, Häfen, Straßen, Beleuchtungssysteme etc.) im Sinne der Intensivierung des „Export-Import-Systems" erweitern. Es liegt auf der Hand, dass durch die Kapitalbeziehungen und den Kapitaltransfer der Güteraustausch ebenso wie das dazugehörende Geflecht von Versicherungs-, Makler-, Handelsgesellschaften und -büros einen entsprechenden Aufschwung erfuhren.

Eine zentrale Bedingung für die Ingangsetzung der genannten Veränderungen war die Metamorphose der herrschenden Klassen in vielen Ländern Lateinamerikas und ein entsprechender ideologischer Kurswechsel. Der die Entwicklung seit der Unabhängigkeit bestimmende Konflikt zwischen klerikalen Konservativen und liberalen Laizisten wurde in dieser Zeit (ca. 1850–1880) in den meisten Ländern Lateinamerikas zugunsten der Liberalen und der mit ihnen liierten exportorientierten Oligarchiefraktionen – mehr oder weniger dauerhaft – entschieden. Ohne dieses gesellschaftliche und machtpolitische „Unterpfand" wäre die rasche Einbindung in die Weltwirtschaft nicht möglich gewesen. Dies bedeutete vor allem eine erhebliche Zentralisierung und den Ausbau einer entsprechenden Verwaltung und Bürokratie, später auch den Vergrößerungsprozess des Militärs und seiner sogenannten Professionalisierung. Diese Entwicklung hatte ein erhöhtes Steuereinkommen und damit in zentraler Hand befindliche Ressourcen zur Voraussetzung. Gerade die Ausweitung des Außenhandels und die damit verbundene Erhöhung der Export- und Importsteuereinnahmen waren wesentliche Elemente der Steigerung der Machtpotentiale der Zentralgewalt – gegenüber den notorisch starken lokalen/regionalen *Caudillos*/Latifundistengruppierungen. „In diesem Sinne darf man das Hervortreten starker Regierungen, die fähig waren, diese Ziele zu erreichen, als eine Antwort auf die Notwendigkeit betrachten, den Forderungen dieser ausländischen Machtzentren, die den Anstoß zur Entwicklung und zum Fortschritt gaben, Genüge zu tun" (Beyhaut 1965: 146).

Dieser Prozess der zentralstaatlichen Formierung wurde weiterhin dadurch unterstützt, dass die Anleihen in europäischen Ländern sowie die sonstige Ressourcenzufuhr zugunsten des Staates die Abhängigkeit von den eventuellen Steuerzahlungen regionaler *Hacendados* oder anderer gesellschaftlicher Segmente deutlich verminderte. „Das Kapital [aus den Metropolen, D.B.] floss in Investitionen und Regierungskredite, die auch politisch relevant waren, da sie einzelne Regierungen unabhängiger von ihren üblichen steuerlichen Einnahmequellen in den ländlichen Regionen machte, und sie über umfangreichere Mittel gebieten ließ. Dieser Kapitalfluss wirkte ergänzend zur Expansion des Handels und der Bergbauindustrien; in einigen Ländern, so in Peru, sollte im Zuge dieser Entwicklung das Steuersystem, das auf die Beiträge der subsistenzwirtschaftlichen Regionen gegründet war, durch ein System ersetzt werden, das seine Grundlage in den expandierenden Sektoren fand. Diese Entwicklung zeitigte zahlreiche politische Folgen und trug mit zur Konsolidierung des Staates bei, eines der dominierenden Merkmale dieser Phase" (Halperin Donghi 1991: 244).

Der mit diesen Entwicklungstendenzen einhergehende Terraingewinn des ökonomischen und teilweise des politischen Liberalismus brachte in vielen Ländern Lateinamerikas eine Laizisierung und Säkularisierung des gesamten öffentlichen und privaten Lebens mit sich, der eine Einflussminderung der Kirche auf Familie, Ehe, Erziehung und Bildung einschloss. Es begann zudem die Einführung und Rezeption des bürgerlichen Zivilrechts, der Rechtsreformen im Prozessrecht, in der Strafprozessordnung des Strafrechts etc. Freilich waren die rhetorisch-verbalen Erklärungen und Intentionen schon damals oft meilenweit von der realen Umsetzung und Praktizierung entfernt. Jedenfalls wurden durch das System liberaler Reformen die Berechenbarkeit und juristische Absicherung der geschäftlichen Abläufe sowie die Sicherheit von Investitionen bedeutend erhöht.

„Den politischen Liberalismus der europäischen Metropolen jener Zeit imitierend, führten die Herrschenden und ihre aus den Heerführern der Unabhängigkeitskriege hervorgegangene politische Klasse Gewaltenteilung, Parlamente und andere Elemente des bürgerlich-kapitalistischen Staates ein. Unter dieser Oberfläche blieben aber sowohl die Funktionen als auch die Grundmerkmale der ehemals kolonialen Herrschaftssysteme bestehen. Weiterhin ging es darum, dass der Staat nach außen die Verbindung mit dem Weltmarkt, vor allem mit dem ihn beherrschenden Metropolen, und später (ab Mitte des 19. Jahrhunderts) die Einbeziehung in den immer weltweiter werdenden Kapitalismus qua System der Internationalen Arbeitsteilung zu sichern hatte. Nach innen hatte er das gesellschaftliche Leben so organisiert, dass vor allem anfangs die aus den Unabhängigkeitskriegen herrührende Anarchie überwunden und später die Produktion der Güter für den Weltmarkt durchgeführt werden konnte" (Sonntag 1991: 148).

So kann resümiert werden, dass der konsolidierte „oligarchisch-liberale" Staat – von manchen auch als „kreolischer Behemoth" apostrophiert – weder vor allem auf eine binnenzentrierte noch auf eine demokratische Entwicklung hin angelegt war. Beide wirtschaftspolitischen Ausformungen waren höchstens sekundäre „Nebenprodukte" einer Wohlfahrtssteigerung, rapider Urbanisierungsprozesse, von Kapitalzuflüssen und beträchtlichen Einwanderungsströmen sowie vor allem von Differenzierungsprozessen gesellschaftlicher Strukturen, die sich mehr oder minder deutlich im Laufe von ca. sechs Jahrzehnten (bis ins erste Drittel des 20. Jahrhunderts) vollzogen und teilweise von neuen sozialen Segmenten gegenüber der oligarchisch-elitären Honoratiorenherrschaft erkämpft werden mussten (so z.B. die Ausdehnung des Wahlrechts).

Die Phase des binnenorientierten, populistischen „Entwicklungsstaates" (ca. 1930–1980/85)

Die drastischen Preisschwankungen für Rohstoffe auf dem Weltmarkt, die schon während und nach dem Ersten Weltkrieg auftraten, Lieferunterbrechungen infolge der kriegerischen Ereignisse sowie die Spekulationskrisen 1918/19 wirkten sich für die Ökonomien Lateinamerikas nachhaltig aus und signalisierten die Grenzen der „außenorientierten Entwicklung". Mit der Weltwirtschaftskrise von 1929 und deren Auswirkungen in den folgenden Jahren kam es zu einer plötzlichen Verschärfung, der Kumulierung und länger andauernden Existenz von Krisenphänomenen, die vor allem aufgrund der sehr stark verringerten Importmöglichkeiten der meisten Länder (infolge des Zusammenbruchs der Exporterlöse) die lateinamerikanischen Wirtschaften vor die aufgezwungene Notwendigkeit stellte, eine grundsätzlich andere Entwicklungsorientierung vorzunehmen. Die „Entwicklung nach innen", die zunächst pragmatisch und als Notmaßnahme einsetzte, schloss im Lauf der 1930er und 1940er Jahre immer mehr Eingriffe des Staates in den Wirtschafts- und Gesellschaftsprozess ein. Eine aktive Geld-, Kredit- und Währungspolitik wurde durch zoll- und industriepolitische Maßnahmen ergänzt, in der Absicht, den Binnenmarkt auszubauen, die Produktionspalette zu erweitern (vor allem im industriellen Bereich) und die Austauschprozesse gegenüber dem Weltmarkt zu kontrollieren (nicht zuletzt, um eigene Produktionsbranchen zu schützen).

Diese allgemeine Neuorientierung hat sich freilich unterschiedlich intensiv vollzogen und war von differierenden gesellschaftlichen und politischen Konstellationen begleitet. Während beispielsweise in den zentralamerikanischen Ländern in dieser Periode unter diktatorischen Regimes keine deutliche Wende zu einer Politik der importsubstituierenden Industrialisierung (ISI) eingeschlagen wurde, war der Übergang zu neuen politischen Ausdrucksformen und zu einer diese tragenden relativ breiten sozialen Basis in anderen Ländern durchaus zu beobachten (Argentinien, Brasilien, Chile, Mexiko). Die auf (häufig nicht explizit vollzogenen) Klassenkompromissen zwischen der schnell wachsenden Gruppe von Industriekapitalisten und der ebenfalls rasch sich entwickelnden urbanen Arbeiterklasse[1], teilweise auch den städtischen Mittelschichten, beruhenden „populistischen Politikformen" schlossen nicht nur eine aktive binnenmarktorientierte Wirtschafts- und Entwicklungsstrategie ein, sondern auch neue Formen der Massenmobilisierung und -organisierung sowie einen Ausbau des sozialpolitischen Leistungssystems (Altersversicherung, Gesundheitsversorgung, sozialer Wohnungsbau etc.), welches die in Bewegung geratenen urbanen Bevölkerungsteile mit zeitweise gutem Erfolg an die neuen Regierungen zu binden vermochte.

Der seit den 1940er und 1950er Jahre zu beobachtende Ausbau des Staatsapparats und die entsprechende Expansion der Staatsbeschäftigten (Gesundheits-, Bildung-, Sozialversicherungswesen sowie Kommunikations- und Versorgungsinfrastrukturen etc.), nicht zuletzt infolge der Gründung und der Ausweitung staatlicher Unternehmen, wurde von einer günstigen außenwirtschaftlichen Konjunktur mitgetragen. Gegen Ende der 1950er Jahre und während der 1960er Jahre verschlechterte sich diese jedoch deutlich für Lateinamerika, da die tragende Exportachse – trotz aller Veränderungen in Bezug auf den Binnenmarkt – nach wie vor grundlegend wichtig war und in den meisten Ländern Lateinamerikas die Exportstrukturen noch zu einem sehr großen Teil von Rohstoff- und Nahrungsmittelgütern geprägt waren. Inzwischen aber waren sowohl quantitativ wie preislich diese typischen lateinamerikanischen Exportprodukte im Kontext der Weltmarktnachfrage nicht in der Lage, mit der entsprechenden Nachfrage nach Industriewaren Schritt zu halten, weswegen der Anteil der lateinamerikanischen Exporte am Weltexport deutlich zurückging. Die Widersprüche dieses Entwicklungsmodells der importsubstituierenden Industrialisierung und des aktiven Entwicklungsstaates äußerten sich u.a. in einem chronischen Haushaltsdefizit, in wachsenden Inflationsproblemen und vor allem einem dauerhaften außenwirtschaftlichen Ungleichgewicht, welches Anfang der 1980er Jahre in der Schuldenkrise kulminierte. Diese signalisierte, dass die auf Binnenmarktexpansion und Importsubstitution orientierte Staatskonstruktion – zumindest unter den obwaltenden Bedingungen einer wachsenden sozialen Ungleichheit – nicht länger tragbar sein würde.

Der „Minimalstaat" unter neoliberalen Bedingungen (ca. 1985–2000)

Die Schuldenkrise stellte für interne soziale Gruppen aus der Oberschicht sowie externe Gläubiger/Direktinvestoren/Regierungen den entscheidenden Hebel dar, eine neue Wirtschafts- und Gesellschaftspolitik sowie eine damit einhergehende Vorstellung von zeitgemäßen Dimensionen und Aufgaben „des Staates" zu implementieren. Über „Stabilisierungs"- und „Strukturanpassungspolitiken" (kulminierend im späteren Washington Consensus) mussten die Ausgaben und Funktionen des Staates „zurückgeschnitten" werden, da ein wesentlicher Grund der Entwicklungsblockaden in der „Überexpansion" der „unproduktiven" staatlichen Leistungen und Aktivitäten sowie in der durch staatliche Ausgabenpolitik verstärkten „Übernachfrage" gesehen wurde. Leitbild wurde der schlanke „Minimalstaat", der sich jeglicher Subventionierungen und Stützungspolitiken sowie industriepolitischer Maßnahmen enthält, da mit diesen eine völlige Liberalisierung der Preise – die für die optimale Allokation der Ressourcen notwendig sei – nur gestört werde. Neben den Zielen der Öffnung der Ökonomie sowie der Deregulierung und Privatisierung vormals öffentlicher Aufgaben war vor allem die „monetäre Stabilität" eine wesentlich relevantere Zielgröße als das ökonomische Wachstum, die Arbeitsplatzschaffung oder gar die Verringerung der riesigen Unterschiede in Einkommens- und Lebenslagenniveaus. Zur Erreichung dieses Hauptziels, das wiederum vor allem den in- und ausländischen Geldkapitalanlegern und Gläubigern entgegenkommen sollte, wurde auf eine selbständige Geld- und Währungspolitik zugunsten einer Fixierung des Wechselkurses der jeweiligen Währung an eine „Ankerwährung" (in der Regel an den US-Dollar) verzichtet sowie eine Politik der von wirtschaftspolitischen Interventionen unabhängigen „Zentralbankkompetenz" favorisiert. Die Staatsbeschäftigung war nicht nur rückläufig infolge des breiten Privatisierungsprogramms, sondern auch in den klassischen Bereichen wie Verwaltung, Erziehung/ Bildung und Gesundheitswesen kam es in nicht wenigen Ländern zum Stellenabbau, teilweise verdeckt in Form der Verlagerung bestimmter Funktionen/Kompetenzen auf die Provinzen oder Kommunen (Dezentralisierung).

Diese wirtschafts- und staatspolitische Orientierung stützte sich zum einen auf das Argument, dass aus der Schuldenkrise und der bisherigen Entwicklungsstrategie kein anderer Ausweg möglich sei, zum anderen erhielt sie sozialen Rückhalt durch internationalisierte Kapitalfraktionen, durch finanzkapitalistische Sektoren (inkl. bloßer Rentiersinteressen), Export-Import-Segmente des Handelskapitals sowie Teile des informellen Sektors, denen die Aufrufe zu schonungsloser Konkurrenz und zur Durchsetzung von eigenen Interessen – und der damit verbundene anti-etatistische und anti-bürokratische Diskurs – gut vor dem Hintergrund ihrer realen Lebenswelt vermittelbar waren. Demgegenüber wurden Teile des auf den Binnenmarkt orientierten, produzierenden und Handel treibenden Kapitals sowie große Teile der formellen Arbeiter- und Angestelltenschaft im privaten und öffentlichen Sektor gegenüber der vorangehenden Periode deutlich benachteiligt (Boris 2001: 96ff.).

Erneuter Wandel von Staatlichkeit zu Beginn einer post-neoliberalen Ära (seit ca. 2000)?

Der neoliberale „Minimalstaat" und das ihm zugrunde liegende Wirtschaftsmodell zeigten verhältnismäßig bald – nach viel kürzerer Frist als seine Vorgänger – Fehlentwicklungen auf, welche sich in tiefen Krisen und entsprechenden Protestbewegungen seit Ende der 1990er Jahre artikulierten. Die in der neoliberalen Konstruktion eingeschriebenen Widersprüche können auf verschiedenen Ebenen gesehen werden. Der sich in seinen Handlungsspielräumen selbst noch mehr einschränkende Staat (z.B. in der Währungspolitik) war gleichzeitig einer verstärkten Verwundbarkeit (*vulnerabilidad*) gegenüber extern vorgenommenen Zinsanhebungen, Kapitalbewegungen und spekulativen Attacken ausgesetzt. Die durch die rigorose Öffnungspolitik herbeigeführte Bedrohung und zum Teil Vernichtung eigener industrieller Segmente sowie die chronisch negativ werdende Leistungsbilanz konnte alsbald nur durch ausländische Staatsanleihen und Kredite aufgefangen werden, was die Verschuldungsproblematik bis zu einem untragbaren Punkt verschärfte. Die Abdankung des Staates gegenüber elementaren Kompetenzen und Aufgaben setzte an der Basis auf Eigenorganisation abzielende Bewegungen in Gang und ließ die Frage nach der Existenzberechtigung und der Logik von Staatlichkeit überhaupt aufkommen. Die bis zum Äußersten getriebene soziale Polarisierung und der enorme Anstieg der Armutsquote in kurzer Zeit (während akuter Finanz- und Währungskrisen) auf zeitweise über 50 Prozent in Ländern wie z.B. Argentinien übertraf alle Horrorszenarien, die von Gegnern des neoliberalen Leitbilds entworfen worden waren.

Die in Reaktion auf diese negativen Resultate der neoliberalen Politik entstandenen „Mitte-Links"-Regierungen (in Venezuela, Argentinien, Brasilien, Uruguay, Bolivien, Ecuador) charakterisieren sich – bei allen Unterschieden im Einzelnen – dadurch, dass sie im Diskurs und teilweise gleichfalls in der Praxis Abschied von neoliberalen Politikelementen nehmen. Eine Wiederaufwertung der Staatsfunktionen steht dabei an vorderer Front der neuen Agenda. Dies äußerst sich nicht nur in einer aktiven, teilweise interventionistischen Wirtschaftspolitik (Geld, Kredit, Währung, Industrie und Arbeitswelt), sondern auch in der teilweisen Rücknahme bzw. stärkeren regulativen Einbindung vormals privatisierter Bereiche. Eine aktive, tendenziell umverteilende Sozialpolitik – mit dem Ziel der Armutsverringerung – wird von all diesen Regierungen mit unterschiedlicher Intensität und mit unterschiedlichem Erfolg in Angriff genommen. Die ersten positiven Resultate, die durch die günstige Weltmarktkonjunktur seit 2003/04 unterstützt wurden, sind bereits ablesbar (CEPAL 2006). Freilich darf nicht übersehen werden, dass von diesen Regierungen teilweise neoliberale Institutionen und Politikinhalte ohne wesentliche Korrekturen übernommen und fortgesetzt wurden. Dennoch bleibt abzuwarten, ob jene vielversprechenden Neuansätze in der Sozial- und Wirtschaftspolitik, denen außerdem neue außenwirtschaftliche Orientierungen und regionale Bündnisse zur Seite stehen (Boris/Tittor, 2007), fortgeführt werden und ob diese neuen Elemente sich zu einem neuen Akkumulations- und Regulationsmodus verdichten, welcher jenseits der angeblichen Alternativlosigkeit neoliberaler Politikmodelle zu verorten ist.

Diese neuesten Tendenzen in der realen politischen Praxis finden im Übrigen ihren Widerpart bzw. teilweise ihre theoretische Vorwegnahme darin, dass seit dem Weltentwicklungsbericht der Weltbank von 1997 und der sich daran anschließenden entwicklungstheoretischen und -politischen Debatte die Bedeutung staatlicher Interventionen in die ökonomischen Prozesse wieder wesentlich positiver und relevanter eingestuft wird als dies zu Hochzeiten der Proklamation des neoliberalen „Minimalstaats" der Fall war (Kohli 2004; Klein 2007).

Literatur

Becker, Joachim (2002): Aufstieg und Fall des „Entwicklungsstaates". In: Fischer, Karin/Hanak, Irmi/Kramer, Helmut (Hg.): Internationale Entwicklung. Eine Einführung in Probleme, Mechanismen und Theorien. Frankfurt/M.: Brandes und Apsel, 83-90.

Beyhaut, Gustavo (1965): Fischer-Weltgeschichte Bd. 23: Süd- und Mittelamerika II. Von der Unabhängigkeit bis zur Krise der Gegenwart. Frankfurt/M.: Fischer.

Boeckh, Andreas (1980): Grundrente und Staat: Argentinien und Venezuela im 19. und 20.Jahrhundert. In: Hanisch, Rolf/Tetzlaff, Rainer (Hg.): Historische Konstitutionsbedingungen des

Staates in Entwicklungsländern. Frankfurt/M.: Metzner 47-98.

Boris, Dieter (2001): Zur politischen Ökonomie Lateinamerikas. Der Kontinent in der Weltwirtschaft des 20. Jahrhunderts. Hamburg: VSA.

Boris, Dieter/Tittor, Anne (2007): Lateinamerika: Alternativen zur neoliberalen Politik?. In: Ptak, Ralf/Butterwegge, Christoph (Hg.): Neoliberalismus heute. Wiesbaden: VS-Verlag (i.E.).

Cardoso, Fernando Enrique/Faletto, Enzo (1976): Abhängigkeit und Entwicklung in Lateinamerika. Frankfurt/M.: Suhrkamp.

Comisión Económica Para América Latina y el Caribe/CEPAL (Hg., 2006): Balance preliminar de las economías de América Latina y el Caribe. Santiago de Chile: CEPAL.

Halperin Donghi, Tulio (1991): Geschichte Lateinamerikas von der Unabhängigkeit bis zur Gegenwart. Frankfurt/M.: Suhrkamp.

Hanisch, Rolf/Tetzlaff, Rainer (Hg., 1981): Staat und Entwicklung. Studien zum Verhältnis von Herrschaft und Gesellschaft in Entwicklungsländern. Frankfurt/M.: Campus Verlag

Hauck, Gerhard (2004): Schwache Staaten? Überlegungen zu einer fragwürdigen entwicklungspolitischen Kategorie. In: Peripherie 24 (96), 411-427.

Kaplan, Marcos (1984): Estado y sociedad en América Latina. México D.F. : Editorial Oasis.

Klein, Wolfram (2007): Steuergerechtigkeit für Lateinamerika. In: Entwicklung und Zusammenarbeit 3, 121-123.

Kohli, Atul (2004): State-Directed Development. Political Power and Industrialization in the Global Periphery. Cambridge: Cambridge University Press.

Lechner, Norbert (Hg., 1983): Estado y política en América Latina. México D.F.: Siglo XXI.

Mols, Manfred/Thesing, Josef (Hg., 1995): Der Staat in Lateinamerika. Mainz: von Hase & Koehler.

Rubinstein, Juan Carlos (Hg., 1988): El estado periférico latino-americano. Buenos Aires: Editorial Universaria.

Sonntag, Heinz R. (1991): Das Eigene und das Fremde: Der Staat in Lateinamerika. In: Hübener, Karl L./Karnofsky, Eva/Lozano, Pilar (Hg.): Weißbuch Lateinamerika. Eigenes und Fremdes. Wuppertal: Hammer, 145-155.

[1] Der besseren Lesbarkeit willen wird auf die genderneutrale Formulierung verzichtet; gemeint sind immer – wenn nicht explizit anders vermerkt – weibliche und männliche Akteure gleichermaßen.

Die Internationalisierung des Staates

Der Begriff der Internationalisierung des Staates (IdS) bezeichnet den komplexen Prozess der Veränderung von Staat und Staatensystem und kommt aus der kritischen Internationalen Politischen Ökonomie und der kritischen Staatstheorie. Er wurde beispielsweise von Robert Cox (1987) bereits vor einigen Jahren verwendet. Im deutschsprachigen Raum wurde er durch Joachim Hirsch geprägt (2005), Birgit Sauer (2003) entwickelte ihn für eine feministisch-staatstheoretische Perspektive (vgl. auch Shaw 2004). Der Bedeutungskern des Begriffs kann entlang von drei Dimensionen gefasst werden.

Zum einen wird im Zuge der Globalisierung der kapitalistischen Produktionsweise der „integrale Staat", also das zivilgesellschaftliche Vorfeld, bestehend aus Unternehmen, Medien, Non-Profit-Organisationen, internationalisiert – und damit Produktions- und Konsumnormen, Aufmerksamkeitshaltungen, Kultur etc. Diese Prozesse bedeutet nicht unbedingt eine Homogenisierung, sondern können auch Diversität oder Fragmentierung implizieren. Sie sind jedoch stärker aufeinander bezogen als früher.

Mit den zunehmend grenzüberschreitenden Entwicklungen werden zweitens die internationalen politisch-institutionellen Strukturen und Prozesse wichtiger. Man kann daher von sich herausbildenden oder wichtiger werdenden internationalen Staatsapparaten wie die Welthandelsorganisation oder die EU sprechen, die zwar nicht dem zentralisierten modernen Staat entsprechen, aber dennoch bestimmte Staatsfunktionen wie die Herstellung von Ordnung, Sicherung des Eigentums oder die politische Bearbeitung gesellschaftlicher Konflikte übernehmen.

Und drittens kommt es zu einer globalisierungsvermittelten Transformation der nationalen Staaten, was Joachim Hirsch (1995) vor über 10 Jahren als Entwicklung zum „nationalen Wettbewerbs-staat" bezeichnet hat bzw. Bob Jessop (2002) als Herausbildung eines „Schumpeterianischen Workfare Regimes" charakterisiert. Dieser Prozess findet im Rahmen nationaler Gesellschaften und Staaten, aber nicht losgelöst von internationalen Entwicklungen statt, sondern ist Teil und Ausdruck der realen und vermeintlichen „Sachzwänge" der neoliberalen Globalisierung, die von bestimmten Kräften und Interessengruppen vorangetrieben werden, ohne voll-ständig von ihnen steuerbar zu sein.

Diese These wird im Folgenden ausgeführt. Um den analy-tischen Erkenntnisgewinn des Begriffs IdS zu verdeutlichen, wird zunächst auf die wichtigsten Perspektiven des liberalen politikwis-senschaftlichen Mainstream eingegangen. Davon ausgehend skiz-ziere ich die theoretischen Grundlagen kritischer Gesellschafts- und Staatstheorie, um anschließend auf die aktuellen Veränderungen, d.h. die Internationalisierung des Staates im engeren Sinne, einzu-gehen. Weiters geht es um die Rolle der Gesellschaften des Globalen Südens, um schließlich auf kritisch-emanzipative AkteurInnen und Projekte einzugehen.

Liberale Ansätze: Regimetheorie und *Global Governance*

Der Begriff der Internationalisierung des Staates wird bislang nicht im politikwissenschaftlichen Mainstream verwendet. Die zu-nehmende Bedeutung internationaler politischer Institutionen wird dort gesehen, aber Staat wird mit dem nationalen Staat gleichge-setzt.

In der liberalen Theorietradition sind die Ansätze um *Global Governace* und die Regimetheorie am prominentesten. Formale Organisationen, Regime und lose Netzwerke helfen, so die An-nahme, durch internationale Kooperation bessere Entscheidungen zu treffen. Die wichtigsten AkteurInnen sind Regierungen, die ein „nationales Interesse" vertreten (Zangl 2003). „Die Summe der Regelungen all dieser Institutionen machen das Regieren jenseits des Nationalstaates bzw. Global Governance aus" (Zürn 1998: 176). Der Begriff *Global Governance* ist kein theoretischer Begriff, sondern eine unscharfe Kategorie, die genau deswegen so breite Verwendung findet (CGG 1995; Messner 2005; zur Kritik Brand/Scherrer 2005).

Wie wird vor diesem Hintergrund die aktuelle Situation gedeutet? Die gegenwärtigen Strukturveränderungen des Kapitalismus generieren Krisen und Probleme, die für die herrschenden politischen und ökonomischen AkteurInnen zur schier ungeheuren Herausforderung werden. *Global Governance* impliziert in den meisten Beiträgen die Frage nach staatlicher (nicht nur nationalstaatlicher) Steuerungsfähigkeit in Zeiten der Globalisierung. Entsprechend untersuchen Beiträge zu *Global Governance* die Bedingungen und Möglichkeiten staatlicher Kooperation, „um der Ohnmacht der Politik gegenüber der Eigendynamik der Globalisierungsprozesse entgegenwirken zu können" (Messner 2005: 37). Denn die staatliche bzw. intergouvernementale Politik muss der Ökonomie gleichsam „nachziehen". Dabei wird unter internationaler Politik vor allem jene der OECD-Staaten verstanden unter Ausblendung der Länder des Globalen Südens.

Diese Ausblendung vernachlässigt jedoch, dass das Politische und insbesondere der Staat sich in den letzten Jahrzehnten ebenfalls verändert haben. Die ProtagonistInnen der *Global Governance*-Debatte sehen nicht, dass Staaten und intergouvernementale Institutionen nicht neutrale Krisenregulierer und Problemlöser sind, sondern in unterschiedlichem Maße an Kapitalinteressen und internationaler Wettbewerbsfähigkeit ausgerichtet handeln. Wo heute internationale politische Kooperation stattfindet, trägt sie eher zur Absicherung der neoliberalen oder imperialen Globalisierung bei (etwa in der WTO oder der NATO) und weicht keinesfalls die asymmetrischen Interessen und Machtverhältnisse auf (siehe unten).

ULRICH BRAND

Es bestehen zwei wichtige Unterschiede zwischen den Begriffen Regime und *Global Governance*. Zum einen wird bei *Global
Governance* nicht nur die internationale Ebene berücksichtigt, sondern auch die nationale und lokale. Zudem wird die Rolle nicht-
staatlicher AkteurInnen und der Zivilgesellschaft stärker betont. Es
sind, so Dirk Messner, zivilgesellschaftliche AkteurInnen gemeint,
die als „Korrekturinstanz" einen möglichst produktiven Beitrag
zur politischen Steuerung zu erbringen haben (Messner/Nuscheler
1997: 349ff.) bzw. eine „Wachhundfunktion" inne haben (Messner
2005: 43).

An dieser Stelle verspricht eine kritische staats- und hegemo-
nietheoretische Perspektive wichtige Perspektiverweiterungen. Der
Staat ist zwar historisch eng an den Nationalstaat gebunden, dass
kann sich aber ändern. Staat im Sinne einer von der Gesellschaft
gesonderten Instanz, welche kollektiv verbindliche Entscheidungen
trifft und durchsetzt sowie die Bestandbedingungen der kapitalistischen Verhältnisse sichert, kann daher auf verschiedenen Ebenen
existieren (vgl. etwa Becker 2002; Brenner 2004).

Eine alternative Perspektive: Kritische Staats- und Hegemonietheorie

Den theoretischen Hintergrund der folgenden Argumente
bietet die Kapitalismustheorie von Karl Marx und ihre Weiterent-
wicklung durch die französische Regulationstheorie (Aglietta 2000;
Becker 2002), die kritische Staatstheorie (Poulantzas 2002; Jessop
2002; Hirsch 2005) sowie die neogramscianische Hegemonietheo-
rie der Internationalen Politischen Ökonomie (Cox 1987; Gill
2000; Scherrer 1998; Bohle 2005). Diese Theorien lenken die Aufmerksamkeit einerseits auf die ökonomisch-institutionellen Umwälzungen, die der Globalisierung zugrunde liegen – um die geht
es in diesem Beitrag nur am Rande, aber sie bilden den Hintergrund

der Argumentation –, und andererseits auf die Herrschaftsaspekte der Internationalisierung von Staat und Politik.

Mit dem Begriff der „Hegemonie" wird ein Typus von Herrschaft benannt, der im Wesentlichen auf der Fähigkeit basiert, eigene Interessen als gesellschaftliche Allgemeininteressen zu definieren und durchzusetzen. Dies geschieht in der Regel nicht mit offenem Zwang, sondern über Kompromisse und gesellschaftliche Konsense im Sinne allseits geteilter Auffassungen über die grundlegende Entwicklungsrichtung der Gesellschaft. Hegemonie ist daher weniger ein Modus raffinierter Machtausübung von oben, sondern die breite Anerkennung der bestehenden gesellschaftlichen Verhältnisse durch vielfältige ökonomische, politische und ideologische Mechanismen. Gesellschaftliche Führung durch die herrschenden Kräfte ist möglich und wird von diesen auch gewollt. Es muss in kapitalistischen Gesellschaften nicht per se Hegemonie existieren, sondern es können autoritäre oder offen militärdiktatorische Regime bestehen.

Die Entstehung und Erhaltung hegemonialer gesellschaftlicher Verhältnisse findet insbesondere in der Zivilgesellschaft statt, wobei letztere nicht unabhängig vom Staat im eigentlichen Sinne ist, sondern beide Bereiche greifen ineinander, beispielsweise über staatliche Finanzierung von Nichtregierungsorganisationen und privaten Bildungsträgern oder die Verquickung staatlich-öffentlicher Medien mit privatwirtschaftlichen Interessen. Unter Zivilgesellschaft wird dabei ein gesellschaftlicher Bereich verstanden, in dem formell private AkteurInnen agieren, insbesondere privatkapitalistische Unternehmen und ihre Verbände sowie die AkteurInnen medial vermittelter Öffentlichkeit. Hegemoniale gesellschaftliche Orientierungen, welche in verschiedenen Bereichen das Handeln der AkteurInnen bestimmen, wie etwa gegenwärtig neoliberale und imperiale Orientierungen, müssen zivilgesellschaftlich durchgesetzt und reproduziert werden.

Der Staat – und damit nicht zuletzt seine Internationalisierung – steht in einem engen Verhältnis zur Gesellschaft und kann daher nur mit dieser zusammen und den dort sich verschiebenden Kräfteverhältnissen und Strukturen analysiert werden. Er bildet aber auch eine eigene Materialität bzw. Apparatur heraus. Die kritische Staatstheorie argumentiert, dass der Staat nicht nur eine mehr oder weniger neutrale Instanz zur Herstellung kollektiver Entscheidungen und zur autoritativen Zuteilung von Werten ist, sondern ein Grundbestandteil der bürgerlich-kapitalistischen Produktionsweise. Der Staat schafft planbare Rahmenbedingungen und rechtsstaatliche Verhältnisse (vor allem zur Sicherung des Privateigentums an Produktionsmitteln, Regeln für soziale und ökonomische Beziehungen wie etwa Arbeits- oder Kaufverträge) für einen dauerhaften Verwertungsprozess.

Staat ist also weder eine neutrale und zweckrationale Instanz noch das „Instrument" der herrschenden Klasse(n), sondern die spezifische und materielle Verdichtung gesellschaftlicher Kräfteverhältnisse (Poulantzas 2002 ; Bretthauer et al. 2006), was bedeutet, dass sich darin zuvorderst die dominanten gesellschaftlichen Interessen materialisieren, aber nicht nur ausschließlich diese. Damit wird Staat selbst als Terrain sozialer Auseinandersetzungen begriffen, auf dem verschiedene soziale Kräfte um die Verallgemeinerung ihrer Interessen und Wertvorstellungen bzw. um die Anerkennung ihrer Identität kämpfen. Diese Verallgemeinerung findet in Form von Gesetzen, Rechtsprechung, finanziellen Möglichkeiten, Diskursen oder Anerkennung statt. Meist geschieht dies über Kompromisse zwischen verschiedenen sozialen Kräften, was wir alltäglich über die Austragung vielfältiger politischer Konflikte beobachten können.

Es entwickelt sich eine gewisse institutionelle Dauerhaftigkeit staatlicher Apparate. Die staatlichen Apparate – administrative, ideologische, repressive – bilden jedoch keinen homogenen Block, sondern stehen in einem konfliktiven Verhältnis zueinander (man denke an das Verhältnis zwischen Wirtschafts- und Entwicklungshilfeministerium). Die gesellschaftlichen AkteurInnen und staatlichen Apparate entwickeln zwar unterschiedliche „Staatsprojekte"

(Jessop 1990: 315f.), d.h. Strategien, die staatliches Handeln in der Beschäftigungs-, Steuer-, Umwelt- und anderer Politik orientieren sollen. Daraus kann ein hegemoniales Projekt entstehen, wie etwa historisch ein keynesianisches oder aktuell ein neoliberal-imperiales Staatsprojekt, das eine Art gemeinsamen Bezugspunkt bildet – trotz aller Differenzen und Konflikten zwischen den Apparaten und den ihnen gegenüber agierenden gesellschaftlichen Kräften wie Unternehmensverbände, Gewerkschaften und andere.

Diese grundlegenden theoretischen Einsichten sollen nun für die These der Internationalisierung des Staates fruchtbar gemacht werden. Damit kann der Staatsbegriff vom Nationalstaat gelöst und gefragt werden, auf welchen räumlichen Ebenen und in welchen Apparaten sich Kräfteverhältnisse materiell verdichten und wo die staatlich-politischen Terrains von Auseinandersetzungen und Kompromissbildungen entstehen und inwiefern grundlegende Staatsfunktionen erbracht werden.

Die aktuelle Transformation des Staates und des Staatensystems

Seit etwa 30 Jahren erleben wir eine Gesellschaftstransformation hin zu einer neuen Phase kapitalistischer Entwicklung, die ihren Ausgangspunkt in der Krise des Fordismus nahm – also der seit dem Zweiten Weltkrieg etablierten Formation, die wesentlich durch Elemente dynamischen Wachstums, Massenproduktion und Massenkonsum sowie des Wohlfahrtsstaates gekennzeichnet war. Die veränderten Bedingungen der Vermehrung von Kapital, den sogenannten Akkumulationsbedingungen, äußern sich heute insbesondere als verschärfte Konkurrenz zwischen Unternehmen und Standorten. Diese Bedingungen wurden politisch hergestellt, sie waren und sind Teil intentionaler Strategien von dominanten ökonomischen und politischen AkteurInnen. Insbesondere das Verhältnis staatlicher Politik zur Ökonomie und den dort wirkenden

Kräften – vor allem Banken und Finanzkapital, weltmarktorientiertes Industrie- und Agrarkapital sowie die mehr oder weniger organisierten Lohnabhängigen – muss genau bestimmt werden. Aber auch andere gesellschaftliche Verhältnisse wie die Geschlechter- oder Naturverhältnisse werden tiefgreifend transformiert. Die Weltmarkt- und Effizienzorientierung, die zuvorderst im Interesse der weltmarktorientierten Kapitale liegt (aber auch der gut ausgebildeten Mittelklasse), ist nicht nur ein staatliches Projekt, sondern tief in der Gesellschaft verankert. Sie gehört mittlerweile zum „Alltagsverstand" (Gramsci 1991ff.: 372). In der historisch-materialistischen Staats- und Demokratiediskussion wird davon ausgegangen, dass die Transformation des Staates und der diesen Staat konstituierenden Gesellschaft Teil sich verändernder gesellschaftlicher Strukturen und Kräfteverhältnisse ist. Hier spielen Auseinandersetzungen innerhalb der nationalen wie internationalen Zivilgesellschaft bzw. ihre sich verändernden Strukturen eine entscheidende Rolle. Dieser erste, (zivil-)gesellschaftliche Aspekt der Internationalisierung des Staates, der in der kritischen Globalisierungsdiskussion gut erfasst wurde, wird hier nicht weiter verfolgt.[1]

Neben diesen Veränderungen ist entscheidend: Die Bedingungen der kapitalistischen Produktionsweise müssen zweitens zunehmend durch internationale Politiken und damit institutionelle Strukturen gesichert werden, zumal dies auf internationaler Ebene nicht mehr so eindeutig wie früher durch die führenden Länder – Großbritannien im 19. Jahrhundert, die USA lange Zeit im 20. Jahrhundert – geschieht.

In den internationalen staatlichen Apparaten verdichten sich die hegemonialen Orientierungen und (welt-)gesellschaftlichen Kräfteverhältnisse. Dies geschieht wesentlich durch nationalstaatliche Exekutiven – die selbst wiederum Verdichtungen sozialer Kräfteverhältnisse sind –, aber auch in konkreten Politikfeldern. Die WTO ist ein zentrales Terrain, auf dem um die kompromisshafte Absicherung in bestimmten Fragen gerungen wird (nämlich Handel,

Investitionssicherheit, geistiges Eigentum). Internationale staatliche Apparate können nicht nur, wie im Mainstream der Internationalen Beziehungen, im Sinne effizienter Problemlösungen untersucht werden, sondern sie sind an sozioökonomische Reproduktionsprozesse und soziale, nicht nur politische Kämpfe und Konstellationen zurückgebunden. Christoph Görg und ich haben dafür den Begriff der „Verdichtung materieller Kräfteverhältnisse zweiten Grades" vorgeschlagen (vgl. Brand/Görg 2003; Brand 2007). Zudem kann die je spezifische Verdichtung samt dahinterstehenden Interessen erste Hinweise darauf geben, warum Institutionen wie die WTO ungleich bedeutsamer sind als etwa die sogenannten Rio-Institutionen für Klima und biologische Vielfalt. Das spannungsreiche Verhältnis internationaler Institutionen zueinander wie auch die keineswegs unidirektionale Implementierung internationaler Regeln auf nationaler Ebene – d.h. die konkrete nationale (Nicht-)Implementierung hängt von den spezifischen Bedingungen ab – geraten damit in den Blick.

Der Begriff der Internationalisierung des Staates zeichnet sich durch eine dritte Dimension aus, auf die Fernando Henrique Cardoso und Enzo Faletto (1976), Johann Galtung (1972) und Nicos Poulantzas (2001: 24, 27f.) vor über 30 Jahren hinwiesen. Die dominanten Gesellschaften und ihre politischen und ökonomischen AkteurInnen zwingen den abhängigen Gesellschaften nicht einseitig ihren Willen bzw. ihr Produktions- und Konsummodell auf, sondern diese werden im Inneren der abhängigen Länder reproduziert. Man kann von einer „Interiorisierung" von weltwirtschaftlichen und -politischen Entwicklungen sprechen.

Aufgrund der globalisierungsbedingten Verschärfung der Standortkonkurrenz und deren Stilisierung als Sachzwang, wurden die keynesianischen Wohlfahrtsstaaten zu „nationalen Wettbewerbsstaaten" transformiert (Hirsch 1995). Zum überragenden Kriterium politischen Handelns gerät die permanente Herstellung internationaler Konkurrenzfähigkeit und Effizienz. Joachim Hirsch

spricht neuerdings von „internationalisierten nationalen Wettbewerbsstaaten" (2005). Damit wird unterstrichen, dass die am globalen Wettbewerb ausgerichteten nationalen Staaten die Internationalisierung im Inneren reproduzieren.

Für alle drei Dimensionen der Internationalisierung des Staates
ist folgender Aspekt wichtig: Oben wurde argumentiert, dass sich
in der Gesellschaft verschiedene Vorstellungen über die Entwicklungsrichtung der Gesellschaft und dass sich in den Staatsapparaten unterschiedliche Staatsprojekte ausbilden und sich in den vielen verzweigten kleinen und großen Kämpfen bestimmte Strategien
möglicherweise durchsetzen und breit akzeptiert werden: In diesem
Fall kann man von hegemonialen gesellschaftlichen Projekten – wie
etwa dem Neoliberalismus – und entsprechenden Staatsprojekten
sprechen. Für den internationalisierten Staat kann entsprechend
konstatiert werden, dass der „globale Konstitutionalismus des dis-
ziplinierenden Neoliberalismus" (Gill 2000: 24) hegemonial wird.
Damit ist ein auf Dauer gestellter Ordnungsrahmen durch eine
weltweit verallgemeinerte liberale Verfassungsbildung gemeint. Die
strukturelle Macht des Kapitals und die kapillare Macht gegensei-
tiger Kontrolle wirken zusammen und werden bürokratisch auf
Dauer gestellt.

Hinsichtlich der Absicherung der imperialen Weltordnung
mittels des „Krieges gegen den Terrorismus" kann noch nicht von
einem hegemonialen, d.h. allseits akzeptierten Projekt gesprochen
werden. Gleichwohl geraten mit einer hegemonie- und kritisch-
staatstheoretischen Sicht die verschiedenen Formen von Gewalt
und Konsens bzw. konsensuale Formen der Gewaltanwendung in
den Blick.

Die politischen und sozioökonomischen Bedingungen dynamischer gesellschaftlicher Entwicklungen und eventuelle hegemoniale Verhältnisse implizieren also eine Reorganisation des Staates
auf unterschiedlichen Ebenen, ohne dass ein zentralisierter internationaler Staat entstehen muss. Die Internationalisierung des Staates

ist auch ein Projekt der herrschenden Kräfte selbst, um ihre Interessen, Normen und Identitäten durchzusetzen bzw. zu stärken.

Die Internationalisierung des Staates und die Gesellschaften des Globalen Südens

Der hier skizzierte Begriff der IdS betrifft die Länder des Globalen Südens in mehrfacher Weise.[2] Das gilt erstens für die transnationale Zivilgesellschaft (und insbesondere den Weltmarkt), die von Transnationalen Unternehmen, Medien und transnationalen Non-Profit-Organisationen des Nordens sowie von westlichen Modernitätsvorstellungen dominiert wird. Allerdings gibt es hier durch den ökonomischen Aufstieg von Ländern wie China, Indien und den südostasiatischen „Tiger-Staaten" sowie die energiepolitische Bedeutung Russlands starke Verschiebungen. Es gibt nicht einen Typus peripherer Gesellschaften, sondern deren im Vergleich zu früher noch stärkere Fragmentierung und Konkurrenz ist ein Kennzeichen aktueller Entwicklungen.

Zweitens sind periphere Gesellschaften über ihre Exekutiven und ihre zivilgesellschaftlichen AkteurInnen – mehr oder weniger starker – Teil des internationalen politischen Institutionensystems. Trotz aller Unterschiede kann generell gesagt werden, dass die OECD-Länder diese Institutionen dominieren. Die Gesellschaften des Südens sind von internationalen Entscheidungen sehr unterschiedlich betroffen, doch ein Kennzeichen ist, dass sie – bis auf wenige Ausnahmen wie etwa Russland, Brasilien, Indien oder China – kaum Einfluss auf die internationale Politik nehmen können gegen die Interessen der nördlichen Länder. Diese generelle Aussage soll jedoch nicht die wichtige Tatsache übergehen, dass sich die Nord-Süd-Verhältnisse in unterschiedlichen Bereichen (Finanz-, Sicherheits- oder Energiepolitik) verschieden gestalten, sodass sich immer wieder Gelegenheitsfenster ergeben oder südliche Regierungen sich zusammenschließen, um mehr Einfluss oder gar Macht zu bekommen.

Darüber hinaus spielen die internationalen politischen Institutionen als Teil eines internationalisierten Staates in Gesellschaften mit schwacher oder ohne wesentliche Staatlichkeit im modernen Sinn eine andere Rolle als in jenen mit etablierter, d.h. funktionierender und anerkannter Staatlichkeit. Denn dann werden bei der Erstellung verbindlicher Regeln, der Gewährleistung physischer Sicherheit und sozialer Wohlfahrt neben nicht-staatlichen AkteurInnen und Strukturen innerhalb der Gesellschaften gegebenenfalls auch internationale Institutionen wichtig. Bislang gibt es kaum Forschungen dazu, welche Rolle die Länder des Globalen Südens in den internationalen politischen Institutionen genau spielen.

Die dritte Dimension, nämlich die Transformation der nationalen Staaten zu „internationalisierten peripheren Wettbewerbsstaaten" ist deutlich sichtbar. Denn innerhalb der Staaten und Gesellschaften des Globalen Südens haben sich teilweise durch offenen und strukturellen Zwang, teilweise durch die Akzeptanz breiter Teile der Bevölkerung makroökonomische Stabilisierung, wirtschaftliche Außenöffnung und ein Rückzug des Staates aus sozialpolitischen und wirtschaftlichen Aktivitäten durchgesetzt. Für Lateinamerika spricht Lucio Oliver Costilla von einem „neoliberalen Privatisierungsstaat", der über kein nationales Akkumulations- und Entwicklungsprojekt verfüge, sondern eine mehr oder weniger gelingende Integration in den Weltmarkt vorantreibe (2005). Dies sieht in Ländern wie China ganz anders aus, denn dort gibt es ein klares weltmarktvermitteltes Projekt. Doch kann hier ebenfalls von einem peripheren Wettbewerbsstaat gesprochen werden, der aufgrund innergesellschaftlicher Konstellationen eine bestimmte Form der Weltmarktintegration vorantreibt und durch neue Formen internationaler Arbeitsteilung dazu auch in der Lage ist.

Fragmentierte Hegemonie und Gegen-Hegemonie

Die institutionelle Durchsetzung des Neoliberalismus und der Neuen Weltordnung sowie seine in vielen Ländern der Peripherie offenkundig desaströsen Konsequenzen lassen zwar die an den USA und Westeuropa ausgerichtete Entwicklungsvorstellung nicht verblassen, aber die Vorstellung einer Annäherung wird in immer weiteren Teilen der Welt immer weniger denkbar. In den dynamischen Ökonomien Chinas oder Indiens entwickelt sich eine enorme Mittelschicht, die inzwischen die Hälfte der globalen „transnationalen Verbraucherklasse" ausmacht. Norman Myers und Jenniffer Kent schätzen, dass diese Ober- und Mittelschichten, die sich unter anderem durch ihren Konsum von Fleisch, Elektrogeräten und Autos auszeichnen, etwa zur Hälfte im Globalen Norden und zur anderen Hälfte im Globalen Süden leben – in China etwa so viel wie in den USA (Myers/Kent 2004). Hier sind „westliche" Entwicklungsvorstellungen – trotz der sozialen Spaltung – durchaus weit verbreitet.

In anderen Regionen der Welt, insbesondere in Afrika und Lateinamerika, sieht es anders aus: Die Transformation in zuvorderst an der Herstellung internationaler Wettbewerbsfähigkeit orientierten Staaten, die mit wirtschaftlicher Außenöffnung, Privatisierungen, der Unterdrückung emanzipativer Bewegungen, der Perspektive einer vom Norden nicht mehr beabsichtigten Herstellung gerechterer Lebensverhältnisse einhergehen, und insbesondere die Erfahrungen des Schuldenmanagements der 1980er Jahre und der Währungskrisen der 1990er Jahre stellen Bedingungen dar, unter denen Hegemonie – was ja auch immer die grundlegende Kompromissbereitschaft der Herrschenden impliziert – undenkbar scheint. Die nördlichen Staaten und die von ihnen dominierten internationalen Institutionen sind zu Hegemonie im Sinne von Führung und Zugeständnissen nicht mehr in der Lage. Eine „postfordistische" Entwicklungsperspektive gibt es für die meisten Gesellschaften und ihre Mitglieder, insbesondere in Afrika und Lateinamerika, nicht (kritisch zum Entwicklungsbegriff, Ziai 2006). „Führung" findet heute nicht mehr im Sinne sich verbessernder Lebensperspektiven statt, sondern dahingehend, eine internationale „Sicherheitsarchitektur" zu schaffen, mittels derer dann in periphere Gesellschaften interveniert wird, wenn potenziell die Interessen nördlicher AkteurInnen (an Ressourcen, Sicherheit etc.) betroffen sind.

Die neue postfordistische Weltordnung ist insofern ganz wesentlich durch ein Hegemoniedefizit gekennzeichnet, als im Nord-Süd-Verhältnis die Führungs- und Konsenselemente zurücktreten bzw. Führung stärker mit direkter militärischer Macht in Verbindung steht. Man könnte von einer fragmentierten Hegemonie sprechen, weil sie einerseits innerhalb der Metropolen durchaus besteht, weltweit jedoch immer stärker die Zwangselemente eines permanenten Krisenmanagements in den Vordergrund treten, das allenfalls den Eliten und *war lords* ein hinreichendes Auskommen sichert. Es geht dann darum, diesen Prozessen innerhalb der metropolitanen Länder Legitimität zu verleihen und sie politisch-institutionell abzusichern. Dies macht gegenwärtig einen guten Teil der Dynamik internationaler Politik aus. Für das Nord-Süd-Verhältnis könnte, in Abwandlung Gramscis (1991ff.: 1512 und 1688), von Hegemonie im Sinne von „Zwang mit selektiven Konsenselementen" gesprochen werden. Kämpfe um Hegemonie innerhalb metropolitaner und peripherer Räume sind also grundlegend verschieden.

In Zeiten, in denen sich unter dem Begriff der Globalisierungskritik die praktische wie theoretische Kritik an den Verhältnissen intensiviert, ist die analytische Stärkung einer gramscianischen Perspektive auch politisch-strategisch bedeutsam (Brand 2005). Denn dies kann den Blick emanzipativer AkteurInnen erweitern über die normativ überladene (Selbst-)Zuschreibung der Zivilgesellschaft als Ort des Guten, von dem aus staatlich-politische Regulierungen gegen die negativen Auswirkungen des Globalisierungsprozesses erwirkt werden müssen. Notwendig wäre ein Verständnis, dass die neoliberale Globalisierung nicht nur ökonomisch und politisch, sondern vor allem „zivilgesellschaftlich" vorangetrieben wird und im Alltagsverstand verankert ist.

Was bedeutet das nun für emanzipative AkteurInnen? Ein gramscianisches Verständnis von (internationaler) Zivilgesellschaft impliziert, dass alternative Strategien oder gar „gegen-hegemoniale" Projekte zwar innerhalb der Zivilgesellschaft entstehen können, aber nie durch die Zivilgesellschaft als Ganzes. Genau dies kommt mit dem Begriff der Hegemonie in den Blick und deshalb öffnet ein hegemonietheoretischer Gesellschaftsbegriff analytisch und politisch große Denk- und Handlungsräume. Denn gegen-hegemoniales Denken und Handeln im Sinne von Kritik und konkreten Alternativen entsteht entlang vieler Konflikte und in zahlreichen Bereichen – das wird etwa auf den regionalen, nationalen, europäischen oder Weltsozialforen deutlich. Aber auch kritische zivilgesellschaftliche AkteurInnen können sich in ihrem Handeln nicht einfach gesellschaftlichen Kräfteverhältnissen sowie der hegemonialen Ausrichtung des Staates (heute eben einer wettbewerbsstaatlichen) und seiner Apparate entziehen, selbst wenn sie konträre Positionen vertreten und entsprechende Ziele verfolgen. Deshalb ist die Analyse der Internationalisierung des Staates wichtig – aus der hier vorgetragenen abstrakten Analyseperspektive oder in konkreten Studien.

Literatur

Aglietta, Michel (2000): Ein neues Akkumulationsregime. Die Regulationstheorie auf dem Prüfstand. Hamburg: VSA.

Alnasseri, Sabah (2004): Periphere Regulation. Regulationstheoretische Konzepte zur Analyse von Entwicklungsstrategien im arabischen Raum. Münster: Westfälisches Dampfboot.

Altvater, Elmar/ Mahnkopf, Birgit (1999): Grenzen der Globalisierung. Ökonomie, Ökologie und Politik in der Weltgesellschaft. 4. Auflage. Münster: Westfälisches Dampfboot.

Becker, Joachim (2002): Akkumulation, Regulation, Territorium. Eine kritische Rekonstruktion der französischen Regulationstheorie. Marburg: Metropolis.

Boris, Dieter/Schmalz, Stefan/Tittor, Anne (Hg., 2005): Lateinamerika: Verfall neoliberaler Hegemonie? Hamburg: VSA.

Bieling, Hans-Jürgen (2007): Die Konstitutionalisierung der Weltwirtschaft als Prozess hegemonialer Verstaatlichung – staatstheoretische Reflexionen aus der Perspektive einer neo-gramscianischen IPÖ. In: Buckel, Sonja/Fischer-Lescano, Andreas (Hg.): Hegemonie gepanzert mit Zwang. Zivilgesellschaft und Politik im Staatsverständnis Antonio Gramscis. Baden-Baden: Nomos, 143-160.

Bohle, Dorothee (2005): Neogramscianismus. In: Bieling, Hans-Jürgen/Lerch, Maria (Hg.): Theorien der europäischen Integration. Wiesbaden: Leske+Budrich, 197-222.

Brand, Ulrich (2007): Die Internationalisierung des Staates als Rekonstitution von Hegemonie. Zur staatstheoretischen Erweiterung Gramscis. In: Buckel, Sonja/Lescano, Andreas (Hg.): Hegemonie gepanzert mit Zwang. Zivilgesellschaft und Politik im Staatsverständnis Antonio Gramscis. Baden-Baden: Nomos, 161-180.

Brand, Ulrich (2005): Gegen-Hegemonie. Perspektiven globalisierungskritischer Strategien. Hamburg: VSA.

Brand, Ulrich/Görg, Christoph (2003): Postfordistische Naturverhältnisse. Konflikte um genetische Ressourcen und die Internationalisierung des Staates. Münster: Westfälisches Dampfboot.

Brand, Ulrich/Raza, Werner (Hg.): Fit für den Postfordismus? Theoretisch-politische Perspektiven des Regulationsansatzes. Münster: Westfälisches Dampfboot.

Brand, Ulrich/Scherrer, Christoph (2005): Contested Global Governance: Konkurrierende Formen und Inhalte globaler Regulierung. In: Behrens, Maria (Hg.): Globalisierung als politische

Herausforderung. Global Governance zwischen Utopie und Realität. Wiesbaden: VS, 115-129.

Brenner, Neil (2004): The New State Spaces. Oxford: UP.

Bretthauer, Lars/Gallas, Alexander/Kannankulam, John/Stützle, Ingo (Hg., 2006): Poulantzas lesen. Zur Aktualität marxistischer Staatstheorie. Hamburg: VSA.

Cardoso, Fernando Henrique/Faletto, Enzo (1976): Abhängigkeit und Entwicklung in Lateinamerika. Frankfurt/Main: Suhrkamp.

CGG – Commission on Global Governance (1995): Nachbarn in Einer Welt. Der Bericht der Kommission für Weltordnungspolitik. Bonn: Stiftung Entwicklung und Frieden.

Cox, Robert W. (1987): Production, Power and World Order. Social Forces in the Making of History. New York: Columbia UP.

Galtung, Johann (1972): Eine strukturelle Theorie des Imperialismus. In: Senghaas, Dieter (Hg.): Imperialismus und strukturelle Gewalt. Frankfurt/M.: Suhrkamp, 29-104.

Gerlach, Olaf/Kalmring, Stefan/Kumitz, Daniel/Nowak, Andreas (Hg., 2004): Peripherie und globalisierter Kapitalismus. Zur Kritik der Entwicklungstheorie. Frankfurt/Main: Brandes & Apsel.

Gill, Stephen (2000): Theoretische Grundlagen einer neo-gramscianischen Analyse der europäischen Integration. In: Bieling, Hans-Jürgen/Steinhilber, Jochen (Hg.). Die Konfiguration Europas. Münster: Westfälisches Dampfboot, 23-50.

Görg, Christoph (2003): Regulation der Naturverhältnisse. Zu einer kritischen Theorie der ökologischen Krise. Münster: Westfälisches Dampfboot.

Gramsci, Antonio (1991ff.): Gefängnishefte, Nr. 3, 12 und 14. Hg. Bochmann, Klaus/Haug, Wolfgang-Fritz. Hamburg/Berlin: Argument.

ULRICH BRAND

Heigl, Miriam (2007): Bastion des Neoliberalismus? Zur Analyse und Entwicklung des lateinamerikanischen Staates. In: Journal für Entwicklungspolitik 23 (1), 125-146.

Hirsch, Joachim (1995): Der nationale Wettbewerbsstaat. Demokratie und Politik im globalen Kapitalismus. Berlin: ID-Archiv.

Hirsch, Joachim (2005): Materialistische Staatstheorie: Transformationsprozesse des kapitalistischen Staatensystems. Hamburg: VSA.

Jessop, Bob (1990): State Theory. Putting the Capitalist State in its Place. Cambridge: Polity Press.

Jessop, Bob (2002): The Future of the Capitalist State. Cambridge: Polity Press.

Messner, Dirk (2005): Global Governance: Globalisierung im 21. Jahrhundert gestalten. In: Behrens, Maria (Hg.): Globalisierung als politische Herausforderung. Wiesbaden: VS, 27-54.

Messner, Dirk/Nuscheler/Franz (1997): Global Governance. Herausforderungen an der Schwelle zum 21. Jahrhundert. In: Senghaas, Dieter (Hg.): Frieden machen, Frankfurt am Main, 337-361

Myers, Norman/Kent, Jenniffer (2004): The New Consumers. The Influence of Affluence on the Environment. Washington: Island Press.

Oliver Costilla, Lucio (2005): Revisitando al Estado. Las especifidades del Estado en América Latina. In: Castro Escudero, Teresa/Oliver Costilla, Lucio (Hg.): Poder y política en América Latina. El debate latinoamericano 3: UNAM/ Siglo XXI, 50-86.

Poulantzas, Nicos (2001): Die Internationalisierung der kapitalistischen Verhältnisse und der Nationalstaat. Erstveröffentlichung 1973. In: Hirsch, Joachim/ Jessop, Bob/ Poulantzas, Nicos (Hg.): Die Zukunft des Staates. Hamburg: VSA, 19-69.

Poulantzas, Nicos (2002): Staatstheorie. Politischer Überbau, Ideologie, Sozialistische Demokratie. Hamburg: VSA. Erstausgabe 1978.

Raza, Werner (2003): Politische Ökonomie der Natur im Kapitalismus. Skizze einer regulationstheoretischen Konzeptualisierung. In: Brand, Ulrich/Raza, Werner (Hg.): Fit für den Postfordismus? Theoretisch-politische Perspektiven des Regulationsansatzes. Münster: Westfälisches Dampfboot, 158-175.

Sauer, Birgit (2001): Die Asche des Souveräns. Staat und Demokratie in der Geschlechterdebatte. Frankfurt/Main/New York: Campus.

Sauer, Birgit (2003): Die Internationalisierung von Staatlichkeit. Geschlechterpolitische Perspektiven. In: Deutsche Zeitschrift für Philosophie 4, 621-637.

Shaw, Martin (2004): Internationalisierung des Staates. In: Historisch-kritisches Wörterbuch des Marxismus 6/II, Hamburg/Berlin: Argument, 1423-1437.

Scherrer, Christoph (1998): Neo-gramscianische Interpretation internationaler Beziehungen. Eine Kritik. In: Hirschfeld, Uwe (Hg.): Gramsci-Perspektiven. Berlin/Hamburg: Argument, 160-174.

Schlichte, Klaus/Wilke, Boris (2000): Der Staat und einige seiner Zeitgenossen. Zur Zukunft des Regierens in der „Dritten Welt". In: Zeitschrift für Internationale Beziehungen 7 (2), 359-384.

Zangl, Bernhard (2003): Regimetheorie. In: Schieder, Siegfried/Spindler, Manuela (Hg.): Theorien internationaler Beziehungen. Opladen: Leske+Budrich, 117-140.

Ziai, Aram (2006): Zwischen Global Governance and Post-Development. Entwicklungspolitik aus diskursanalytischer Perspektive. Münster: Westfälisches Dampfboot.

Zürn, Michael (1998): Regieren jenseits des Nationalstaates: Globalisierung und Denationalisierung als Chance. Frankfurt/Main: Suhrkamp.

ULRICH BRAND

1   Einen knappen Überblick geben Altvater/Mahnkopf 1999; Brand/Raza 2003; Hirsch 1995, 2005, zu Geschlechterverhältnissen vgl. etwa Sauer 2001, zu Naturverhältnissen Raza 2003, Görg 2003.

2   Vgl. den Überblick bei Schlichte/Wilke 2000, Alnasseri 2004, zu Lateinamerika Boris et al. 2005, Heigl 2007, zur theoretischen Diskussion Gerlach et al. 2004.

Variationen staatssozialistischer Entwicklung

Aus den Widersprüchen kapitalistisch geprägter Gesellschaften sind anti-kapitalistische Bewegungen entstanden, denen es zuweilen gelang, alternative Wirtschaftsmodelle zu etablieren. Experimente mit sozialistischem Anspruch wurden nicht – wie Karl Marx (1987: 13ff.) angenommen hatte – in den an der Spitze der kapitalistischen Entwicklung stehenden Ländern, sondern an deren Rändern unternommen. Damit stellten sich die revolutionären und radikal-reformistischen Bewegungen einige Aufgaben, wie die Industrialisierung, die Marx für nach-kapitalistische Entwicklung nicht vorhergesehen hatte und die andernorts unter kapitalistischen Vorzeichen angegangen worden waren. Die partielle Prägung durch kapitalistische Vorbilder, beispielsweise die Orientierung der Bolschewiki nach der Oktoberrevolution von 1917 an der Praxis der deutschen Kriegswirtschaft und der deutschen Staatsbetriebe, kam immer wieder zum Vorschein. Ähnlichkeiten in der Geschichtsphilosophie des Kapitalismus und des „realen Sozialismus" gab es zudem „in dem Glauben an Fortschritt und unendliche Vervollkommnung des Menschen durch die Technik" (Novosád 2004: 68). Gleichzeitig beinhalteten sozialistische Ansätze aber auch den Versuch, die strukturellen Defizite kapitalistischer Ökonomien – wie Arbeitslosigkeit oder ein beträchtliches Maß an sozialer Ungleichheit – zu vermeiden.

Erfolgreich war ein Bruch mit der kapitalistischen Ökonomie fast immer nur in Phasen einer außerordentlichen Schwächung des Weltmarktzusammenhangs, speziell am Ausklang der beiden Weltkriege im 20. Jahrhundert (Becker 1996). Das galt für Russland und die Mongolei nach dem Ersten Weltkrieg, für China, Nord-Korea und Nord-Vietnam sowie Jugoslawien nach dem Zweiten Weltkrieg. In den anderen osteuropäischen Ländern erfolgte die

Durchsetzung der an der Sowjetunion orientierten Verhältnisse allerdings bei der Neuaufteilung der internationalen Einflusssphären nach dem Zweiten Weltkrieg primär auf äußere Initiative. Nur in der Tschechoslowakei verfügte die kommunistische Linke über eine breite soziale Verankerung, immerhin errangen sie 1946 bei freien Parlamentswahlen 38 Prozent der Stimmen (Rupnik 2002: 201f.).

In der Konstellation eines geschwächten Weltmarktzusammenhanges verfügten die revolutionären Regierungen über die Autonomie, um die inneren Produktionsverhältnisse und die äußeren Wirtschaftsbeziehungen grundsätzlich umzustrukturieren. Am Ende oder unmittelbar nach den Weltkriegen fiel es den kapitalistischen Mächten schwerer, militärisch zu intervenieren, um den früheren Status quo wiederherzustellen. Das schloss allerdings den Versuch, genau dies zu bewerkstelligen, nicht aus. Das galt sowohl für die frühe Sowjetunion als auch – in unterschiedlichen Ausgangskonstellationen – für Korea und Vietnam. Im letzteren Fall zog dies einen jahrzehntelangen Krieg nach sich.

Bei späteren sozialistischen Transformationsversuchen sehr unterschiedlicher Ausrichtung gelang der Ausbruch aus den kapitalistischen internationalen Wirtschaftsbeziehungen nur im Fall Kubas (und mit Einschränkungen Süd-Jemens) und das um den Preis einer sehr engen Anlehnung an die Sowjetunion. Für andere sozialistische Experimente – den „demokratischen Weg" zum Sozialismus in Chile (1970–1973), das sandinistische Nicaragua, den Ujamaa-Sozialismus in Tansania oder die verschiedenen sich auf den Marxismus berufenden Linksregierungen im subsaharischen Afrika – blieb die Einbindung in den Weltmarkt jedoch eine entscheidende Achillesferse. Zudem sahen sie sich vielfach militärischer Destabilisierung ausgesetzt (Coraggio/Deere 1987: 44f.). Beide Faktoren drückten – in sehr unterschiedlicher Gewichtung – den Entwicklungswegen ihren Stempel auf und brachten in der Regel das Experiment zum Scheitern.

Hier sollen die sowjetischen und osteuropäischen staatssozialistischen Entwicklungswege skizziert werden. Sie zeichneten sich – speziell im sowjetischen Fall – durch eine relativ lange Zeitdauer sowie durch eine radikale ökonomische Umgestaltung aus. Gleichzeitig gab es auch relevante Unterschiede im wirtschaftlichen Ausgangsniveau und der politischen Konstellation. Dies macht eine retrospektive Analyse interessant.

Der sowjetische Entwicklungsweg

Der Erste Weltkrieg spitzte die inneren sozialen und politischen Spannungen im Russischen Reich zu. Die Ernährungslage verschlechterte sich kriegsbedingt. Die Soldaten weigerten sich, Protestierende in Sankt Petersburg niederzuschießen, was das Ende der zaristischen Herrschaft bedeutete. Die folgende provisorische Regierung war heterogen zusammengesetzt und kaum zu strategischem Handeln in der Lage. Das entstehende Machtvakuum füllten die Bolschewiki. Diese suchten taktisch breite Unterstützung durch ihre Beendigung des Krieges und durch eine radikale Veränderung der ländlichen Besitzverhältnisse zu gewinnen und waren strategisch auf eine Überwindung der kapitalistisch-bürgerlichen Verhältnisse orientiert. Allerdings konnte von einer Entfaltung kapitalistischer Verhältnisse im vorrevolutionären Russland kaum die Rede sein. Die industrielle Entwicklung war auf wenige Zentren konzentriert (die vielfach im Gefolge des Ersten Weltkrieges verloren gehen sollten), die formale Bauernbefreiung erfolgte erst sehr spät und die Landwirtschaft war nur in relativ geringem, wenngleich steigendem Ausmaß kommerzialisiert (vgl. Nove 1992: 1ff.). Das *Ancien Régime* Russlands zeichnete sich durch seinen extrem repressiven Charakter aus. Die Opposition musste vielfach im Untergrund agieren, was demokratischen Organisationsformen nicht zuträglich war.

Die erste Phase der Sowjetunion war durch äußeren und inneren Krieg und drängende Versorgungsprobleme geprägt. Die

Versorgung des Militärs und der Städte waren zentrale Prioritäten der Kriegsökonomie. Schon in dieser Übergangsphase thematisierte Nikolai Bucharin, einer der intellektuellen und politischen Köpfe der Kommunistischen Partei, in seiner 1920 erstmals veröffentlichten Schrift *Die Ökonomik der Transformationsperiode* grundlegende Spannungen und Widersprüche bei der Durchsetzung eines neuen Modells. So sah er nach der Verstaatlichung wirtschaftlicher Grundsektoren in den Städten einen „Kampf zwischen dem staatlichen Plan des Proletariats, das die vergesellschaftlichte Arbeit verkörpert, und der Warenanarchie, der zügellosen Spekulation des Bauerntums, in dem sich das zersplitterte Eigentum und die Marktelemente verkörpern", (Bucharin 1990: 139) heraufziehen. Konjunkturell drückte sich die Spannung in der Frage der Versorgung der Städte und den Preisverhältnissen zwischen Stadt und Land aus. Strukturell schrieb Bucharin den ArbeiterInnen und Bauern eine unterschiedliche gesellschaftspolitische Orientierung zu. Eng hiermit ist bei Bucharin ein Spannungsfeld zwischen Selbstorganisation des Proletariats (ebd.: 163) und der auch gewaltsamen Durchsetzung neuer Produktionsverhältnisse gegen „unproletarische" Elemente (ebd.: 222) verbunden. Doch die Frage der proletarischen Selbstorganisation war für ihn ebenfalls nicht frei von der Frage des Zwanges. So schrieb er: „Andererseits kehrt sich diese ‚konzentrierte Gewalt' [der politischen Macht, JB] auch nach innen, indem sie einen Faktor der Selbstorganisation und der zwangsmäßigen Selbstdisziplin der Werktätigen bildet" (ebd.: 222). Die Elemente von gewaltsamer Durchsetzung der neuen Ordnung und der (Selbst-)Disziplinierung der Arbeitskräfte sah er in Analogie zur durchaus gewaltsamen Durchsetzung des Kapitalismus – Enteignung der direkten ProduzentInnen von ihren Produktionsmitteln (v.a. Land), Schaffung der LohnarbeiterInnen auf der einen, Herausbildung einer besitzenden bürgerlichen Klasse auf der anderen Seite – als einen Prozess der „ursprünglichen sozialistischen Akkumulation" (ebd: 162), allerdings hier, so die Vorstellung Bucharins, eben nicht zur Durchsetzung einer neuen Klassenherrschaft, sondern zum Zweck der Abschaffung von Klassenherrschaft. In der Folgezeit trat Bucharin allerdings für einen Kurs ein, der die Spannungen mit der Bauernschaft und die „Unkosten" des Übergangs möglichst gering halten sollte.

Erst mit der relativen Stabilisierung der militärischen und politischen Frage konnten neben kurzfristigen Versorgungs- auch strategische Entwicklungsfragen in Angriff genommen werden. Damit stellten sich die von Bucharin schon 1920 aufgeworfenen Fragen in neuer Form. 1921 machte die Sowjetregierung erste vorsichtige Schritte zu einer Entlastung der Landbevölkerung, wie die Herabsetzung der Pflichtablieferungen, auf die Bauern zu. Diese wurden in den Folgejahren systematisiert. Die Landwirtschaft war bis Ende der 20er Jahre überwiegend privat – 1927 betraf dies noch 98,3 Prozent der Anbaufläche (Nove 1992: 101). Die Agrarproduktion erholte sich nach 1921 deutlich. Allerdings verbrauchten die KleinbäuerInnen einen erheblichen Teil der Mehrproduktion selbst und ernährten sich besser. Im Handel füllte der Privathandel die Lücken des Staats- und Genossenschaftshandels. Die Versorgung der Städte blieb eine Herausforderung. In den Städten bildete sich eine substanzielle Arbeitslosigkeit heraus. Dieses prekäre System der „Neuen Ökonomischen Politik" (NEP) erlebte Mitte der 20er Jahre seinen Höhepunkt.

Parteigänger einer Fortsetzung dieser Politik und einer – implizit – eher graduellen weiteren Sozialisierung, zu denen an prominenter Stelle Bucharin zählte, sahen sich vor die Herausforderung gestellt, über eine erhöhte Produktion industrieller Konsumgüter Produktionsanreize für die Landwirtschaft zu geben. Maslov schlug unter Bedingungen hoher Arbeitslosigkeit und knapper materieller Ressourcen eine Orientierung auf eine eher arbeitsintensive Leichtindustrie und die Landwirtschaft vor. Bernstein-Kogan sah hierbei die Gefahr einer langfristigen Stagnation gegeben (siehe Nove 1992: 128). Ferner wurde von der Parteilinken die Befürchtung geäußert, dass im Rahmen dieser Strategie die Kommerzialisierungserfordernisse der Landwirtschaft den Aufstieg kapitalistischer Kräfte begünstigen würden. Die Alternativstrategie befürwortete eine rasche Industrialisierung mit einer Akzentsetzung auf der Schwerindustrie. „Alles hängt von der möglichst schnellen Entwicklung der Industrie ab, die das Umwandlungszentrum für die ganze Wirtschaft ist, und das einzige aktive Prinzip der sozialistischen Kooperation", resümierte Evgenij Preobraženskij (1973: 284) diese Position in seinem 1926 erschienenen Werk *Die neue Ökonomik*. Faktisch konnten die Ressourcen für diesen Weg nur aus der Landwirtschaft kommen. Allerdings fasste Preobraženskij die systematische Enteignung und Repression der Bauern nicht ins Auge (ebd.: 315ff.; vgl. auch Nove 1992: 124). Die sowjetische Diskussion der 20er Jahre über Entwicklungsstrategien, Investitions- und sektorale Prioritäten nahm die westliche entwicklungspolitische Diskussion der Zeit nach dem Zweiten Weltkrieg vorweg.

Das Jahr 1929 war nicht nur ein schwarzes Jahr für die kapitalistischen Ökonomien, sondern auch, wenngleich aus anderen Gründen, für die Sowjetunion. Stalin setzte mit seinen damaligen AnhängerInnen der innerparteilichen Demokratie und der öffentlichen Debatte, die es bis dahin noch gegeben hatte, Ende der 20er Jahre ein Ende. Darüber hinaus kam es zu einer Abkehr von der NEP und einer Orientierung auf eine möglichst rasche Industrialisierung mit einem Schwerpunkt auf der Schwerindustrie, dabei gerade auch der Rüstungsindustrie. Die industrielle Produktion wuchs – bei starken Disproportionen zwischen den Branchen – stark an (Nove 1992: 228f.). Frauen wurden massiv in den industriellen Produktionsprozess integriert, gleichzeitig kam es zu Rückschritten bei der in den 20er Jahren sehr weitgehenden rechtlichen Frauenemanzipation und zur Akzentuierung einer auf ein rasches Bevölkerungswachstum orientierten Politik (Goldman 2000: 192). Die Ressourcen für den raschen Industrialisierungsprozess wurden aus der Landwirtschaft abgezogen. Diese wurde rasch und mit hartem Zwang von oben gegen z.T. heftige Widerstände, an denen sich allein im Jahr 1930 zwei Millionen BäuerInnen beteiligten (Viola 2000: 169), kollektiviert. Die Bauern mussten zunächst große Zwangsablieferungen der Ernte hinnehmen, selbst wenn diese in mehreren ländlichen Regionen zu schweren Hungernöten führten. Mit der Zeit arrangierten sich die BäuerInnen mit der kollektivierten Landwirtschaft. „Wie die Landgemeinschaft zuvor, bremste der landwirtschaftliche Kollektivbetrieb jeden Wandel: Der Staat hatte mit ihm ein Mittel zur Kontrolle der Bauern in die Hand bekommen wollen und schuf letztlich für die letzteren eine Garantie zur Befriedigung ihrer vitalen Bedürfnisse" (Viola 2000: 169). Die sowjetische Landwirtschaft zeichnete sich für lange Zeit durch relative Stagnation aus. Die BäuerInnen blieben übrigens etwa 60 Jahre später nach der Wende zum Kapitalismus den Kollektivbetrieben, die sie ihrem Bedürfnis nach Sicherheit anverwandelt hatten, verbunden (ebd.: 170).

Praktisch die gesamte Wirtschaft wurde einer umfassenden Kontrolle durch Staat (und Partei) unterworfen. Noch während der NEP-Periode waren die Grundlagen für eine systematischere Planung geschaffen worden (Carr/Davies 1974: Kap. F). Das Planungssystem legte den Akzent auf eine quantitative Mengenplanung. Faktisch ist es in der Folge nicht zu reinen Anordnungen, sondern zu einer Mischung von Anordnung und komplizierten Aushandlungsprozessen (und diversen Improvisationen) gekommen. Man könnte sagen, dass die Sowjetökonomie in gewisser Weise als eine Ansammlung großer Trusts geführt wurde. Insofern ist es zu einer Art Verbetriebswirtschaftlichung der Wirtschaftspolitik gekommen. Gleichzeitig wurde über die Planung und der groben politischen Vorgaben durch die Parteiführung die Ökonomie hochgradig politisiert (aber nicht demokratisiert!).

Während westliche Marxisten in den 60er Jahren eine gesellschaftliche Differenzierung und die Herausbildung einer führenden Schicht einräumten (Huberman/Sweezy 1969: 129, 135f.; Hofmann 1969: 15), kann man meines Erachtens sehr wohl von der Herausbildung einer herrschenden Klasse sprechen, die sich zwar nicht das Mehrprodukt privat aneignete, wohl aber über die Verwendung des Mehrprodukts und über den Einsatz der Arbeitskräfte maßgeblich disponierte. Ihre Positionen waren politisch begründet. Mit der Stalinisierung der Sowjetunion kam es zur Ausschaltung (oft zur Ermordung) sehr vieler Kader aus den Revolutionstagen und zu ihrer Ersetzung durch Jüngere, die ihren Aufstieg der Stalinisierung verdankten (Deutscher 1989: Kap. 8). Tatsächlich waren die 30er Jahre für eine relevante Gruppe mit einer signifkanten Aufstiegsmobilität verbunden. So blieben 1933 von zwei Mio. KommunistInnen, die als ArbeiterInnen in die Partei aufgenommen worden waren, nur 1,3 Mio. manuelle ArbeiterInnen (Rittersporn 2000: 146). Dies war eines der auf Konsensschaffung ausgerichteten Elemente der Politik, welche die Elemente von Zwang (einschließlich des verbreiteten Arbeitseinsatzes von politischen Häftlingen während der stalinistischen Phase) und Gewalt ergänzten.

Um einen hohen gesellschaftlichen Preis wuchsen Produktion und BIP in der Sowjetunion in den 30er Jahren im Gegensatz zu den kapitalistischen Staaten Zentral- und Osteuropas stark an (Maddison 2006: 478, Tab. 3c). Trotz der beiden Weltkriege und des Bürgerkrieges zu Beginn der Sowjetunion weisen die Berechnungen von Maddison (2006: 262, Tab. B-19) für die Periode 1913–50 für die Sowjetunion mit einer Wachstumsrate von 2,15 Prozent ein deutlich höheres Wachstum aus als für Westeuropa (1,19 Prozent) und Osteuropa (1,14 Prozent). Die wirtschaftliche und militärische Basis erwies sich dann stark genug, um dem Angriff des nazi-faschistischen Deutschland letztlich widerstehen und einen wesentlichen Beitrag zur Niederlage der Faschismen leisten zu können.

Die Nachkriegszeit war durch den Wiederaufbau geprägt. Nach dem Tod Stalins traten die offen gewaltsamen Elemente der politischen Ordnung zurück, ohne dass innerparteiliche Demokratie und öffentliche Debatte wiederhergestellt worden wären (obgleich es zeitweise ein kulturelles „Tauwetter" in den Chruščov-Jahren gab) oder die grundsätzlich soziale und politische Ordnung infrage gestellt worden wäre. Damit einhergehend traten auf Konsensschaffung orientierte Elemente, wie soziale Sicherung, stärker in den Vordergrund. Zunächst konnten diese sich auch noch auf eine recht rasche Wachstumsdynamik beziehen, die gleichzeitig relativ geringe regionale Unterschiede im Lebenshaltungsniveau gewährleistete. Allerdings war das Planungssystem der immer komplexeren Wirtschaft immer weniger angemessen (Nove 1992: 366). Versuche der Einführung von Effektivitätsindikatoren und anderen Reorganisationsmaßnahmen in der Ära Chruščov lösten die Probleme nicht, verschärften sie zuweilen sogar. In den frühen 60er Jahren war ein erster deutlicher Wachstumseinbruch feststellbar (Nove 1992: 371). In den 70er Jahren kam es sogar eher zu einer Restauration der zentralisierten Planung, die immer deutlicher ihre Grenzen erkennen ließ. Offen traten diese durch Versorgungsengpässe zu Tage. Mit der Zeit, vor allem ab den 70er Jahren, wurde immer deutlicher, dass den Institutionen der Sowjetökonomie die Umstellung von einem extensiven, auf zunehmendem Arbeitskräfteeinsatz und Ressourcenverbrauch gegründeten Wachstumspfad auf einen Weg intensiven, durch rasch steigende Arbeitsproduktivität gekennzeichneten Wachstums nicht gelang (Nove 1992: 384ff.; Land 1992: 58f.). Technische Innovationen gelangen primär in speziell geförderten Prioritätssektoren, wie der Rüstungsindustrie. Das drückte sich in einer stark nachlassenden Wachstumsdynamik aus. Laut offiziellen Angaben wuchs das Nettomaterialprodukt von 1964 bis 1973 um 7,1 Prozent jährlich, 1973–87 aber nur um 3,6 Prozent mit stark fallender Tendenz (Bairoch 1997: 299).

Mit dem Ende des Zweiten Weltkrieges kam Osteuropa in die Einflusssphäre der Sowjetunion. Dies bedeutete nicht sofort die Übernahme des sowjetischen Modells – mit Ausnahme Jugoslawiens, wo die Kommunistische Partei selbst den entscheidenden Beitrag zur Befreiung des Landes geleistet hatte und sich auf eine radikale sozioökonomische Veränderung orientierte. In den anderen Ländern zeichnete sich zunächst eine Politik radikaler Reformen mit einer ersten Phase oftmals überfälliger Landreformen, der Verstaatlichung von Schlüsselsektoren und einer flexiblen Art der Planung ab (Fejtö 1979: Kap. 2; Šulc 1998: 12ff.). Die Kommunistischen Parteien waren zu dieser Zeit noch Teil von Koalitionsregierungen, in denen sie Schlüsselressorts (v.a. im Sicherheitsbereich) kontrollierten. Außer in Jugoslawien hatte allein die Kommunistische Partei in der Tschechoslowakei eine wirklich starke gesellschaftliche Verankerung (Rupnik 2002: 201ff., 254).

1948 war das Schüsseljahr für die komplette Machtübernahme der Kommunistischen Parteien, die in die Eskalation des „Kalten Krieges" fiel. Sie bedeutete auch eine Reorientierung auf die Grundzüge des sowjetischen Wirtschaftsmodells und auf den Handel mit der Sowjetunion statt mit den westlichen Ländern. Des Weiteren wurde das stalinistische Herrschaftsmodell mit Variationen auf Osteuropa übertragen.

Das Modell zeichnete sich durch eine ziemlich egalitäre Einkommensverteilung aus (Večerník 1969; Machonin 1997: 34). Es ermöglichte zunächst ein hohes Wirtschaftswachstum, das bis zu Beginn der 70er Jahre ein Aufholen gegenüber westeuropäischen Ländern ermöglichte. Das Wachstum war vor allem in jenen Ländern hoch, die vor 1945 ein geringes Industrialisierungsniveau aufgewiesen hatten. So betrug der reale Anstieg des BIP pro Kopf von 1950–1973 in Bulgarien 5,2 Prozent, in Rumänien 4,8 Prozent, in Ungarn 3,6 Prozent, in Polen 3,4 Prozent und in der Tschechoslowakei nur 3,1 Prozent (Maddison 1995: 62, Tab. 3-2). Innerhalb der Tschechoslowakei gelang es, den slowakischen Landesteil allmählich an das wirtschaftliche und speziell soziale Niveau des tschechischen Landesteils heranzuführen. Dies würde die These stützen, dass sich das Planungssystem sowjetischen Typs wachstumsfördernd vor allem in weniger komplexen Ökonomien erweist und eine regional relativ ausgeglichene Entwicklung ermöglichen kann (vgl. Machonin 1997: 42f.).

Gleichzeitig zeigten sich schon in dieser Zeit des raschen Wirtschaftswachstums ähnliche Probleme wie in der Sowjetunion. Die Anpassung an den Bedarf war problematisch, so dass überschüssiger, nicht absetzbarer Produktion Versorgungsengpässe gegenüberstanden. Die Ressourcennutzung war wenig effektiv (und wenig ökologisch), das Wachstum war eher extensiven Typs. Periodisch kam es auch zu einer übermäßigen Expansion der Investitionstätigkeit (siehe z.B. Kosta 1978: 93ff.).

Zum Zweck der Wachstumsbeschleunigung höhergesetzte Produktionsnormen, Preiserhöhungen bzw. Versorgungsengpässe waren in manchen Ländern ein auslösendes Moment für soziale Proteste. Hinzu traten politische Faktoren, wie die repressive Politik, speziell der stalinistischen Ära. War es bereits 1953 zu Protesten in der DDR gekommen, so ereignete sich die deutlichste Protestwelle 1956 in der Auseinandersetzung um die Entstalinisierung in Polen und Ungarn. Die Reaktion auf die Krise war in beiden Ländern unterschiedlich (Gati 2006). Während in Polen mit der Regierung Gomułka ein neuer Kompromiss gefunden wurde, geriet die Protestdynamik in Ungarn außer Kontrolle und wurde durch eine Militärintervention der Sowjetunion niedergeschlagen. In Polen stoppte Gomułka die Kollektivierung der Landwirtschaft, während in Ungarn die Regierung Kádár nach einer harten Repressionswelle vorsichtige Liberalisierungsschritte auf wirtschaftlichem und kulturellem Gebiet unternahm. Sie suchte über ein verbessertes

Konsumangebot und soziale Sicherheit eine verstärkte Akzeptanz zu erreichen (Irmanová 1998).

In der Tschechoslowakei entstand die Reformbewegung in den 60er Jahren innerhalb der Kommunistischen Partei. Zunächst setzte sie vor allem an Wirtschaftsfragen an, weitete sich aber dann auf andere gesellschaftliche Bereiche aus (Kosta 1978: Kap. III). Die tschechoslowakische Diskussion brachte einige sehr originelle wirtschaftstheoretische Arbeiten aus einer sozialistischen Reformperspektive hervor (z.B. Šik 1966, 1967; Richta et al. 1971). Sie bezogen sich unter anderem auf Fragen und Herausforderungen des technischen Wandels, der (mangelnden) Effektivität, der Leitungsmethoden, aber auch, zumindest ansatzweise, auf deren gesellschaftstheoretische Einbindung. Die Wirtschaftsreformen gingen über Schritte in Richtung Vermarktlichung und Dezentralisierung insofern hinaus, als sie auch die Frage der Verfügung der Werktätigen über die Produktionsmittel stellten. Die gefundene Lösung stellte eine Mischung zwischen Elementen der Direktionsleitung und der ArbeiterInnenselbstverwaltung dar. In der kurzen Phase der Umsetzung 1968/69 zeigten die Werktätigenräte eine Tendenz zu einer Ausweitung ihrer Kompetenzen in Richtung ArbeiterInnenselbstverwaltung (Kosta 1978: 136ff.). Die Planungskonzeption blieb realiter jedoch eher technokratisch. Während die ArbeiterInnenselbstverwaltung oder zumindest -mitbestimmung in anderen osteuropäischen Ländern, primär Polen, ebenfalls auf die Tagesordnung kamen und gelegentlich sogar ansatzweise umgesetzt wurden, standen Fragen der Demokratisierung der makroökonomischen Steuerung kaum mehr zur Diskussion (Jakubowicz 1988). Diese hätte das Machtmonopol der Parteispitze und der staatlichen Umsetzungsorgane und damit zentrale Elemente der Herrschaftsordnung infrage gestellt. Die auf eine Demokratisierung drängenden Elemente veranlassten die Führung der Sowjetunion (und deren meisten osteuropäischen „Bruderparteien") 1968 schließlich zur militärischen Intervention gegen den „Prager Frühling".

Bei der makrogesellschaftlichen und makroökonomischen Demokratisierung hatte auch das jugoslawische Selbstverwaltungsmodell seine Grenzen (siehe Šuvar 1976, kritisch Horvat 1989). Es zeichnete sich gegenüber den anderen osteuropäischen Modellen durch einen höheren Grad der Dezentralisierung, der allerdings variierte, und ein höheres Maß der Mitbestimmung der ArbeiterInnen aus. Allerdings bekam dieses Modell zwei grundlegende soziale Probleme – Arbeitslosigkeit und hohe regionale Unterschiede – nicht in den Griff (Samary 1988).

Gesellschaftliche Akzeptanz suchten die osteuropäischen staatssozialistischen Regierungen nicht durch Demokratisierung, sondern durch verbesserte Konsummöglichkeiten und einen Ausbau der sozialen Leistungen zu erringen. Dies erforderte auch eine Stärkung der produktiven Basis. Verschiedene osteuropäische Regierungen verlegten sich in den 70er Jahren auf eine Art „Stabilitätsimport", d.h. auf den auslandskreditfinanzierten Import von Konsumgütern und Produktionsanlagen. Ähnlich den Vorhaben kapitalistischer semiperipherer Länder scheiterte diese Politik an fehlender Exportdynamik und an der Hochzinspolitik der USA. In den 80er Jahren sahen sie sich dann zu einer restriktiven Sparpolitik gezwungen, die in Polen das Umfeld für Solidarność als erster breiten, relativ gut strukturierten Oppositionsbewegung in den staatssozialistischen Ländern schuf. Solidarność zeigte die sozialen Brüche offen auf.

Das Ende der sowjetischen und osteuropäischen Staatssozialismen

Die Wahl Gorbačovs zum neuen Generalsekretär der KPdSU zeigte an, dass sich in der sowjetischen Führungsriege reformorientierte Kräfte durchzusetzen begannen. Gorbačov war auf Reformen innerhalb der bestehenden Ordnung orientiert. Allerdings hatten sie eher „improvisierten" Charakter (Wiatr 2006: 67). Die Veränderungen auf politischem Gebiet – mehr Offenheit, Stärkung der

Regierungsinstitutionen gegenüber der Partei – gingen tendenziell weiter als auf ökonomischem Gebiet, wo die Probleme in den 80er Jahren durch den Rüstungswettlauf, den die Reagan-Regierung in den USA beschleunigt hatte, noch verschärft wurden. Politisch gewann die Nationalitätenfrage in der Sowjetunion an Bedeutung. Wahlen als Ausdruck eines Demokratisierungsprozesses fanden als Erstes nicht auf Ebene der Sowjetunion als Ganzer, sondern ihrer Republiken statt. Damit entstanden neue Machtzentren und Konfliktfelder. Gorbačov geriet zwischen die Kräfte der Beharrung und die Kräfte radikaler, systemverändernder Transformation. 1991 putschten zunächst die Kräfte der Beharrung. Sie wurden jedoch von der russischen Republikführung Jelcins, der von Kräften eines ultraliberalen Wirtschaftsprogramms umgeben war, zurückgeschlagen. Jelcin, der selbst aus der KPdSU hervorgegangen war, sorgte dann für das Verbot der KPdSU und war einer der Promotoren des Endes der Sowjetunion. Die Auflösung der bestehenden Form der Staatlichkeit begünstigte einen ultraliberal angelegten wirtschaftlichen Transformationsprozess (vgl. Rogov 2006: 438), der in Russland und den meisten anderen früheren Sowjetrepubliken in einer starken wirtschaftlichen Regression mündete. Der zur Systemtransformation radikalisierte Prozess wurde also von Kräften des Machtzentrums initiiert (siehe Novosád 2004: 40, 47). Die entscheidenden Konfliktlinien verliefen zwischen verschiedenen Fraktionen des Machtzentrums, und viele VertreterInnen der neuen Bourgeoisie gingen entweder aus der alten Partei- und Staatsspitze hervor oder hatten zu deren VertreterInnen gute Verbindungen (Kryschtanowskaja 2005, v.a. Kap. 5). Die hohe gesellschaftliche Atomisierung machte andere gesellschaftliche Gruppen weitgehend zu ZuschauerInnen des Transformationsprozesses und dessen neuen Phase der „ursprünglichen Akkumulation".

Die Veränderungen in der Sowjetunion wirkten schlussendlich auf Osteuropa zurück. Die dortigen Parteispitzen verloren sichtbar den Rückhalt Moskaus. Hatte Gorbačov erwartet, dass Perestroika und Glasnost in Osteuropa reformorientierten Gruppen zum Aufschwung verhelfen würden, so täuschte er sich. Diese waren spätestens durch die Niederschlagung des „Prager Frühlings" marginalisiert worden (Wiatr 2006: 68). Auf den sichtbaren Legitimitätsverlust, der allerdings nur in Polen in eine relativ organisierte und breite Oppositionsbewegung mündete, und den Verlust des außenpolitischen Rückhalts reagierten die Kräfte in Partei- und Staatsführungen durch Initiativen des ausgehandelten Übergangs (Polen, Ungarn), des Abtritts (DDR, Tschechoslowakei), des faktischen, auch heute im Ablauf nicht ganz klaren Staatsstreiches reformorientierter Kräfte eher vom Rande des Machtzentrums (Rumänien) und des allmählichen, von oben initiierten Übergangs (Bulgarien) (vgl. Wiatr 2006: 70ff.). „Dieser Akt [des Abtretens, J.B.] erinnerte eher an eine freiwillige Kapitulation und eine friedliche Machtübergabe als an einen Endkampf", fasst Machonin (1997: 39) die Implosion des Staatssozialismus in Osteuropa zusammen.

Es ließe sich die These vertreten, dass der sowjetische und osteuropäische Staatssozialismus stärker an seinen politischen als an seinen ökonomischen Schwächen gescheitert ist. Er hatte an sozialem Rückhalt verloren und wurde von der – partiell auf die eigene Transformation in Angehörige einer neuen kapitalistischen Klasse hoffende – Staats- und Parteispitze aufgegeben.

Schlussbemerkungen

Die staatssozialistischen Regime traten mit dem Anspruch an, über rasche Industrialisierung und Produktivkraftentwicklung „Entwicklungsrückstände" zu überwinden und gesellschaftliche Probleme zu lösen. Tatsächlich erreichten sie in den ersten Jahrzehnten relativ hohe Raten wirtschaftlichen Wachstums, vor allem in den Ländern mit einem relativ niedrigen Ausgangsniveau der Industrialisierung (und im Fall der Sowjetunion um einen extrem hohen Preis). Allerdings stießen die wirtschaftlichen Lenkungsmethoden bei immer komplexer werdenden Ökonomien und der Einführung grundlegend neuer Techniken zunehmend an ihre Grenzen. Der Ressourcenverbrauch war außerordentlich hoch, die Produktionsweise darum mit schweren ökologischen Belastungen verbunden. Die staatssozialistischen Regime versuchten sich durch soziale Sicherheit, eine relativ gleichmäßige Einkommensverteilung sowie – verstärkt – durch Konsumversprechen zu legitimieren. Die beiden ersten Versprechungen wurden durchaus in relevantem Maße erfüllt, die Konsumversprechen jedoch nur sehr mangelhaft. Damit war die Legitimierung über den politischen Output labil.

Die Politikformen waren – abgesehen von einzelnen kurzen Phasen in wenigen Ländern (beispielsweise dem „Prager Frühling") – nicht emanzipativ, sondern autoritär (und oft sogar extrem repressiv). Die makroökonomischen und gesellschaftspolitischen Grundentscheidungen waren in den Händen einer kleinen Gruppe konzentriert, die man durchaus als eine herrschende Klasse bezeichnen könnte. Insofern war die gesellschaftliche Klassenzugehörigkeit stark politisch vermittelt. Über lange Phasen war das zentrale politische Aufstiegskriterium Anpassungsfähigkeit. Damit hatte der Staatssozialismus eine relativ schwache Legitimitätsbasis und ermangelte – außer in kurzen Phasen – einer öffentlichen Selbstreflexion. Meines Erachtens ist er in der Sowjetunion und in Osteuropa stark an diesen politischen Momenten gescheitert.

Die Widersprüche kapitalistischer Entwicklung, die zu sozialistischen und anderen Gegenbewegungen geführt haben, bestehen fort. Sie haben sich nach dem Wegfall der „Systemkonkurrenz" sogar noch verschärft, da ohne das äußere Korrektiv sozialstaatliche Absicherungen leichter abgebaut werden konnten und Regierungen der (Semi-)Peripherie entwicklungspolitische Manövrierräume verloren.

Linke Bewegungen können und sollten sich nicht ohne Bruch auf die staatssozialistischen Experimente beziehen. Deren interessantestes Erbe ist an ihren Rändern – wie der reformsozialistischen

Bewegung in der Tschechoslowakei der 60er Jahre – zu finden. Hier wurde die Frage nach der Verbindung von einem egalitären Enwicklungsweg mit demokratischen Verhältnissen, die auch die wirtschaftliche Sphäre betreffen, gestellt und gleichzeitig wurden ein paar Schritte in diese Richtung unternommen. Diese Denkansätze sind nach wie vor relevant. Wenig ausgearbeitet war damals die Frage nach der Demokratisierung der makro-ökonomischen Politik. Sie ist aber von besonderer Wichtigkeit.

Literatur

Bairoch, Paul (1997): Victoires et déboires III. Histoire économique et sociale du XVIe siècle à nos jours. Paris: Gallimard.

Becker, Joachim (1996): Fenster für die Linke. Umbrüche in der Weltwirtschaft und alternative Gesellschaftsprojekte in der (Semi-)Peripherie. In: Kurswechsel 2, 8-25.

Bucharin, Nikolai (1990): Ökonomik der Transformationsperiode. Berlin: Dietz.

Carr, Edward H./Davies, Robert W. (1974): Foundations of a Planned Economy 1926–1929. Bd. 1. London: Pelican.

Coraggio, José Luis/Deere, Carmen Diana (1987): Introducción: Las condiciones de transición de los pequeños paises periféricos. In: Coraggio, José Luis/Deere, Carmen Diana (Hg.): La transición difícil: La autodeterminación de los pequeños paises periféricos. Managua: Vanguardia, 15-49.

Deutscher, Isaac (1989): Stalin. Eine politische Biographie. Düsseldorf: Argon.

Fejtö, François (1979): Histoire des démocraties populaires. Bd. I. L'ère de Staline. Paris: Seuil.

Goldman, Wendy (2000): Les femmes dans la société soviétique. In: Dreyfus, Michel (Hg.): Le siècle des communismes. Paris: Les éditions de l'atelier, 187-197.

JOACHIM BECKER

Gati, Charles (2006): Failed Illusion. Moscow, Washington, Budapest and Hungarian Revolt. Palo Alto: Stanford University Press.

Hofmann, Werner (1969): Stalinismus und Antikommunismus. Zur Soziologie des Ost-West-Konflikts. Frankfurt/M.: Suhrkamp.

Horvat, Branko (1989): abc jugoslavenskog socijalizma. Zagreb: Globus.

Huberman, Leo/Sweezy, Paul M. (1969): Lehren aus den sowjetischen Erfahrungen. In: Strotmann, Peter (Hg.): Zur Kritik der Sowjetökonomie. Berlin: Wagenbach, 127- 140.

Irmanová, Eva (1998): Kádárismus – vznik a pád jedné iluze. Prag: Karolinum.

Jakubowicz, Szymon (1988): Bitwa o samorząd 1980–1981. London: Aneks.

Kosta, Jiři (1978): Abriß der sozialökonomischen Entwicklung der Tschechoslowakei 1945–1977. Frankfurt/M.: Suhrkamp.

Kryschtanowskaja, Olga (2005): Anatomie der russischen Elite. Die Militarisierung Russlands unter Putin. Köln: Kiepenheuer & Witsch.

Land, Rainer (1992): Fordismus plus Planwirtschaft. Das gescheiterte Projekt einer staatssozialistischen Wirtschaftsentwicklung. In: Brie, Michael/Böhlke, Ewald (mit Beiträgen von Petra Stykow und Rainer Land): Rußland wieder im Dunkeln. Ein Jahrhundertstück wird besichtigt. Berlin: Aufbau, 49-59.

Machonin, Pavel (1997): Social Transformation and Modernization./Sociální transformace a modernizace. Prag: Slon.

Maddison, Angus (1995): Monitoring the World Economy 1820–1992. Paris: OECD.

Maddison, Angus (2006): The World Economy. Paris OECD.

Marx, Karl (1987): Zur Kritik der Politischen Ökonomie. Berlin: Dietz.

Nove, Alec (1992): An Economic History of the USSR 1917–1991. London: Penguin.

Novosád, František (2004): Alchýmia dejín. Bratislava: IRIS.

Preobraženskij, Evgenij (1973): Die neue Ökonomik. Berlin: Verlag Neuer Kurs.

Richta, Radovan und Kollektiv (1971): Richta-Report. Politische Ökonomie des XX. Jahrhunderts. Frankfurt/M.: Makol.

Rittersporn, Gábor T. (2000): Le Parti. In: Dreyfus, Michel (Hg.): Le siècle des communismes. Paris: Les éditions de l'atelier, 144-149.

Rogov, Kirill (2006): Medzi demokraciou a slobodou. Ideové paradoxy ruskej demokratickej revolúcie. In: Goretity, József (Hg.): Ruské eseje. Bratislava: Kalligram, 433-445.

Rupnik, Jacques (2002): Dějiny Komunistické strany Československa. Od počatků do přezvetí moci. Prag: Academia.

Samary, Catherine (1988): Le marché contre l'autogestion. L'experience yougouslave. Paris: Publisud/La Brèche.

Šik, Ota (1966): Ökonomie, Interessen, Politik. Berlin: Dietz.

Šik, Ota (1967): Plan und Markt im Sozialismus. Wien: Molden.

Šulc, Zdislav (1998): Stručné dějiny ekonomických reforem ve Československu (České republice) 1945–1995. Brünn: Doplněk.

Šuvar, Stipe (1976): Samoupravljanje i alternative. Zagreb: Centar za aktualni politički studij.

Večerník, Jiří (1969): Problémy přijmu a životné urovně v sociální diferenciace. In: Machonin, Pavel und Kollektiv: Českolosvenská společnost. Bratislava: Epocha, 295-321.

Viola, Lynne (2000): Les paysans de 1917 à nos jours. In: Dreyfus, Michel (Hg.): Le siècle des communismes. Paris: Les éditions de l'atelier, 165-172.

Wiatr, Jerzy (2006): Europa pokomunisticzna. Przemiany państw i społeczeństw po 1989 roku. Warschau: Scholar.

AutorInnenverzeichnis:

Joachim Becker ist ao. Professor am Institut für Außenwirtschaft und Entwicklung der Wirtschaftsuniversität Wien und war im Wintersemester 2006/07 Gastprofessor im Projekt Internationale Entwicklung der Universität Wien.

Luis Bértola ist Wirtschaftshistoriker, Professor und derzeit Vize-Rektor der Universidad de la República in Montevideo, Uruguay.

Dieter Boris ist Professor am Institut für Soziologie an der Philipps-Universität Marburg.

Ulrich Brand ist Professor für Internationale Politik an der Universität Wien.

Karin Fischer ist Historikerin und Lehrbeauftragte am Projekt Internationale Entwicklung an der Universität Wien.

Karin Fischer studiert Volkswirtschaft an der Wirtschaftuniversität Wien und Politikwissenschaft an der Universität Wien und arbeitet als Bildungsreferentin für die Südwind Agentur.

Karen Imhof ist Historikern und Mitarbeiterin im Forschungsprojekt „Global Financial Governance" gefördert vom Jubiläumsfonds der Österreichischen Nationalbank sowie Lektorin am Projekt Internationale Entwicklung an der Universität Wien.

Johannes Jäger leitet den Fachbereich Volkswirtschaft an der Fachhochschule des bfi Wien und ist Lehrbeauftrager im Rahmen des Projektes Internationale Entwicklung an der Universität Wien.

Andrea Komlosy ist ao. Professorin am Institut für Wirtschafts- und Sozialgeschichte der Universität Wien.

Karin Küblböck ist Ökonomin, arbeitet bei der Österreichischen Forschungsstiftung für Internationale Entwicklung (ÖFSE) und ist Lektorin am Projekt Internationale Entwicklung an der Universität Wien.

Andreas Novy ist ao. Professor am Institut für Regional- und Umweltwirtschaft der Wirtschaftsuniversität Wien und wissenschaftlicher Leiter des Paulo Freire Zentrums.

Özlem Onaran ist ao. Professorin am Institut für Arbeitsmarkttheorie und -politik der Wirtschaftsuniversität Wien und arbeitete zuvor auch an der Technischen Universität in Istanbul und der University of Massachusetts.

Christof Parnreiter ist Professor für Geographie am Institut für Geographie der Universität Hamburg.

Oliver Schwank ist Wissenschaftlicher Mitarbeiter am Institut für Außenwirtschaft und Entwicklung der Wirtschaftsuniversität Wien.

Cornelia Staritz ist Ökonomin und zurzeit im Rahmen eines Ph.D. an der New School for Social Research in New York sowie Lektorin am Projekt Internationale Entwicklung an der Universität Wien.

Christian Zeller ist Oberassistent am Geographischen Institut der Universität Bern.